城市化进程中的社区治理

上海近郊『镇管社区』的政治学考察

宋道雷 著

复旦大学出版社

目录

第一章　绪论
　一、中国的城市社区治理问题 / 3
　二、社区治理研究：西方与中国 / 10
　三、社区治理研究的三个理论视角 / 11
　四、社区治理研究前沿：介入式定性观察、干预与引导 / 13

第二章　全球城市化的趋势、特征与中国的城市化
　一、城市化发展的世界趋势 / 18
　二、城市化率的世界特点 / 21
　三、城市化浪潮与中国国家转型的三次演进 / 25

第三章　中国的城市发展：现代国家建设推动的城市变迁
　一、开埠通商与"通商型城市" / 33
　二、单位化与"组织型城市" / 35
　三、市场化与"增长型城市" / 37
　四、从"城市增长"转向"城市治理" / 38
　五、"人居三"新城市议程与中国的城市发展 / 42

第四章　全球地方化与城市治理
　　一、全球地方化：全球化与地方化的结合 / 49
　　二、中国的全球地方化：城市化进程中的全球化与
　　　　地方化 / 52
　　三、全球地方化悖论：城市空间面临的治理和文化挑战 / 57

第五章　超大城市近郊城市化的战略布局：镇管社区
　　一、社区何以重要？ / 69
　　二、社区治理的中国逻辑 / 74
　　三、镇管社区的出现 / 77
　　四、镇管社区的要素 / 82
　　五、镇管社区的定位 / 87

第六章　城市化进程中的社区治理：镇管社区的实践进程
　　一、社区治理的阶段、模式与传统 / 97
　　二、镇管社区的探索阶段 / 108
　　三、镇管社区的推进策略 / 109

第七章　让近郊城市运转起来：镇管社区的治理机制
　　一、镇管社区的原则与力量配置 / 123
　　二、镇管社区的组织架构与运行机制 / 124
　　三、镇管社区的目标 / 137

第八章　社会组织参与社区治理：镇管社区的社会力量
　　一、社会组织供给的社会服务 / 143
　　二、社会组织参与城市空间治理 / 147
　　三、量化分析：社会组织参与社区治理的现状、问题与
　　　　对策 / 154

四、案例研究：枢纽型社会组织的"双重治理"机制 / 165

第九章　产区、商区和社区联动治理：镇管社区的城市治理
　　一、城市治理的生产、消费和生活空间：产区、商区和社区 / 188
　　二、困境：产区、商区和社区缺乏联动治理 / 190
　　三、协商：三区治理、两区联动 / 191
　　四、体系：产区治理、商区治理和社区治理的有机整合 / 193

第十章　活力社区：镇管社区的治理形态
　　一、社区活力指数界定 / 204
　　二、社区活力指数的实证研究过程 / 207
　　三、社区活力指数评价体系构建 / 208
　　四、社区活力五大指标实证分析 / 216
　　五、活力社区总体评价 / 257

第十一章　向人民城市迈进：镇管社区的未来方向
　　一、人民城市与国家治理现代化：中国之治的城市维度 / 263
　　二、人民城市治理：国家治理的城市实践 / 267
　　三、向人民城市迈进：镇管社区的治理困境与未来发展 / 277

参考文献 / 289
后记 / 308

第一章 绪论

部分

第一章

一、中国的城市社区治理问题

1949年末中国常住城镇人口的城市化率仅为10.64%,到1978年改革开放之时,中国的城市化率只上升了7个百分点,为17.92%。换言之,中华人民共和国成立到改革开放的近30年间,中国的工业化水平虽然有了长足发展,但是中国的城市化进程非常缓慢,工业化发展并未带来高城市化水平(图1-1)。从"一五"计划到改革开放,中国的城市化率一直在15%—20%间徘徊。相反,中国的工业化发展水平一度从1952年的20.88%发展到1978年的44.1%,远超同期城市化发展进程。这种城市化发展远远低于工业化发展的现象,被学界称之为"低城市化"。①

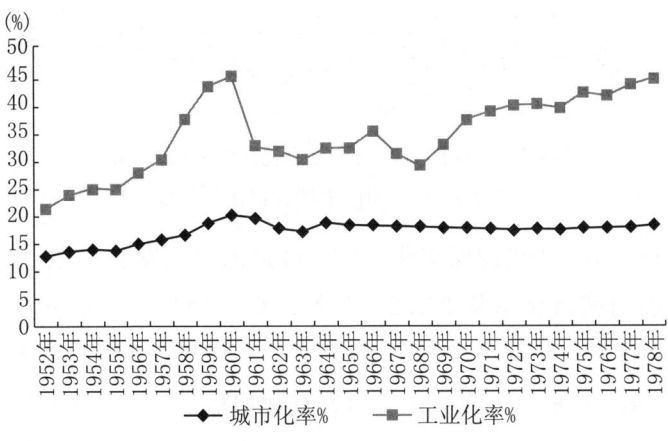

图1-1 中国的城市化与工业化(1952—1978年)

(资料来源:中国国家统计局历年数据)

---

① Li Zhang, *China's Limited Urbanization: Under Socialism and Beyond* (New York: Nova Science Pub Inc, 2004), 3.

中国改革开放四十几年来的发展，集中体现在突飞猛进的城市化进程之中，即低城市化现象隐退，中国迈入高速城市化阶段。改革开放后，虽然从1978年到2002年，中国工业化发展水平与城市化发展水平之间的差距越来越小，但是直到2002年之前，中国的城市化水平一直低于中国的工业化发展水平，仍然存在低城市化现象（如图1-2所示）。2002年中国的城市化发展水平是39.09%，工业化发展水平是39.4%，到2003年城市化发展水平才以微弱优势超过工业化发展水平，两者分别为40.53%与40.5%。换言之，从2002年开始，中国正式进入高速城市化发展阶段。

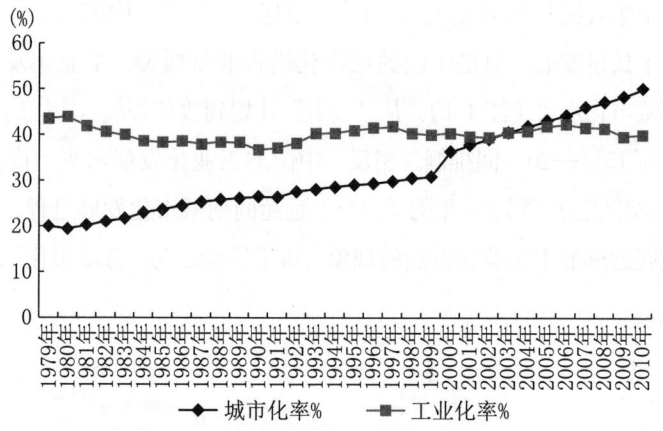

图1-2　中国的城市化与工业化（1979—2010年）

（资料来源：中国国家统计局历年数据）

自此之后，中国的城市化以突飞猛进的速度发展。进入21世纪后，中国的城市化率从36.22%开始，每年增长一个百分点；2011年，中国的城市化率达到51.27%，城市人口首次超过农村人口。截至2021年，根据第七次全国人口普查数据显示，中国城镇常住人口占总人口比重的63.89%。① 中国快速的城市化发展，促使中国从乡土中国向城市中国转型。这种巨大转型为中国带来了机遇，同时也带

---

① 《第七次全国人口普查主要数据情况》，国家统计局，http://www.stats.gov.cn/tjsj/zxfb/202105/t20210510_1817176.html，访问日期：2021年5月11日。

来了挑战。这种挑战主要体现在中国的城市治理,尤其是城市基层治理,即社区治理方面。

上海是中国快速城市化的典型代表。以上海为例,改革开放后,上海的城市化率突飞猛进:从20世纪80年代的61.3%,增长到21世纪初的74.6%,再到2010年的88.9%,其城市化水平远远超过全国的平均水平(如图1-3所示)。截至2020年底,上海的城市化率为89.3%,①上海已经成为一个真正的城市社会。在上海超大规模的城市化发展进程中,城市化引致大量人口在短时间内导入上海。这些急速且大规模导入的人口,给上海的城市治理带来了巨大的挑战。这也是上海在全国率先提出要提升城市社会治理水平的原因所在。

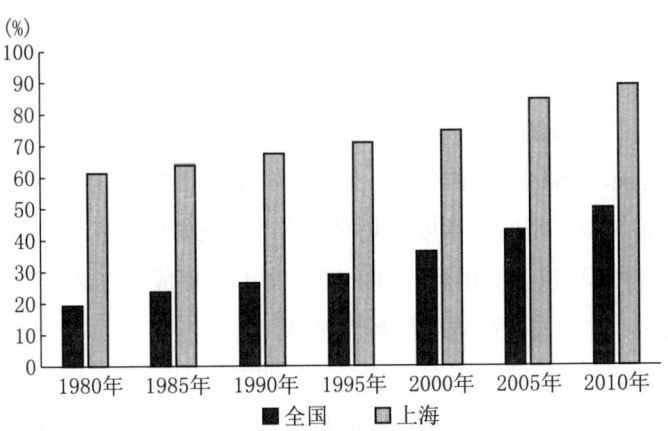

图1-3 中国和上海的城市化(1980—2010年)

(资料来源:中国国家统计局、上海市统计局历年数据)

随着城市化的发展,外来人口的急速大规模导入,以及城郊人口的动迁,上海近年来的治理尺度在不断调整,尤其是基层治理的基本单位——街镇区划的调整发生了较大规模的变化。②从区级范围看,

---

① 《上海市第七次全国人口普查主要数据发布》,上海市第七次全国人口普查,http://tjj.sh.gov.cn/7rp-pcyw/20210519/1968a0983be04311b607deccf6c2988c.html,访问日期:2021年5月19日。

② 上海市市民政局公布最新版行政区划名称表,截至2017年6月30日,上海16个区共有105个街道、107个镇和2个乡。其中黄浦和虹口两区内都是"街道",上海仅有的2个乡位于崇明区。

2000年以后上海市分别经历南市区并入黄浦区、南汇区并入浦东新区、黄浦区和卢湾区撤二建一、静安区和闸北区撤二建一、崇明撤县设区几次大调整;从街镇层面看,近十多年来,近郊和新城地区新建街道数量增多,中心城区面积较小的街道则被撤并,郊区乡镇也经历了一系列较大幅度的调整。①更重要的是,在"十四五"期间,上海提出"新城发力"的战略,它具体指向"嘉定、青浦、松江、奉贤、南汇等五个新城要按照'产城融合、功能完备、职住平衡、生态宜居、交通便利'的要求和独立的综合性节点城市定位,运用最现代的理念,集聚配置更多教育、医疗、文化等优质资源,建设优质一流的综合环境,着力打造上海未来发展战略空间和重要增长极,在长三角城市群中更好发挥辐射带动作用"②。用陈建勋的话来讲,郊区新城建设,不仅关乎郊区的发展治理,更关乎上海的发展和治理,更关乎长三角的发展和治理,"郊区新城的建设应成为全市共同的事业,而不仅仅是郊区各区本身的任务。未来如果要保住长三角的龙头地位,需要足够的城市空间来承接产业的转移,新城建设的成败,直接关乎上海未来的发展"③。由此可知,近郊城市治理成为未来上海保持稳定、快速、健康发展的重要体系性保障。

在此背景下,上海近郊出现了以下四重动向:一是数镇合并和人口导入形成大型镇;二是出现以低收入和动迁群体为主体的大型居住区;三是流动人口和农民工群体大规模导入;四是农村—城市的二元结构继续成为城乡一体化的巨大障碍。以上四重动向不仅改变了近郊地区的人口结构、职业结构、收入结构以及人地关系,还对城市近郊地区原有的以"三农"管理为主体的"镇—村"体制和治理结构提出

---

① 《上海区县街镇行政区划调整,背后遵循怎样的逻辑?》,东方网,https://shzw.eastday.com/G/20171203/u1a13473676_K27223.html,访问日期:2020年11月28日。
② 《中共上海市委关于制定上海市国民经济和社会发展第十四个五年规划和二〇三五年远景目标的建议》,上海市人民政府,https://www.shanghai.gov.cn/nw12344/20201210/db7c9310622145908515706f467fd45a.html,访问日期:2020年12月11日。
③ 熊丰:《长三角议事厅|上海新城建设20年②谁的新城》,澎湃新闻,https://www.thepaper.cn/newsDetail_forward_10313174,访问日期:2020年12月13日。

了严峻的挑战。从这个意义上讲,上海近郊城乡接合部在迅速城市化过程中,已经成为典型的"三双区域"。

第一,双向挤压区域。双向挤压是指中心城区导入人口和城市化引入的外来务工人员的聚集,这为近郊城镇社区治理造成双重压力。一方面,上海中心城区的导入人口,对近郊城镇社区形成挤压效应;另一方面,城市弱势群体和动迁群体,从成熟的中心城区向近郊城镇迁移,形成社区工作人员口中"包袱人群"与"包袱社区"。这也就成为由中心城区向近郊城镇的一重挤压区域。此外,随着上海郊区城市化进程的迅速发展,外来人口急速聚集、聚居。以奉贤区奉城镇为例,奉城镇现有人口大约22万,户籍人口不到8万,接近三分之二的人口是外来务工人员,有的村出现本地人口和外来人口严重倒挂的局面(两者比例甚至是1∶7或1∶8)。① 外来务工人员从数量规模、公共服务需求、社会治安压力,以及社会治理挑战等方面,对郊区城镇形成"外来向本地"的一重挤压。加之上述一重挤压,从而形成"双向挤压区域"。

第二,双重压力区域。双重压力是指自下而上的社会性压力和自上而下的行政压力。基于人口导入而形成的双向挤压区域,从人口就业、医疗、子女教育、居住需求等公共服务供给方面,以及自然环境、治安管理、社会治理等社会建设方面,对郊区城镇政府形成自下而上的社会性压力。另外,基于城市一体化建设与治理的需要,以及行政层级官僚体制的运作规律,近郊城镇面临上级市区两级政府部门的条线与区块的标准要求、绩效考核与治理压力,对郊区城镇政府形成自上而下的建制性压力。自下而上的社会性压力区域与自上而下的建制性压力区域,交汇于近郊城镇及其更加一线的人口聚居区域,由此形成"双重压力区域"。

第三,双重扩张区域。双重扩张是指人口规模的扩张与基层政区

---

① 数据来源于作者的实地调研。

规模的扩张。近郊城市化最明显的特征,便是迅猛提升的城市化率。这种急速城市化率并不是表现为真正的基于近郊城镇自身农村向城市转型的城市内在机理的内生型城市化,而是表现在外来人口规模扩大与地域规模的急速扩张,即外来人口的城市化和土地的城市化。"城市内部结构优化,城中村、城乡接合部、城市延伸带这些肯定是'十四五'以后城市发展的主要区域。这些区域土地都是以集体土地为主,很多都是存量用地,已经成为建设用地,不是白纸一张。这些集体土地如果采取过去的征地模式,征收成本非常之高,这对现行土地制度支撑过去的城市化模式提出了直接挑战。"[1]外来务工人员与中心城区导入人口的近郊化聚居,使近郊城镇形成加拿大著名城市学家道格·桑德斯口中的"落脚城市"。[2]资本与权力逻辑主导下的以居住区建设为主导的城市建成区域的扩张,使近郊城镇形成美国著名城市学家罗伯特·布鲁格曼意义上的"城市蔓延"。[3]显而易见,这并非真正意义上的"城市的胜利",而是在近郊城镇造成了机械性"双重扩张区域"的出现。

城市化造成的上海城市治理挑战具有自身的特殊性。高速且大规模的城市化进程,致使人口急速导入上海,使得城区范围急速扩展。这为城市治理带来了巨大挑战,主要体现在两个方面:一方面,因为中心城区的建成面积相对固定,急速大规模导入的外来人口主要集中于郊区地带,尤其是近郊地区,这导致近郊地区的人口急速增长,并使城市治理尺度不断调整以适应这种快速的人口变化;另一方面,因为中心城区发展的需要,城市拆迁、城市更新、城市规划调整等时有发生,这必须将原来的城市中心人口以异地安置的形式,"动迁"到

---

[1] 刘守英、陆铭:《城市化道路不坚决,导致农民难以取舍》,"城市进化论"微信公众号,https://mp.weixin.qq.com/s/l3bGh9IgE9yRFZKIPaFeoA,访问日期:2020年12月1日。
[2] 参见[加]道格·桑德斯:《落脚城市:最终的人口大迁徙与世界未来》,陈信宏译,上海译文出版社,2012年版。
[3] 参见[美]罗伯特·布鲁格曼:《城市蔓延简史》,吕晓惠、许明修、孙晶译,中国电力出版社,2009年版。

城市郊区或近郊，这进一步导致城市近郊地区人口的数量增长和复杂性的增加，更为近郊地区的城市治理带来挑战。这种复杂的挑战，首先就对城市治理尺度提出要求，使近郊地区在城市治理的尺度上做出新的调整，以应对急速、大规模的城市化进程为城市治理带来的巨大挑战。

换言之，城市化进程带来的新型社会结构、庞大的人口规模与急剧扩大的治理尺度，对公共安全、公共管理、公共服务（基层政府所谓的"三公"）以及社会治理提出了新的要求。从这个意义上讲，上海近郊地区的社会稳定、社会安全、社会治理与社会发展，取决于能否在该区域构建起领导有效、架构完备、服务到位的城市社会治理体系。又因为急速且大规模的城市化带来的大规模人口，他们的最主要居住之所就在最基层的社区，所以急速城市化、大规模人口、复杂社会结构等新现象，对上海近郊城市治理尺度的挑战，并不是发生在治理尺度的上层和中层结构（如市级和区级层面的治理尺度），而是集中于城市基层治理尺度，即街（镇）居治理层级。由此，在城市基层治理方面做出何种治理尺度调整，以应对快速城市化带来的挑战，是关系超大城市保持社会稳定和持续发展的重要实践性问题和理论性问题。当下上海对这个实践性问题和理论性问题的做法和探索，便是未来中国其他城市化地区参考的对象，可以说今天的上海便是明天的中国。

上海对快速城市化的近郊地区的治理尺度的调整和探索，便是"镇管社区"。镇管社区，便是上海对这个实践性问题和理论性问题的回答。正是在突飞猛进的城市化进程中，镇管社区作为探索上海超大型城市治理模式、新型社会治理体系、社区治理体系，尤其是人民城市建设、治理和发展的重要组成部分被提上议事日程。①

在学术上分析世界城市化发展和趋势，研究中国城市化进程，并

---

① 参见诸华：《城市化进程中城郊"镇管社区"模式研究》，华东理工大学硕士学位论文，2013年。

以此为大背景，描述和探究上海近郊城市区域内的快速城市化挑战、社会治理需求和城市基层治理尺度调整的实践和探索，并对其做出理论化解释，这是本书的主要任务。因为近郊"三双"区域的治理需求和挑战，都来源于人口集中居住的基层社区，由此，在向人民城市迈进的城市基层社区治理，成为镇管社区实践的基础性工程。

二、社区治理研究：西方与中国

美国与欧洲的社区治理研究，一般集中于城市规划学者、城市地理学者以及城市社会学者的著作中。前两者以城市学的综合性学科优势将社区作为城市的一个组成部分来研究，"他们关注比单体建筑物范围更大的场所，如建筑物、街坊、邻里、公园系统、公路走廊或整个新镇。他们研究人们在环境中的行为特性，运用心理学知识，分析人们如何感知控件以及人与人之间如何互动，搜索历史学知识，了解场所的物质形态演化，依据人类学和社会学知识，创造满足社会群体的场所空间"[1]。后者以社会学的社会本位视角，从社会关系、人的行为与认同的角度来研究社区，[2]他们多认为"社区就是居住在某一特定地域中的一群人，他们的生活围绕着日常的互动模式而组织起来，这些模式包括工作、购物、娱乐等活动，以及教育、宗教、行政等设置，在一种与此不同而又有关联的意义上，社区也用来指这样一些地方或群体，在其中人们感到团结一致，并通过共同的认同感强有力地联系在一起"[3]，在这方面他们大多数认为"共同关系与认同更甚于空间（或地域）"[4]。

---

[1] [美]理查德·T.勒盖茨等：《城市读本（中文版）》，中国建筑工业出版社，2013年版，第507页。

[2] [美]马克·戈特迪纳、[美]雷·哈奇森：《新城市社会学》，黄怡译，上海译文出版社，2011年版，第178—194页。

[3] [美]戴维·波普诺：《社会学（第十一版）》，李强等译，中国人民大学出版社，2007年版，第622页。

[4] 李易骏：《当代社区工作：计划与发展实务》，双叶书廊有限公司，2012年版，第65页。

相对于西方的社区研究来讲,中国学者对于社区的关注始于中国的市场化转型导致的巨大社会变迁。这一社会变迁使国家的基层治理中心从单位转向社区,①社区开始成为中国学者关注的焦点。在这方面,林尚立教授的观点具有代表性,他认为"伴随着人的生活空间的位移,社会资源配置和社会调控中心也就开始逐渐转移出单位组织,向社会积聚。以人们的生活和居住空间为核心的社区开始逐渐上升为社会结构的基本单位",社区替代单位成为"中国政治建设的战略性空间"。②随着中国社区实践的发展,学者的关注点逐渐从对社区重要性的强调转移到对社区自身的研究。基于社区的现实发展,学术界考察了与社区治理相关的一系列研究对象的发生、发展与趋势。③

三、社区治理研究的三个理论视角

国内外对中国社区治理的研究,可以归结为三个理论视角,它们分别是国家中心论视角、社会中心论视角与宏观结构—微观行动论视角。

第一,国家中心论视角。这一研究视角强调公权力(中央、地方政府,政党等)以现代国家建设为目的,④为了创造一个可治理的社会,对社区进行渗透,从而成为社区治理的最为重要的行动者,⑤并主导了社区治理的大部分结构、机制与过程,导致了社区居民、社会

---

① 参见石发勇:《准公民社区——国家、关系网络与城市基层治理》,社会科学文献出版社,2013年版。
② 林尚立:《社区:中国政治建设的战略性空间》,《毛泽东邓小平理论研究》,2002年第2期。
③ 李友梅:《社区治理:公民社会的微观基础》,《社会》,2007年第3期;桂勇、黄荣贵:《社区社会资本测量:一项基于经验数据的研究》,《社会学研究》,2008年第3期;王汉生、吴莹:《基层社会中"看得见"与"看不见"的国家——发生在一个商品房小区中的几个"故事"》,《社会学研究》,2011年第1期。
④ 林尚立:《社区:中国政治建设的战略性空间》,《毛泽东邓小平理论研究》,2002年第2期。
⑤ Fulong Wu, "China's Changing Urban Governance in the Transition Towards a More Market-Oriented Economy," *Urban Studies* 39, no.7(2002):1071—1093.

组织对公权力的合作与服从，这本质上强化了国家对基层社会的控制，是国家原有城市治理模式的延续而非转型。①但是，这种研究视角不能给予社区居民针对基层行政机构的抗争行为以有力的解释。②

第二，社会中心论视角。从一定意义上讲，社会中心论视角是对国家中心论视角的一种"反动"，是 civil society 研究在社区治理场域中的体现。③社会中心论视角认为城市社区的生成与发展，改善了基层的社区治理与中层的城市治理绩效，④尤其是社区自治的发展促进了国家-社会权力结构的变化，为人民民主奠定了一定的基础。⑤如果社会组织继续在社区治理中参与、成长，那么这将会进一步促进 civil society 的成长，⑥从而发展出具有自身独立性，与公权力、市场良性互动的现代社区。⑦但是，这种研究视角从一定程度上对现代国家建设过程中公权力对社会的渗透缺少清醒的认识，同时也忽视了 civil society 内部的复杂性。⑧

第三，宏观结构-微观行动论视角。宏观结构—微观行动论视角强调中间立场，既吸取国家、社会中心论视角的长处，又不拘泥于两者。⑨这种视角既关注国家-社会二元结构限制，又关注在这种宏观结构限制下作为社区行动者的微观行动，及其在社区治理体系网络中

---

① 卢汉龙：《单位与社区：中国城市社会生活的组织重建》，《社会科学》，1999 年第 2 期。
② See Elizabeth J. Perry, *Challenging the Mandate of Heaven: Social Protest and State Power in China* (Routledge，2002)；陈映芳：《行动力与制度限制：都市运动中的中产阶层》，《社会学研究》，2006 年第 4 期。
③ 参见邓正来：《国家与社会：中国市民社会研究》，四川人民出版社，1997 年版。
④ 徐勇：《"绿色崛起"与"都市突破"——中国城市社区自治与农村自治比较》，《学习与探索》，2002 年第 4 期。
⑤ 刘春荣：《中国城市社区选举的理论想象：从功能阐述到过程分析》，《社会》，2005 年第 1 期。
⑥ James Derleth and Daniel R. Koldyk, "The Shequ Experiment: Grassroots Political Reform in Urban China," *Journal of Contemporary China* 13, no.41(2004): 747—777.
⑦ 沈关宝：《发展现代社区的理性选择》，《探索与争鸣》，2000 年第 3 期。
⑧ 周晓虹：《社会学理论的基本范式及整合的可能性》，《社会学研究》，2002 年第 5 期。
⑨ 参见邹谠：《二十世纪中国政治——从宏观历史与微观行动角度》，牛津大学出版社，1994 年版。

的合作、冲突与疏离。①利用人类学的研究方法,众多学者深入社区进行嵌入式观察,发现国家、社会、市场等行为要素在社区场域的互动是十分复杂的,"依(以)法抗争"②"准公民社区"③"地方增长联盟"④"关系网络"⑤"再造城民"⑥等,都是这一视角的研究成果。宏观结构-微观行动论视角看似综合了上述两种视角的长处,而避免了两种视角的短处,但是却在一定程度上使自身的视角隐没在了"零散"的观点之海中,使零散的观点替代了整体的理论。

四、社区治理研究前沿:介入式定性观察、干预与引导

国内外学者对于社区治理的研究经历了三个渐进且相互交叉的研究阶段,这三种研究视角不是相互排斥的独立阶段,而是不断完善的连续过程。然而,整体来看,这三种研究视角都是从"国家-社会""城市-乡村""结构-行动"二元论的视角探讨社区治理。这种二元论视角具有自身的优势,但是也具有其局限:二元论视角过重强调静态的对立性与理论推理的逻辑性,从而忽视作为动态过程的社区治理的多样性、复杂性与交互性,以及不同社区治理的多样性与复杂性在最大程度上所体现的一般化原则与方法论。

在上述研究的基础上,一些学者或者社区行动者以"介入式"定性观察、干预、引导的方法,做出了类似凯文·林奇与威廉·怀特的

---

① 参见桂勇:《邻里空间:城市基层的行动、组织与互动》,上海书店出版社,2008年版。
② See Kevin J. O'brien and Lianjiang Li, *Rightful Resistance in Rural China* (Cambridge University Press, 2006).
③ 参见石发勇:《准公民社区——国家、关系网络与城市基层治理》,社会科学文献出版社,2013年版。
④ Tingwei Zhang, "Urban Development and a Socialist Pro-Growth Coalition in Shanghai," *Urban Affairs Review* 37, no.4(2002):475—499.
⑤ 边燕杰、张文宏、程诚:《求职过程的社会网络模型:检验关系效应假设》,《社会》,2015年第5期。
⑥ 参见施芸卿:《再造城民:旧城改造与都市运动中的国家与个人》,社会科学文献出版社,2015年版。

"城市意象"研究与"街道生活"研究。①他们并没有先验地从既定的理论开始,以"月映万川"的普遍规律去推理出人们如何认知城市、社区(推理逻辑),用既定的理论框定居民的行为,用客观的规律去过滤行为者的情感;而是先采取介入式观察、干预与引导的方式,深入社区了解居民的行为、习惯、生活方式与情感认同,研究社区工作者的工作方法、行政与志愿行为、政策规范实施、居民自治工作等,收集经验性信息,然后建构理论,解释中国社区治理的行为、逻辑与他们的发现(归纳逻辑)。②以此种定性研究方法,宋庆华女士带领的团队从以社区参与的真切行动,从社区参与式治理的角度,以社区参与式方法为抓手,对社区参与思想、方法与技术做出了较为前沿的探索与实践。③刘建军教授则以学者的身份,从"原理与方法"入手,对于社区治理的重要面向——居民自治,做出了重要的社区干预探索与学术研究。④韩福国教授则以自己数年亲自参与并研究社区协商民主的实践经验与学术积累出发,从操作化的方法和程序、协商民意测验、决策和领域等方面,对社区协商民主的操作化做出了自己独有的贡献。⑤

---

① 参见[美]凯文·林奇:《城市意象》,方益萍、何晓军译,华夏出版社,2001年版。
② [美]理查德·T.勒盖茨等:《城市读本(中文版)》,中国建筑工业出版社,2013年版,第521、532—533页。
③ 参见宋庆华:《沟通与协商:促进城市社区建设公共参与的六种方法》,中国社会出版社,2012年版。
④ 参见刘建军:《居民自治指导手册》,格致出版社、上海人民出版社,2016年版。
⑤ 参见韩福国:《我们如何具体操作协商民主——复式协商民主决策程序手册》,复旦大学出版社,2017年版。

第二章

全球城市化的趋势、特征与中国的城市化

近郊城镇面临的治理需求和挑战，根本上源于城市化进程。那么，城市化到底是什么，其趋势、特征，以及中国的城市化又呈现何种状态？接下来我们将从城市化的起源，分析以上问题。城市化以现代经济的发展为根本动力。工业革命是城市化发展的新起点，"工业革命对商品的制造方式、制造地点带来了本质的变化，是城市化发展的强力催化剂，城市开始围绕新的工厂生长起来"①。从此城市化经历了工业城市化、电气城市化、信息城市化阶段，创造了早期工业城市、商业城市、郊区城市、新福特主义城市和全球城市等城市形态。

与城市化发展相伴的一个世界范围内的现象是国家形态的转变。刘易斯·芒福德在其对城市发展史的研究中指出，伴随城市发展，人类社会的国家形态也在不断发生变化。以大历史的历史脉络观之，人类社会依次经历了城邦国家形态、帝国国家形态、神权国家形态、封建主义国家形态、绝对主义国家形态，以及现代民族国家形态。每一个时期的城市治理结构与城市政治结构，在城市空间结构中展现不同的国家形态。②

城市不仅是国家形态的展现空间，而且是国家形态形成、转型，以及成熟的重要推动力量。工业城市推动了国家从绝对主义形态到现代民族国家形态的转变；现代城市内在形态的转变推动了现代国家形态的转变，例如新福特主义城市的产生，导致资本主义国家形态向福利国家形式的转变。这些案例都证明了城市与国家转型之间的重要

---

① ［美］保罗·诺克斯、［美］琳达·马克卡西：《城市化》，顾朝林、汤培源、杨兴柱等译，科学出版社，2009年版，第50页。

② 参见［美］刘易斯·芒福德：《城市发展史——起源、演变和前景》，倪文彦、宋俊岭译，中国建筑工业出版社，2005年版。

关系。

一、城市化发展的世界趋势

城市化现象已经成为现代世界最为引人注目的现象之一。自从工业革命以来,世界城市化进程突飞猛进,城市获得了前所未有的发展,并且这种趋势在不久的将来还会一直持续下去。根据联合国预测,目前主流观点认为"全世界的总人口将从2010年的不到70亿增长到2050年的约90亿,城市化进程将在世界各个角落继续进行,特别是在发展中世界"①。

世界城市化的基本进程在近200年间不断加速。城市人口占总人口比例从1800年的3‰上升到2011年的52%,城市人口总数增长了120倍。②联合国经济与社会事务部在2012年时对全球231个国家和地区的城市人口进行了分析,根据其公开的数据,截至2011年世界城市人口达到36.3亿(表2-1)。③

不论是对于较发达地区而言,还是对欠发达地区而言,它们的城市人口都呈增长态势。从1950年到2011年,前者从4.4亿增长到9.6亿,后者从3亿增长到26.7亿;从而导致世界城市人口从7.5亿增长到36.3亿。据预测,从2030年到2050年,前者的城市人口将达到11.3亿,后者的城市人口将达到51.2亿;届时世界城市人口将达到62.5亿。虽然在全世界范围来看,从1970年到2011年,年城市化率都在不断下降,但是城市人口一直保持增长的态势。因此,联合国经济与社会事务部建议各个国家为城市的扩大预先做好准备。

---

① [美]理查德·T.勒盖茨等:《城市读本(中文版)》,中国建筑工业出版社,2013年版,第20页。
② [美]阿兰·阿特舒勒:《全球化背景下的美国城市》,中国发展研究基金会研究参考,第174号,2013年11月25日,http://www.cdrf.org.cn/jjh/pdf/174.pdf。
③ United Nations Department of Economic and Social Affairs, *World Urbanization Prospects: The 2011 Revision* (New York: United Nations, 2012), 4.

表 2-1　1950—2050 年世界总体人口、城市人口及其年平均变化率

发展组别	人口（亿）					年平均变化率（%）			
	1950	1970	2011	2030	2050	1950—1970	1970—2011	2011—2030	2030—2050
总人口									
世　　界	25.3	37.0	69.7	83.2	93.1	1.89	1.55	0.93	0.56
较发达地区	8.1	10.1	12.4	13.0	13.1	1.08	0.51	0.23	0.06
欠发达地区	17.2	26.9	57.3	70.3	79.9	2.23	1.85	1.07	0.65
城市人口									
世　　界	7.5	13.5	36.3	49.8	62.5	2.98	2.41	1.66	1.13
较发达地区	4.4	6.7	9.6	10.6	11.3	2.09	0.89	0.52	0.29
欠发达地区	3.0	6.8	26.7	39.2	51.2	4.04	3.33	2.02	1.34

资料来源：United Nations Department of Economic and Social Affairs, *World Urbanization Prospects: The 2011 Revision* (New York: United Nations, 2012).

如表 2-2 所示，就较发达地区而言，虽然它们的城市化速率从 1950 年到 1970 年开始逐渐下降（从 1.01% 到 0.38%），但是它们的城市人口比率却是很高的；较发达地区在 2011 年有 77.7% 的居民住在城市；到 2050 年，较发达地区的城市居民将有可能达到总人口的 85.9%。就欠发达地区而言，它们的城市化以 1.64% 的平均城市化速率推进；在 2011 年，欠发达地区的城市人口比例为 46.5%；到 2050 年，它们的城市居民将有可能达到总人口的 64.1%。总体来看，世界城市人口到 2050 年将达到总人口的 67.2%。无论较发达地区还是欠发达地区，它们的城市化在将来的 40 年间会持续快速发展。毫无疑问，那时世界城市人口的增长与数量将达到前所未有的水平，世界将是城市的世界。

在与农村人口的对比中，我们可以更直观地发现城市世界的迅猛发展趋势。

表 2-2　1950—2050 年世界城市人口比率与城市化率

发展组别	城市人口比率(%)					城市化速率(%)			
	1950	1970	2011	2030	2050	1950—1970	1970—2011	2011—2030	2030—2050
世　界	29.4	36.6	52.1	59.9	67.2	1.09	0.86	0.74	0.57
较发达地区	54.5	66.6	77.7	82.1	85.9	1.01	0.38	0.29	0.23
欠发达地区	17.6	25.3	46.5	55.8	64.1	1.81	1.48	0.95	0.69

资料来源：United Nations Department of Economic and Social Affairs, *World Urbanization Prospects：The 2011 Revision*(New York：United Nations, 2012).

如图 2-1 所示，从 1950 年到 2050 年，不论是对较发达地区还是欠发达地区而言，它们的城市人口都将持续增多，农村人口都会逐渐减少。就前者而言，从 20 世纪 50 年代开始，它们的城市人口开始超越农村人口，进入城市化社会，并开始了城市化的高速发展阶段，并且一直保持着城市人口多于农村人口的态势。就后者而言，它们的城市化起步比较晚，在 20 世纪 70 年代，它们的城市化才开始实现飞跃

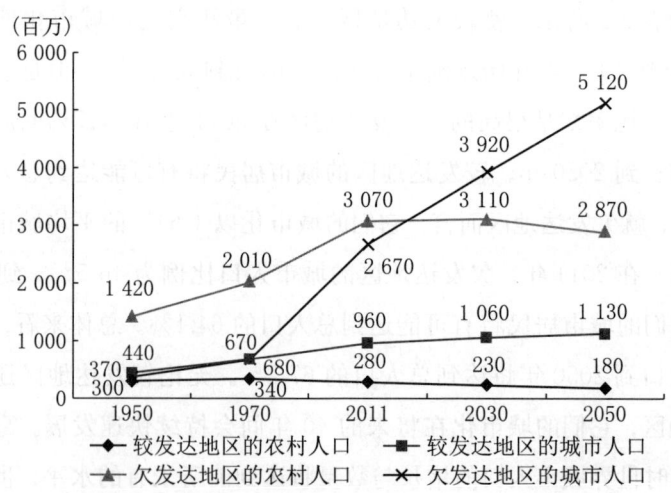

图 2-1　1950—2050 年世界城市与农村人口对比

［资料来源：United Nations Department of Economic and Social Affairs, *World Urbanization Prospects：The 2011 Revision*(New York：United Nations, 2012).］

式发展,并在这个时期超越较发达地区的城市人口总数;但是,它们的城市人口仍然没有超越农村人口,城市化社会尚未来临(在联合国的估计中,在2018年它们的城市人口才会超过农村人口①)。然而,有一个明显的特征是欠发达地区的城市化发展速率,从20世纪70年代开始便大大高于发达地区的城市化速率,并保持持续快速的增长势头。无论如何,城市的世界即将来临。

二、城市化率的世界特点

对城市人口的研究,除较发达地区与欠发达地区的维度外,还有城市本身这个维度。城市是有等级的,不同等级的城市所容纳的人口数量也不尽相同。中国中小城市科学发展高峰论坛组委会、中小城市经济发展委员会参考世界经验,并根据中国的实际情况,②同时参考联合国经济与社会事务部的规定,将城市分为五大类(表2-3)。

表2-3 城市类型

城市类型	人口规模
小城市	[0, 50万)
中等城市	[50万, 100万)
大城市	[100万—500万)
特大城市	[500万—1 000万)
巨型城市	[1 000万, +∞)

注:参考《中国中小城市发展报告(2010)——中国中小城市绿色发展之路》,社会科学文献出版社2010年版,并根据 United Nations Department of Economic and Social Affairs, *World Urbanization Prospects*: *The 2011 Revision* (New York: United Nations, 2012)进行修改。

---

① United Nations Department of Economic and Social Affairs, *World Urbanization Prospects*: *The 2011 Revision* (New York: United Nations, 2012), 3.
② 参见《中国中小城市发展》编纂委员会、中国城市经济学会中小城市经济发展委员会:《中国中小城市发展报告(2010)——中国中小城市绿色发展之路》,社会科学文献出版社,2010年版。

根据城市的类型划分，我们可以得到世界城市人口在不同类型城市的分布情况，如图 2-2 所示。

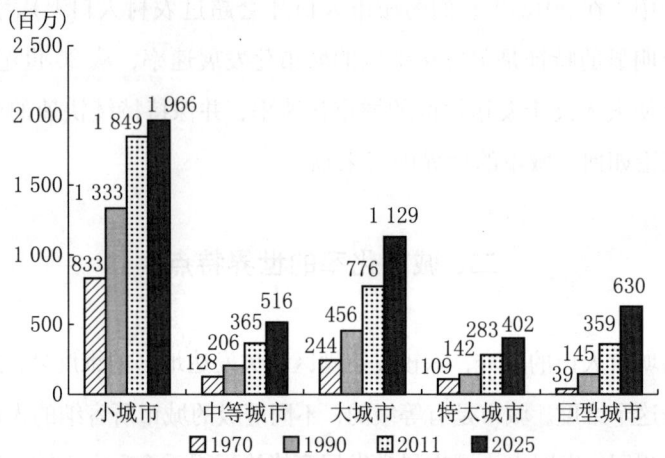

图 2-2　世界不同等级规模城市的人口分布

[资料来源：United Nations Department of Economic and Social Affairs, *World Urbanization Prospects: The 2011 Revision* (New York: United Nations, 2012).]

世界城市化的主要城市空间是中小城市。世界上大部分的城市人口生活在中小城市，大城市中的人口相对来讲还是比较少的。就 2011 年来讲，将近一半的城市人口（18.5 亿）生活在人口不足 50 万的小城市；3.65 亿生活在中等城市，占了世界城市人口的 10.1％。结合两者可知，世界上将近 61％的城市人口生活在中小城市。

未来世界城市化的主要城市空间将是大、特大城市，甚至巨型城市。1970—2011 年的城市人口分布状况，在不久的将来将会发生改变，即城市人口开始慢慢向大、特大城市，甚至巨型城市发展。联合国经济与社会事务部预计，到 2050 年，生活在中小城市的人口将减至 50％，世界上 47％的城市人口将生活在人口超过 100 万的城市中。后者将成为世界城市化的重镇。事实上，巨型城市也将面临更大幅度的城市化挑战。这是世界城市化的最新趋势。

巨型城市因其人口规模与地理复杂性吸引了人们的极大注意，它们代表了通过人口规模区分城市的终极。1970年，世界上只存在两个巨型城市：东京与纽约。之后，巨型城市在世界范围内迅速增多，而且大多数在发展中国家出现。1990年，世界上共有10个巨型城市，发展中国家占了一半，与发达国家平分秋色（表2-4）。

表2-4　1970年、1990年世界巨型城市分布

单位：百万

1970年			1990年		
等级	巨型城市	人口	等级	巨型城市	人口
1	东京（日本）	23.3	1	东京（日本）	32.5
2	纽约、纽瓦克（美国）	16.2	2	纽约、纽瓦克（美国）	16.1
			3	墨西哥城（墨西哥）	15.3
			4	圣保罗（巴西）	14.8
			5	孟买（印度）	12.4
			6	大阪、神户（日本）	11.0
			7	加尔各答（印度）	10.9
			8	洛杉矶、长堤、圣塔安那（美国）	10.9
			9	首尔（韩国）	10.5
			10	布宜诺斯艾利斯（阿根廷）	10.5

资料来源：United Nations Department of Economic and Social Affairs, *World Urbanization Prospects：The 2011 Revision*(New York：United Nations，2012).

2011年以后，世界巨型城市在发展中国家的数量已经远远超过发达国家。2011年巨型城市在世界上的分布如下：亚洲13个，拉丁美洲4个，非洲、欧洲与北美洲各有2个。11个巨型城市是所在国家的首都。

据联合国经济与社会事务部预测，到2050年巨型城市将会达到37个之多，亚洲的巨型城市将达到22个，拉丁美洲6个，非洲、欧洲与北美洲各有3个（表2-5）。由此，可以得知，接下来，城市化的主要发生区域将是亚洲，超过四分之三的巨型城市将会在发展中国家出现，并且它们的城市人口将占到世界人口的9%。[①]

[①] United Nations Department of Economic and Social Affairs, *World Urbanization Prospects：The 2011 Revision*(New York：United Nations，2012)，9.

表 2-5　2011 年、2025 年世界巨型城市分布

单位：百万

2011 年			2025 年		
等级	巨型城市	人口	等级	巨型城市	人口
1	东京（日本）	37.2	1	东京（日本）	38.7
2	德里（印度）	22.7	2	德里（印度）	32.9
3	墨西哥城（墨西哥）	20.4	3	上海（中国）	28.4
4	纽约、纽瓦克（美国）	20.4	4	孟买（印度）	26.6
5	上海（中国）	20.2	5	墨西哥城（墨西哥）	24.6
6	圣保罗（巴西）	19.9	6	纽约、纽瓦克（美国）	23.6
7	孟买（印度）	19.7	7	圣保罗（巴西）	23.2
8	北京（中国）	15.6	8	达卡（孟加拉国）	22.9
9	达卡（孟加拉国）	15.4	9	北京（中国）	22.6
10	加尔各答（印度）	14.4	10	卡拉奇（巴基斯坦）	20.2
11	卡拉奇（巴基斯坦）	13.9	11	拉各斯（尼日利亚）	18.9
12	布宜诺斯艾利斯（阿根廷）	13.5	12	加尔各答（印度）	18.7
13	洛杉矶、长堤、圣塔安那（美国）	13.4	13	马尼拉（菲律宾）	16.3
14	里约热内卢（巴西）	12.0	14	洛杉矶、长堤、圣塔安那（美国）	15.7
15	马尼拉（菲律宾）	11.9	15	深圳（中国）	15.5
16	莫斯科（俄罗斯）	11.6	16	布宜诺斯艾利斯（阿根廷）	15.5
17	大阪、神户（日本）	11.5	17	广州（中国）	15.5
18	伊斯坦布尔（土耳其）	11.3	18	伊斯坦布尔（土耳其）	14.9
19	拉各斯（尼日利亚）	11.2	19	开罗（埃及）	14.7
20	开罗（埃及）	11.2	20	金沙萨（刚果民主共和国）	14.5
21	广州（中国）	10.8	21	重庆（中国）	13.6
22	深圳（中国）	10.6	22	里约热内卢（巴西）	13.6
23	巴黎（法国）	10.6	23	班加罗尔（印度）	13.2
			24	雅加达（印度尼西亚）	12.8
			25	金奈（印度）	12.8
			26	武汉（中国）	12.7
			27	莫斯科（俄罗斯）	12.6
			28	巴黎（法国）	12.2
			29	大阪、神户（日本）	12.0
			30	天津（中国）	11.9
			31	海得拉巴（印度）	11.6

续表

2011 年			2025 年		
等级	巨型城市	人口	等级	巨型城市	人口
			32	利马（秘鲁）	11.5
			33	芝加哥（美国）	11.4
			34	波哥大（哥伦比亚）	11.4
			35	曼谷（泰国）	11.2
			36	拉合尔（巴基斯坦）	11.2
			37	伦敦（英国）	10.3

资料来源：United Nations Department of Economic and Social Affairs, *World Urbanization Prospects: The 2011 Revision*(New York: United Nations, 2012).

总而言之，世界城市化发展迅速，但是发展不平衡，发展中国家将是未来城市化发展的集中地区。20 世纪 70 年代之前的城市化人口主要集中在中小城市，之后大城市与特大城市成为城市化人口增长的重要空间。在不远的将来，城市化发展将向巨型城市集中。同时，就世界版图来看，以亚洲与非洲为代表的发展中国家将成为未来城市化发展的重要区域。

三、城市化浪潮与中国国家转型的三次演进

全球已经历过三次城市化浪潮。第一次浪潮发端于欧洲，以英国为代表，与工业革命发展相伴随，1750 年英国的城市化率为 20%，到 1950 年基本完成城市化，历时约 200 年；第二次浪潮是以美国为代表的北美洲的城市化，1860 年美国的城市化率为 20%，到 1950 年达到 71%；第三次浪潮发生在拉美及其他发展中国家，南美诸国在 1930 年的城市化率为 20%左右，到 2000 年也基本完成了城市化历程。①

---

① 《全球三次城市化浪潮》,《人民日报》,2011 年 4 月 28 日第 23 版，http://data.people.com.cn/rmrb/20110428/23/6bc69074b4414715b9eaf609ac543797，访问日期：2021 年 4 月 28 日。

在第三次城市化浪潮中，中国不仅经历着城市化的发展过程，同时也经历着惊心动魄的国家转型过程，中国的城市化过程与国家转型过程合二为一。从历史与现实的发展进程来看，中国的国家转型是由城市所推动的，它体现为多维性与多次性，具体体现为城市推动的三次国家转型。这三次国家转型，分批次体现了城市力量推动国家转型模式的演进。

（一）依附型城市力量推动国家转型模式：中国的第一次国家转型

中国的第一次国家转型是从晚清开始的。晚清以降，中国开始了被动的国家转型。这种被动的国家转型肇始于城市。随着一系列不平等条约的签订，国外资本力量在中国建立起越来越多的通商口岸。通商口岸的设立，迫使中国古老的城市发展逻辑开始接受现代西方的影响。其实在这个时候，中国已经开始无意识地通过通商口岸推动国家从传统到现代转型。上海是这个时期最典型的推动中国转型的城市。

辛亥革命以后，中国开始主动通过现代城市建设，推动国家转型。中国在由国外力量作用而形成的城市基础上，建设带有自身国家意志的现代城市，并希冀以其承担起国家转型的重任。1927 年到 1937 年，国民政府利用"黄金十年"，有意识地借助通商口岸推动国家转型，由此在城市中建构起现代制度。中国仅仅在有能力建设城市的时候，才开始自觉地利用城市推动国家转型。

这个阶段中国的国家转型模式体现为依附型城市力量推动国家转型。在这个阶段中，城市力量的组成变量具有自身的特色。由于中国部分地区沦为西方强权的势力范围，国家主权支离破碎，这在通商口岸城市呈现得更为明显。权力要素，因为国家主权的不独立不完整，而表现为依附型，同时参与要素根本无法发挥作用。市场要素，是由国外资本所创造的，由此体现为自由型；但是，通商口岸城市成为外国的商品销售市场与原料转运场所，无法完全成为中国国家转型的积极性力量。通商口岸城市的各种制度并非传统中国所生发，虽然具备一定的现代性，但是制度要素呈现出的并不是帮助型，而是抑制型。

由此，四种要素的分化组合形成依附型城市力量推动国家转型的模式。

（二）汲取型城市力量推动国家转型模式：中国的第二次国家转型

中国的第二次国家转型开始于1949年，与第一次转型相叠加。也就是说，中国国家转型不仅仅需要从传统向现代迈进，还需要在这个转型中加入社会主义与工业化的因素。由此，中国的第二次国家转型体现出二维特性：一是建立社会主义国家政权；二是实现工业化。在此二维国家转型的制约下，国家必须改变第一次国家转型中形成的城市架构，需要对城市进行全面性的改造，因而这个城市改造的过程与国家转型过程紧密联系在一起。城市同样是推动中国国家转型的重要载体。

然而，1949年对城市的改造造成了很多城市发展的问题，其中最明显的就是城市并非按照自身的逻辑发展，而是按照政权的逻辑发展。国家以自身的意志，通过布局大型国有企业，以期通过国企化城市实现国家的工业化转型；通过三大改造、人民公社化运动，以期建立城市的社会主义经济与政治基础，实现国家的社会主义转型。然而，"大跃进"之后，城市萎缩，现代化的努力受挫，中国的国家转型遭受极大挫折。人民公社化运动使城市呈现公社化特征，或者说整个城市就是一个大公社。在这个运动过程中，中国开始理想化地建构工农商学兵一体的城市，城市失去了多元发展的活力。经过"上山下乡"运动后，中国的城市开始萎缩，通过建构公社化城市推动中国国家转型的努力被证实失败。

这个阶段的中国国家转型的模式体现为汲取型城市力量推动国家转型。在这个阶段中，中国共产党建立中华人民共和国，赢得了国家主权的独立，建立了一个独立自主的民族国家，开始具备国家建设的基本条件。国家主权恢复独立完整，权力要素摆脱依附型，但是城市力量因为强大的威权统治而呈现汲取型。"大民主"所代表的民粹主义，实际上令参与要素呈现非自愿的被动消极型。计划经济的实施，令市场要素呈现计划型。因适应计划经济与社会主义而建立的各种制度，主观上要为国家转型提供制度环境，然而制度要素在客观上却走向了抑制型。由此，四种要素的分化组合，形成汲取型城市力量推动国家转型的模式。

在经过第二次转型之后，中国的社会主义国家政权得以建立起来，但是中国的国家转型却并未完成。中华人民共和国并没有使得国民党留下的国家体系产生出真正的现代化发展态势；它只是用社会主义制度替换了国民政府的资本主义制度，真正支撑国家转型的具备现代城市力量的城市却并没有发展起来，基于此中国也不可能实现真正的转型。因此，中国必须启动第三次由城市力量推动的国家转型。

（三）平衡型城市力量推动国家转型模式：中国的第三次国家转型

中国的第三次国家转型是从改革开放开始的。第三次国家转型主要体现在三个方面。一是通过培育具备良性现代城市力量的城市支撑国家转型。第三次转型不再仅仅执着于城市的社会主义属性，而是根据城市的逻辑培育城市力量，建构国家转型的现代城市空间。二是通过城市力量向农村渗透的城市化过程支撑国家转型。第三次转型过程中的市场要素虽然源于农村，但是它的确立却是以城市为空间。中国的第三次转型虽然从农村生发，但是以城市为空间与载体，国家通过城市力量向农村渗透的城市化支撑国家转型。三是人的城市化。第三次转型中的城市化解决的是人的问题，而不是土地的问题。通过人的城市化，拉平以城乡区隔为基础的市民与村民的差距，建构以人为本的城市，在城市空间中从人的向度方面推动国家转型。

这个阶段的中国国家转型处于一个从发展型城市力量推动国家转型模式向平衡型城市力量推动国家转型模式的转变过程。"文化大革命"后，中国面临巨大危机，发展成为解决危机的有利途径。由此，中国举倾国之力发展经济，提高民众生活水平。从计划经济到市场经济，启动了一系列转型过程。这种发展模式，使权力要素带有明显的发展型特色。参与要素也随着中国的进一步发展，慢慢从消极被动走向积极主动。市场要素虽然因市场化转型，体现着显著的自由型特点，但是国家干预力量也在发挥重要作用。同时，制度要素开始被多元经济与社会的变迁，倒逼走向帮助型。由此，中国的国家转型在四种要素的分化组合中，开始从发展型城市力量推动国家转型模式向平衡型城市力量推动国家转型模式转变。虽然，这种转变充满了许多艰辛与未知，但是有一点可以确定：中国要培育平衡型城市力量，还需要政治、经济、制度、社会、文化等多方面的改革。

中国的案例不仅具有自身的特色，而且体现了后发展国家通过城市力量推动国家转型的一般特征。前者体现在，城市力量推动的中国国家转型的前一个转型阶段决定着后一个转型阶段，即第一次转型决定第二次转型，第二次转型决定第三次转型。后者体现在，中国的国家转型明显体现为四种城市力量推动国家转型模式。

中国的案例，从一定意义上说明，后发展国家要实现成功的国家转型，关键是要建构有效的良性现代城市力量。城市力量不是城市与力量的简单式物理叠加，相反，城市力量是一个现代化的要素。城市力量不是物理空间的概念，而是现代化要素的复合代表。城市力量映射下的城市不是一种具体的生活形态，而是一个复合性概念，这个复合性概念包含了人类文明的所有现代性要素。所以，在后发展国家转型的过程中，城市不仅仅作为物理空间存在，更是作为现代文明的集合性要素，对国家转型起到支撑性乃至决定性作用。

第三章

中国的城市发展：
现代国家建设推动的城市变迁

中国城市发展的逻辑转换与思维转型与中国的现代国家建设进程紧密地联系在一起。中国现代国家建设进程发生转换与转型，中国城市发展的逻辑与思维也会发生转换与转型。中国的国家转型是从传统迈向现代，转型过程是被动诱发型的，在这个国家转型的过程中是借助城市进行的。从大历史的脉络来看，在中国近代史中，中国的城市变迁与中国现代国家的建设进程相匹配，中国的城市、都市发展经历了三大阶段：与殖民化相联系的通商型城市、与单位化相联系的组织型城市、与市场化相联系的增长型城市。

一、开埠通商与"通商型城市"

中国古典社会没有真正的西方意义上的商业市、自由市，[①]传统中国的帝国体制下，城市仅仅作为权力要素主导的"城"而存在，城市并不是作为一个"贸易或者市场的中心而存在，而作为一个军事的、政治的、行政的中心而存在"。按照儒家观点，在传统中国的城市规划上，城墙将城市分为内外两部分，内部的城市统治着周围的农村；在城市内部中心位置的规划中，衙门、孔庙、城隍庙、试场、公廨与官邸等建筑，是其不可缺少的组成部分。[②]这些建筑体现出，城市不是一个"功能性意义上的行政单位，而是一个至少在县层面上的行政中心。这是传统中国城市地位的决定因素。它不是基于经济交换

---

① [美]保罗·M.霍恩伯格、[美]林恩·霍伦·利斯：《都市欧洲的形成 1000—1994年》，阮岳湘译，商务印书馆，2009年版，第23页。
② [美]施坚雅：《中华帝国晚期的城市》，叶光庭等译，中华书局，2000年版，第107页。

过程的自然产物，而是一个被帝国统治者设计出来的存在"①。这种城市不是通商型的城市，从一定意义上讲更多是一个管理型的城市，是衙门所在地，具有政治属性。

这些城市在国家从传统迈向现代的过程中都有一个特点，也就是它们都向通商型城市迈进。所以，由于列强的压力与自我的主动，中国通过开埠通商造就了一大批通商型城市。②因为过去的城市都不是一个大的通商型城市，而是一个小的管理型城市，"不少城镇开埠前只是区域性的政治中心和人群聚集消费的场所。相当一部分被称为'城市'（city or town）的地方，大体上是有'城'（place within the city wall）而无'市'（market），或者城与市未能融合为一体"③。开埠之后，开埠城市的城市人口、市政建设、公共设施、市政规章制度与城市功能都朝向"西方意义上的'城市'（city），或者在语言学意义上已经从 market 转化为 city 的'市'"④。在向现代迈进的过程中，城市商业性的一面会被发展起来，所以通商化带来很多沿海城市的发展，例如上海、广州、福州、厦门、泉州。这些城市开始从沿海的政治性城市发展成与国际贸易相连接的通商型城市。⑤由此，有"城"有"市"的城市才发展起来，然后依靠这种城市，民族工业得以产生并得到一定的发展，这更加奠定了城市的通商性基础。在此之后，中国的现代国家政权才开始在这种民族工业所在的城市开始建构。

通过城市发展的通商化过程，中国开始了从传统向现代迈进的国家转型过程。但是，这个通商化的城市发展过程是一个不成熟的过

---

① Zhiguo Ye,"Big Is Modern: The Making of Wuhan as a Mega-City in Early Twentieth Century China, 1889—1957"(Ph.D. Dissertation, University of Minnesota, 2010), 6—18.
② 杨天宏：《口岸开放与社会变革——近代中国自开商埠研究》，中华书局，2002 年版，第 57—138 页。
③ 同上书,第 339—340 页。
④ 同上书,第 349—361 页。
⑤ 林星：《近代福建城市发展研究（1843—1949 年）——以福州、厦门为中心》，厦门大学博士学位论文,2004 年，第 320 页。

程，城市的现代化不成熟，再加上主权不独立不完整，这些城市的通商化是畸形的，例如买办等对城市通商的把持造成了城市的半殖民地半封建化。同时，民族工业与外国资本对城市的发展有着巨大的影响，这都造成了它不成熟的性质。

二、单位化与"组织型城市"

中国共产党接手政权的时候，也就将城市作为中国未来国家建构的支点接收了下来。但是，在依靠城市推动中国国家转型的同时，中国共产党将城市与国家政权、国家制度的建构衔接了起来，从国家政权与制度的逻辑来建设城市，然后通过这种建构的城市实现国家转型。以国家政权与国家制度的逻辑来建设的城市，形成了不同于通商型城市的城市性质，也就是组织型城市。

在中华人民共和国建立之前，中国共产党的西柏坡会议便分析了党与城市的关系。中国共产党在国民党主导城市之后，只能在农村开展革命。农村是共产党的革命基础，党不是依靠城市取得政权，所以毛泽东同志在会议中说："从一九二七年到现在，我们的工作重点是在乡村，在乡村聚集力量，用乡村包围城市，然后取得城市。"①在面临革命胜利的时候，中国共产党已经认识到城市对于新政权的重要性。七届二中全会明确指出"采取这样一种工作方式（农村包围城市）的时期现在已经完结"，接下来的工作重心是城市，整个国家建设都要围绕城市，依靠城市来进行。报告虽然提出作为将来的执政党，中国共产党要兼顾城乡，但是明确强调："党和军队的工作重心必须放在城市，必须用极大的努力去学会管理城市和建设城市……一步一步地学会管理城市，恢复和发展城市中的生产事业……只有将城市的生产恢复起来和发展起来了，将消费的城市变成生产的城市了，

---

① 毛泽东：《在中国共产党第七届中央委员会第二次全体会议上的报告》，载《毛泽东选集》（第四卷），人民出版社，1991年版，第1426页。

人民政权才能巩固起来。"①

组织型城市体现为国家基于政权和制度建构的需要来建构和组织城市。它不是基于市场和生产发展的内在的逻辑来发育城市，并实现城市的自我成长。这种城市是基于计划经济、行政管理和单位社会，以及国家政权渗透基层的需要而形成的组织化城市，政府会：（1）组织生产——工业布局；（2）组织生活——城乡二元分割、配给制；（3）组织政权——单位社会。这种组织化城市实现了国家的转型，也就是说在超大规模国家中建立起了新的并且是统一的政权，并建立了新的城乡二元治理结构，以及基于这种二元结构的生产方式。借助组织型城市，政党渗透社会，实现了社会的组织化，并维系了超大规模的国家疆域。

单位化与组织型城市是一体的。组织型城市中作为自下而上的城市社会生活，被自上而下的国家性单位主导，成为国家权力要素的一个支配部分。②单位成为重组城市生产与生活的有效机制。在日常运行上，"常规性的召集单位成员召开处理他们各式各样事务的会议，成为社会控制的有效方式"③。这种机制通过国家权力的意志在全国推广，从而"把无数个单位作为社会纽结组织、用单位网络组织整个城市社会，建立了一个单位化的城市社会"④。

---

① 毛泽东：《在中国共产党第七届中央委员会第二次全体会议上的报告》，载《毛泽东选集》（第四卷），人民出版社，1991年版，第1427页。

② "街居制是应保甲制度的空缺，非单位人口组织化的需要而产生的"，"单位化才是基层社会重新组织的唯一方向，至于街居制度作为一种城市社会控制和整合机制，却是经历了无数次探索与实践才做出的选择"。这种长期性与探索性说明，改革前的中国的单位制是主体，街居制是补充。参见杨丽萍：《从非单位到单位：上海非单位人群组织化研究（1949—1962）》，华东师范大学博士学位论文，2006年，第70—72页。在这个时期，学校、医院、其他事业单位，相对于国企而言，不是最重要的国家控制机制。因为居委会主要管理的是流动闲散人员；学校、医院其他事业单位的人员在整个1978年以前的中国，比之于国企中的职工而言，都属于少数。参见郭圣莉：《城市社会重构与新生国家政权建设：建国初期上海国家政权建设分析》，天津人民出版社，2006年版。

③ Martin King Whyte and William L. Parish, *Urban Life in Contemporary China* (Chicago, IL: University of Chicago Press, 1985), 240.

④ 毛丹：《村落变迁中的单位化——尝试村落研究的一种范式》，《浙江社会科学》，2000年第4期。

三、市场化与"增长型城市"

中国的改革不是以组织型城市为起点的,因为单位化与组织型城市所形成的一体化组织体系不会轻易地被解体。因为它支撑着整个国家,如果骤然解体,就会产生巨大风险,这也是为什么当下中国依然是单位与市场、社区共存的体系。因此中国的改革开放走的是中心撬动边缘的道路,中国的市场化改革从"承包制、乡镇企业、个体户和经济特区"四个重要的"边缘力量"开始,由非国营经济引导,然后逐步倒逼处于中心地位的城市社会主义公有制进行变革。[①]换句话说,这就是从农村开始撬动组织型城市的转型。许多研究已经说明中国的改革开放为什么从农村开始,但是这些解释并没有回答为什么不从城市开始。这就需要考察城市与中国国家转型之间、中国改革开放时的城市与中国的国家转型之间到底存在着什么样的关系。其中,基本原因就在于单位化与组织型城市的强大刚性结构,难以一时间实现转型。

改革开放后,中国的国家转型从农村开始,之后慢慢转到城市,并引发了城市的转型。国家有限度地从社会和市场中退出,促使市场化的力量撬动城市转型,逐渐实现组织型城市向增长型城市转型。市场化的力量(资本、自由劳动力、土地)在城市中开始运作,建构了最初的增长型城市。从20世纪80年代到21世纪初,在历经将近30年的努力后,虽然有反复起伏,但是市场化要素逐渐在中国确立。"在1979—1993年间,增量改革在全国范围内得到了全面推行。但是,国有部门改革的滞后和各种寻租行为的出现,迫使改革向以国有部门为攻坚重点的纵深方向推进。1993年,党的十四届三中全会确定了建立社会主义市场经济的改革目标,并已开始涉及财税、金融、企业体制等核心领域,标志着改革的整体推进。1997年中国共产党

[①] 参见[英]罗纳德·哈里·科斯、王宁:《变革中国:市场经济的中国之路》,徐尧、李哲民译,中信出版社,2013年版。

十五大,进一步将改革重点转向国有企业和政府机构改革。至今,市场经济体制在中国已经基本建立"①。

增长型城市在中国的立足,使中国的城市由以组织化为主导向以市场化与生活性为主导转变。随着市场经济的建立,"市场改革下中国城市,呈现出一个前所未有的多样和异质水平"②。"'重生产,轻生活',以工业生产为城市核心职能的片面发展观得到了根本扭转,第三产业发展迅速,城市产业结构得到了逐步改善;随着市场化进程的逐步深入,各类企业单位和城乡居民逐渐成为国民经济的活动主体,城市建设活动由单一的国家计划投资转化为计划内和计划外,(形成)国家、集体和个人,内资、外资与合资等多元化的投资格局。"③市场化的最大特点就是让所有的城市居民获得利益,所有要素产生价值和功能,让所有的城市市场获得发展,前者是发育"城",后两者是发育"市"。由此,单位解体,社区出现,整个城市开始向以市场化为导向的增长型城市转型。在这样的城市转型当中,国家的现代要素开始成长起来,例如有了股票、金融、债券、保险、社会保障、合同制度等。农村尽管是最初的市场化的,然而,所有的现代经济、政治、管理制度出现在增长型城市。同时,增长型城市的现代要素的出现,也开始带动国家转型。

四、从"城市增长"转向"城市治理"

增长型城市带来了巨大的发展红利的同时,也产生了一系列问题。增长型城市是在一个比较封闭的组织型城市中产生的,这就是为什么

---

① 付磊:《转型中的大都市空间结构及其演化——上海城市空间结构演变的研究》,中国建筑工业出版社,2012年版,第72页。
② 吴缚龙:《退离全能社会:建设中的中国城市化》,载[美]理查德·T.勒盖茨:《城市读本(中文版)》,中国建筑工业出版社,2013年版,第615页。
③ 付磊:《转型中的大都市空间结构及其演化——上海城市空间结构演变的研究》,中国建筑工业出版社,2012年版,第311—312页。

现在的上海与北京的组织化程度比一般城市要高，即使两者都是典型的增长型城市。这些混合了单位与市场的城市，带有组织型特征。这些组织型特征虽然是支撑国家稳定和政权运行的，但是它们不能惠及所有的民众，具有区隔性特征，这就是公共产品在不同的增长型城市、在同一增长型城市的中心城区和郊区分配不均匀的缘故所在。①因此，"十三五"以来，中国的城市转型进入公共化的过程，即从增长转向治理，以治理的方式实现增长的共享，也就是城市发展公民化的过程。

中国的现代化要素，尤其是增长型城市的现代化要素是在组织型城市中生长并壮大的，但是组织型城市的原有组织化、行政化形态，使得这个长出来具备现代要素的城市体系没办法惠及整个社会。西方发达国家推动城市发展和国家转型的基本力量是市场，市场天生一定要打破界限。西方城市生长和发展面临的所有阻隔是横向的阶级阻隔，而不是城乡的空间阻隔。中国增长型城市的发展除了阶层阻隔，还有横向空间阻隔，即城乡阻隔。②所以，增长型城市的发展红利在惠及社会的过程中，就遇到了组织型城市，或者其个别要素的阻隔，由此产生了困境。在这样的困境下，国家就想推展城市化，使增长型城市具有普惠性特征，而非局限于特别的地域、空间、行业和阶层，值此之故，当下中国城市化的目的并不是要将所有的农村变成城市，而是要变革增长型城市的治理机制，使普惠型城市治理机制推广到整个社会空间领域，这就是从增长到治理的内在逻辑，也是人的城市化的本质要求。③这在"十三五"时期体现得至为明显。

第一，从单向度的"规划主导"目标增长逻辑，向立体化的"治理导向"发展秩序梳理转变。21世纪以来的"十五""十一五""十二

---

① 李璐颖：《城市化率50%的拐点迷局——典型国家快速城市化阶段发展特征的比较研究》，《城市规划学刊》，2013年第3期。
② 参见吴缚龙：《退离全能社会：建设中的中国城市化》，载[美]理查德·T.勒盖茨等：《城市读本(中文版)》，中国建筑工业出版社，2013年版。
③ 郑永年：《中国如何避免城市化陷阱》，大公网，http://news.takungpao.com/opinion/highlights/2013-08/1809137.html，访问日期：2021年1月20日。

五"规划，总体的逻辑是以"规划主导"形成城市增长机器，创造经济的增长，但是单向度的增长并不能代替发展。特别是近几轮的五年规划实践表明，在信息化革命的今天，经济社会的总体发展越来越不是政府规划出来的，而是透过更加全面有效的治理规范出来的。具体在产业领域，战略性的新兴产业并不是由政府单独规划出来，而是由政府有效的产业规制、友善的市场营商环境、完备的知识产权制度等创新所需的规范性要素所规范出来的。政府再也不单独具备选择和规划产业的能力，一个地区政府的能力将主要体现在其服务的规范性、对市场创新主体和技术的尊重等方面。

因而，"十三五"规划的对象不再是传统意义上的市场、产业、社会，而是对政府自身管理体制和运行秩序的"重新规划"与"治理"。从十八届三中全会强调市场在资源配置中的决定性作用、四中全会对全面依法治国的强调，再到《中共中央、国务院关于深化体制机制改革加快实施创新驱动发展战略的若干意见》中特别指出要充分发挥企业家的作用，要加强企业家的话语权。"十三五"规划中，企业家才是产业规划的最重要主体。

第二，从单线性的"增量规划"，向"存量规划"与"增量规划"并重并行转变。从"十三五"规划起，存量规划正式成为法定主流规划的一部分。存量规划主要回答的是如何将现有的资源，转移给能为城市贡献最大的使用者。减少要素转移的成本，实现社会效益的最大化，是存量规划的主要目标。上海、北京等一线城市在人口、环境、资源等硬约束力和城市摊大饼式空间布局规划后遗症的双重影响下，在"十三五"期间他们均提出限制增量、优化存量的发展模式路径。以南京为例，南京作为省会城市，面临增量增长和存量优化双重挑战，"十三五"规划兼具"盘活存量"和"发展增量"的双重任务压力。南京城市空间形态正处于大发展期，南京正着力打造占全市三分之一土地面积的江北地区，江北有可能成为南京未来经济发展的新增长极。同时，南京的江南地区还要直面城市转型发展、功能布局优化、产业结构调整、空间形态置换等问题。存量规划是结构调整规划，其核心是产权，特别是对国有企业占用的大量低效率使用土地的调整，涉及国有企业管理体制的改革。如果能突破这一体制性瓶颈，建立起符合市场经济原则的交易制度，"十三五"期间是建立现代市场经济制度和秩序体系的关键时期。因此，如何实现增量增长、存量优化是南京"十三五"期间经济发展面临的挑战。

第三，从单维度的"载体空间规划"，向注重"时空流动性"的功能区块规划转变。互联网+时代的生产组织行为日趋流动化、社群化、社区化、虚拟化、去中心化，载体空间规划将从注重CBD、科技园区规划，转变为注重生产、生活、生态特色的功能区块的规划。与此同时，城市内部区域经济空间载体转型升级的压力进一步加大。北京市朝阳区的经济经历了产业集聚区—产业功能区—产业基地—创新试验区四个阶段，从而实现全域模块化协同发展，把产业链、服务链、供应链整合成经济发展链，使区域经济发展呈现出特色鲜明、活力十足的新局面。而南京正处于产业集聚区向产业功能区转向阶段，今后还面临产业功能区向产业基地、产业基地向创新试验区转向的压力。同时，在培育产业发展新载体上，南京也面临巨大压力。互联网和无线技术的广泛应用、融合与覆盖，一方面使移动式办公成为可能，另一方面使生产组织化、社交组织化出现"超级弹性"。长期以来以CBD和科技园区集聚作为营运方式的城市空间布局，将逐步呈现出"智慧生存的游牧之城"的流动形态，城市功能在空间上越来越呈现离散化趋势。在上海市张江地区，已经有许多这样的虚拟研发公司存在，这些企业放弃了物理形态的办公室。"十三五"期间更加注重这种"时空流动性"带来的生产、生活的"超级弹性"组织化方式，在特色化、社交化、专业化、生态化的功能区块规划上，必须要适应这种"无边界"的经济社会融合与再组织化的特点，更注重特色功能区块规划中的"参与""共识""认同"等概念和维度。

第四，从单元化的五年规划，向衔接2030城市总体规划以及中长期城市愿景转变。五年规划不同于城市总体规划和专项规划,受党委政府换届的影响较大,往往容易出现"领导一动、规划重弄"的局面。要切实改变"规划规划,纸上画画,墙上挂挂"这种对规划不严肃的态度,切忌折腾,改变五年规划的单元化特征,既强调规划承上启下的连续性,同时更要注重与城市总体规划以及中长期城市愿景的衔接定位。习近平总书记指出,规划科学是最大的效益,规划失误是最大的浪费,规划折腾是最大的忌讳。①规划要重视细节,要重视可操作性。因此,要从体制改革入手,切实解决由于五年规划与党委政府换届不同步而出现的各类型"三年行动计划"与五年规划不衔接的问题。

五、"人居三"新城市议程与中国的城市发展

2016年10月17日,第三届联合国住房和城市可持续发展大会(简称"人居三")在厄瓜多尔首都基多市正式开幕,并通过了《新城市议程》。它不仅对未来20年全球的可持续发展和城市转型发展具有绝大的指导性,而且对中国的城市发展、转型和治理有很强的启示意义。

"人居三"的巨大贡献是推出了《新城市议程》。这个议程是一个"包容性的、注重行动的简明文件,它旨在指导未来20年全球的可持续发展和城市转型发展,更加强调包容性和利益相关群体、民间社团和基层草根组织的多方参与性"②。与之前的《人居议程》相比,"《新城市议程》更加包容和全面,涉及经济、环境、社会、文化等多个不同的问题领域。其中,也包含了当前国际社会所面临的一些热点问题,如难民问题、气候变化问题、基础设施问题等",具体来讲,它包含了"6大领域和22个具体问题"(表3-1)。③

---

① 梁相斌、孔祥鑫:《规划科学是最大的效益》,新华网,http://www.xinhuanet.com/politics/2017-09/27/c_1121735098.htm,访问日期:2021年12月21日。
② 陈小坚:《〈新城市议程〉:通向未来可持续发展的城市化行动纲领——联合国住房与可持续城市发展大会(人居三)综述》,《现代城市研究》,2017年第1期。
③ 于宏源、赵元佑:《"人居三"会议与中国城市治理的未来方向》,《上海城市管理》,2016年第2期。

表 3-1 新城市议程

领　域	问　题	政策单元
1. 社会凝聚和平等—宜居城市	1. 包容的城市 2. 城市地区的移民和难民 3. 更安全的城市 4. 城市文化和遗产	1. 城市权和为了人的城市 2. 社会—文化城市框架
2. 城市框架	5. 城市法规与立法 6. 城市治理 7. 市政金融	3. 国家级城市政策 4. 城市治理、能力和机构发展 5. 市政金融和当地财政体系
3. 空间发展	8. 城市空间规划与设计 9. 城市土地 10. 城市—农村链接 11. 公共空间	6. 城市空间战略：土地市场与隔离
4. 城市经济	12. 当地经济发展 13. 就业 14. 非正式部门	7. 城市经济发展战略
5. 城市生态与城市环境	15. 城市恢复力 16. 城市生态系统和资源管理 17. 城市与气候变化和灾害管理	8. 城市生态恢复力
6. 城市住房与基本服务	18. 城市基础设施和基本服务 19. 城市交通 20. 住房问题 21. 智慧城市 22. 非正式房产	9. 城市服务与技术 10. 住房政策

资料来源：于宏源、赵元佑，《"人居三"会议与中国城市治理的未来方向》，《上海城市管理》，2016年第2期。

从"人居一"到"人居三"，我们可以发现，在世界各国的现代化发展中，城市下联系着主体民众，上支撑着国家体系，决定着国家发展与社会进步。城市已经成为当今世界民族国家治理的重要平台、支撑与战略空间。迈入现代，城市与国家关系发生了革命性变化，城市从承载国家治理功能的政治空间迅速转化为承载国家现代化发展的战略空间。本质上，推动这种变化的不是城市本身的发展，而是人的发展。人是城市的核心主体，没有人，就没有城市。人的生存和发展决定城市的发展方向与发展状态。现代化是以人摆脱对土地、对共同体的依赖为前提的,人的自主与自由,创造了市场经济与现代生产方式,使城市不仅成为政治的平台、贸易的渠道,而且成为自由劳动与知识、技术、资本结合的生产空间。一句话,现代化使城市真正成为人的生产和创造的主体空间。于是,城市就成为现代化的基础平台,城市化就成为现代化发展的内在要求与动力所在。城市建设、城市发展与城市治理,也就因此成为国家治理和发展的中心任务。如果说前现代化的发展是国家治理决定城市,那么现代化的发展就是城市决定国家治理现代化。①

中国是从传统农业国迈向现代化的,所以建构和发展现代城市始终是中国现代国家建设、治理和现代化发展的战略主题。不论是孙中山先生的《建国方略》,还是中国共产党迎接新中国诞生的"一五计划",②都把建设城市、发展城市和管理城市、治理城市作为新生国家的首要任务。由于历史与文化传统的原因,中国在这方面的基础与经验比较缺乏,加上革命所带来的国家形态的变化,中国现代化过程中的城市化发展经历了一个曲折的过程。严格地讲,中国真正以城市发展为动力撬动中国现代化、法治化和民主化建设的实践,是在改革开放之后,至今不到40年时间。但中国在改革开放这个时间段所创造的发展足以证明,对于资源有限的人口大国来说,城市发展一旦展开,必然拥有无限的能量。只要城市发展好了,国家的治理与现代化进程就能稳步向前。所以,改革开放30年后,在国家治理体系与治理能力现代化的"十三五"时期,当中国在新的历史起点上重新思考和布局如何再造一个辉煌30年的时候,中国毫不犹豫地将全面推进中国的城市治理作为国家的基本发展战略,并将其视为再创辉煌的动力、资源和平台,这就是芒福德所说的:"城市的主要功能是化力为形,化能量为文化,化死的东西为活的艺术形象,化生物的繁衍为社

---

① 宋道雷:《城市力量:中国城市化的政治学考察》,上海人民出版社,2016年版,第1—3页。

② 何一民:《革新与再造:新中国建立初期城市发展与社会转型相关问题纵横论》,《福建论坛》(人文社会科学版),2012年第1期。

会创造力。"①

"人居三"发布的《新城市议程》对已经进入城市时代的中国来讲,具有重要借鉴意义。早在1945年的西柏坡会议,中国的国家建设的中心工作已经宣布从农村转入城市,这说明城市已经成为新中国现代国家建设的重要战略空间。②七十几年之后中国城市化率过半的今天,中央城市工作会议再次强调城市工作的重要性,这使城市成为中国国家治理现代化的战略空间。③城市议程的新的6大领域和22个具体问题向我们昭示,无论是从世界的一般化规律,还是从中国的现实实践来看,城市都是中国国家建设的大逻辑,城市治理已经成为当今中国国家治理现代化的重要支点。

"人居三"达成的《新城市议程》体现的不仅是城市化、城市发展、城市治理,还是更深层次的共识:城市发展与转型的包容性、可持续发展、城市发展的社会性,以及城市空间的重要作用。④这给我们描绘了一个更加健康的城市蓝图,为我们擘画既符合人类城市文明一般规律,又体现中国城市发展、城市治理民族特色的城市梦想指出了光明的方向。

中国的城市发展已经取得了非常大的成就,但是同时也面临着诸多挑战。居住和人类住区问题是发展中国家的城市发展的重要攻克对象,同时依然是中国城市发展的巨大挑战,"人居三"的理念对中国城市发展来讲无疑是正确的,而且必须在将来的城市发展中将之贯彻落实。⑤城市是中国经济、政治、文化、社会等方面活动的中心,⑥中国现代化建设以城市建设为重要引擎,以城市发展带动整个经济社

---

① [美]刘易斯·芒福德:《城市发展史——起源、演变和前景》,倪文彦、宋俊岭译,中国建筑工业出版社,2005年版,第582页。
② 参见陈映芳:《城市中国的逻辑》,生活·读书·新知三联书店,2012年版。
③ 宋道雷:《国家治理的城市维度》,《求索》,2017年第4期。
④ 石楠:《"人居三"、〈新城市议程〉及其对我国的启示》,《城市规划》,2017年第1期。
⑤ 石楠:《人居三》,《城市规划》,2016年第11期。
⑥ 仇保兴:《第三次城市化浪潮中的中国范例——中国快速城市化的特点、问题与对策》,《城市规划》,2007年第6期。

会发展，因而城市治理在党和国家工作全局中具有举足轻重的地位。①根据国家统计局的统计，2015年中国的城市化率达到58%，中国成为名副其实的城市国家。2015年中央城市工作会议召开，中央将城市发展与城市治理提升到最高国家战略层面。在"人居三"推进新城市议程的背景下，中国城市化的迅猛发展与城市发展、治理的重要性，同时向我们昭示"城市中国"的来临，建构中国的城市梦想不再是空中楼阁。

"人居三"形成的城市发展和转型的新城市议程共识，助力突破中国式中等发展的新型城市化，从而实现中国的城市梦想。中国城市发展的未来途径应该是："大规模的城市空间扩张（包括各类新区、产业区）基本停止，区域性交通等重大基础设施新项目也很少出现，出现的区域性交通项目主要是维护、完善性项目。但区域和城市交通的整体系统性、连续性越来越好，并支撑形成了以超大、特大和大城市为中心的高效率、非均衡的节点网络型都市化区域在全国的广泛分布。各级城市中，精致、人性的空间越来越多，其中功能混合并适合人们交流、办公、营商等的室内和开放空间在城市中大量而广泛地分布着，但大部分的单体规模并不大，其中文化空间越来越多；大量工业区在城市化空间出现；交通空间以及交通空间与周边空间的系统整合性越来越好；包括绿地在内的开放空间不仅越来越多（虽然不一定大），也越来越朴素、自然、生态。小城镇、乡村越来越'本色'，更加尺度宜人、易于维护，也都含有少量精致的公共空间和营商空间；其中，都市化区域中的很多小城镇和乡村成为城市居民节假日小憩的场所，并拥有少量的城市功能与空间。人口仍然在往都市化区域集聚，其他地区的城市、县城人口一般在有进有出中保持稳定或略有增长，都市化区域的小城镇、乡村基本能够保持人口的稳定，但其他地区小城镇、乡村的人口总体仍然在缓慢流出。"②

---

① 宋道雷：《国家治理的城市维度》，《求索》，2017年第4期。
② 王红扬：《人居三、中等发展陷阱的本质与我国后中等发展期规划改革：再论整体主义》，《国际城市规划》，2017年第1期。

第四章 全球地方化与城市治理

全球化与地方化在当今中国的快速城市化的各大城市是紧密联系在一起的，两者造就了特有的全球地方化（glocalization）现象。在中国许多大中城市的公共空间，我们可以时时刻刻感受到全球化、地方化与全球地方化各种混合要素给我们带来的冲击。当我们置身于城市公共空间的时候，星巴克、麦当劳、肯德基等都给我们带来全球化的冲击；当走出这些全球化带来的标志化城市空间之后，我们会发现更多的地方化要素，例如鳞次栉比的地方化商品小店、特色饮食餐馆与娱乐休闲场所；同时，我们也会发现那些处于全球化与地方化之间的全球地方化要素，例如酷似苹果产品专卖店的华为手机专卖店、肯德基的老北京鸡肉卷，以及上海的新天地和田子坊代表的融合传统中国建筑和现代西方商业要素的城市空间等。全球化和地方化时时刻刻都浸润在国家、城市、商街、社区等空间中，单独讨论全球化或地方化，都会使任何一方显得缺乏说服力，而无法解释时代和现实赋予国家治理和城市治理的崭新命题。由此，我们需要关注全球化与地方化融合互动产生的现象，即全球地方化。

一、全球地方化：全球化与地方化的结合

顾名思义，全球地方化（glocalization）是 globalization 与 localization 的合体，同时也是 global 与 local 的合体——glocal 的名词形式。[1]它虽起源于日本的一些地方根据不同地域状况而调整自身耕植

---

[1] George Ritzer, "Rethinking Globalization: Glocalization/Globalization and Something/Nothing," *Sociological Theory* 21, no.3(2003):193—209.

技术的耕种策略，即日语 dochakuka，但是到 20 世纪 80 年代这个术语已经成为指向企业全球化产品根据不同地域的特殊性，以创造出既具有全球化的一般特征，同时又符合地方化市场的产品策略。①由此可知，全球地方化的最初灵感来源于跨国企业开展的对地方化市场的适应性经济变革行为。就其最常见的形式来讲，跨国企业的全球地方化策略的结果，是针对不同的地方化市场的适应性产品，这样做的目的是给人以全球要素和地方要素相互融合的印象。②学者从跨国企业的全球地方化的经济行为中，提炼出来的全球地方化的一般化的理论内涵，使其影响逐渐从经济领域扩展到城市领域和社会领域，成为一种具有普遍性的现实实践现象和理论分析概念。正是基于此，罗纳德·罗伯森将全球地方化的内涵进行了一般化解释，他认为全球化不是一种单向过程，而是"全球"与"地方"两个主体的互动过程，其"核心动力学包含了普遍的特殊化与特殊的普遍化这一双重过程"③。他的理论判断向我们昭示，全球化不是单向的全球化吞噬地方化的过程，也不是地方化单向反抗全球化的过程，而是两者互动互融的混合过程。④

毋庸置疑的是，当下的全球地方化是在全球化浪潮冲击下产生的具有全球化和地方化双重特征的混合现象。全球化最初是以经济现象的方式推进的，虽然"全球化在世界各地的普及程度不同，但是从 20 世纪 80 年代末开始，这种趋势已经不可阻挡了。大多数发展中国家的重要城市也被纳入全球市场的这一体系中，圣保罗、布宜诺斯艾利斯、曼谷、台北和墨西哥城只是它们中的几个缩影"⑤。然而，正当

---

① 后来他也使用其名词形式：glocalization，并做了进一步的考辨。参阅：Roland Robertson, *Globalization: Social Theory and Global Culture* (London: SAGE Publications Ltd, 2000), 173—174; Roland Robertson, "Glocalization: Time-Space and Homogeneity-Heterogeneity," in *Global Modernities*, ed. Mike Featherstone, Scott Lash, and Roland Robertson (London: SAGE Publications Ltd, 1995), 25—44。

② Luigi Dumitrescu and Simona Vinerean, "The Glocal Strategy Of Global Brands," *Studies in Business and Economics* 5, no.3(2010):147—155.

③ Roland Robertson, *Globalization: Social Theory and Global Culture* (London: SAGE Publications Ltd, 2000), 177—178.

④ 周利敏:《"全球地域化"思想及对区域发展的意义》,《人文地理》,2011 年第 1 期。

⑤ 萨斯基娅·萨森:《新技术的影响和城市全球化》,载[美]理查德·T. 勒盖茨等:《城市读本(中文版)》,中国建筑工业出版社,2013 年版,第 574 页。

全球化浪潮汹涌而来的时候，反全球化的地方化思潮与行动悄然而生。全球化在其推进的过程中遇到了在地主体的反抗，代表地方化的在地主体在全球化的倒逼压力下，重新发现了自身的诉求，凸显了自身的特质，并将其转化为反抗全球化浪潮的在地行动。在全球化与地方化各自强调自身独有特质的时候，其实在实质上两者反而都改变了自身的"纯粹性"，浸染了彼此的特质。① 换言之，全球化在不同的代表了地方化的民族国家的"扩张中"逐步浸润了地方化要素，地方化也在反抗全球化的行动中吸收了全球化要素，两者最终形成你中有我我中有你的形态——全球地方化。②

在全球地方化形成机制图示中（图4-1），我们可以更加明晰地看到全球地方化的位置。这在现代城市空间中体现得十分明显。任何国家的现代城市空间，都被资本主导的全球化与地方化主体因循的生活经验、文化记忆等要素同时塑造着。在建构城市空间一端的是全球化代表的资本在逐利理性的指导下，塑造的中产化和商品化的空间（space），它被看成是投资对象；另一端是地方化主体世代生活和居住的极具生活化和文化性的地方（place），它被看成是生活和文化的贮存器；③ 位于中间位置的是结合了全球化的一般化特征和地方化的在地品质的，具有融合性的全球地方化的空间和地方，它被看成是混合了全球化和地方化的经济、社会、生活和文化的综合性场所。④ 全球地方化，位于全球化和地方化相向而行的过程的中间位置，它意味着地方化的生活和文化叙事被全球化的力量重新营销和呈现，全球化的资本叙事被地方化的生活和文化叙事重新诠释、塑造并赋予地方意

---

① 陈彩虹：《"全球地方化"：经济全球化的另一种趋势》，《中国新时代》，2006年第8期。
② 孙启榕：《全球地方化的论述与实践——从台北社区规划师制度谈起》，《世界建筑》，2009年第5期。
③ ［美］段义孚：《空间与地方：经验的视角》，王志标译，中国人民大学出版社，2017年版，第1—5页。在段义孚看来，"空间和地方是人们熟知的表示共同经验的词语，地方意味着安全，空间意味着自由"，"空间的意义经常与地方的意义交融在一起，空间比地方更加抽象，最初无差异的空间会变成我们逐渐熟识且赋予其价值的地方"。
④ ［美］马克·阿布瑞汉森：《城市社会学：全球导览》，宋伟轩、陈培阳、李俊亮译，科学出版社，2017年版，第210页。

义，两者既保持了自身的独有特征，但是也拥有了彼此的一般化特征，形成了融两者于一体的混合体。①图 4-1 中的全球地方化，具有如此完美的全球化要素和地方化要素的平衡状态，位于全球化和地方化构成的连续光谱的中间位置，但是这在现实世界中极少存在。在大多数情况下，这种形态的全球地方化是作为韦伯社会学理论意义上的理想类型存在的，这种理想类型作为现实世界真实存在的参照系，一般被用作分析概念进行理论研究。

图 4-1　全球地方化的形成机制

二、中国的全球地方化：城市化进程中的全球化与地方化

中国的全球地方化现象具有自己的特殊性。世界发达国家的全球地方化现象是在城市化已经完成的既有的城市空间中生产并推进的（如图 4-2 所示），非洲大多数国家的全球地方化现象是在城市化尚未启动的天然的原初城市空间中产生的；虽然不能说两者的全球地方化现象与城市化进程毫无关系，但是可以肯定的是，其与城市化进程的结合并不紧密。②与两者不同的是，中国的全球地方化不仅与全球化浪潮有关，更与中国的城市化进程紧密结合。严格来讲，它是全球化、城市化和地方化三者融合的产物。在中国，全球化和地方化两者的互动不仅生成了全球地方化，而且借助中国突飞猛进的城市化进程和实践，发展和壮大了全球地方化。换言之，中国的城市化是全球地

---

① Paul L. Knox, *Cities and Design*, (London: Routledge, 2010), 174.
② Tom Goodfellow, "Urban Fortunes and Skeleton Cityscapes: Real Estate and Late Urbanization in Kigali and Addis Ababa," *International Journal of Urban and Regional Research* 41, no.5(2017):786—803.

方化推进的最为重要的驱动力和载体，全球地方化在中国的城市化进程中得以落地、推进和壮大。

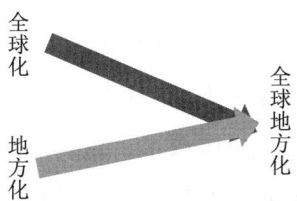

图 4-2　世界发达国家的全球地方化

改革开放既是中国打开国门引进全球化力量的过程，也是中国打破城市壁垒快速实现城市化的过程，更是中国各大城市不断促使全球化和地方化要素相互融合的过程。全球化、城市化、地方化三者合一，成为推动中国自身发展并逐步形成中国自身的全球地方化的重要机制（如图 4-3 所示）。它的具体机制是：代表全球化的世界现代性要素进入中国，给予中央政府与地方政府、各大城市以竞争压力或合作的机会，使上级权力要素的优势主导力量得以主动退让，从而更利于地方化的经济、社会，尤其是城市力量的健康培育与发展，最终在城市形成融全球化、地方化和城市化于一体的全球地方化现象。①

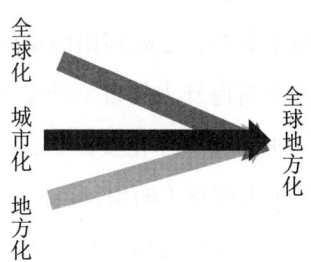

图 4-3　中国的全球地方化

---

① 宋道雷：《城市力量：中国城市化的政治学考察》，上海人民出版社，2016 年版，第 215—206 页。

正如库森所说:"对于生活中的大问题来说,民族国家变得太小了,对于生活中的小问题来说,民族国家变得太大了,这种变化就是全球地方化。"[1]在全球地方化过程中,全球化要素直接体现在作为地方化要素重要代表的城市而非民族国家,甚至民族国家也是以城市为载体与全球化力量进行互动的。在中国,全球地方化现象蕴含的全球化和地方化要素,是在中国改革开放推动的城市化过程中互动交融,并最终成形的。在改革开放进程中,地方化力量——中央政府代表的国家、地方政府、城市等主体——展开了与全球化力量互融互通的城市建设和发展,并最终形成兼具全球化和地方化要素的城市空间的过程。以上海与苏州为例,它们分别代表了中国的两类全球地方化实践:前者承载了民族国家的全球地方化实践,较多地吸纳并转化了全球化要素,更接近全球地方化连续光谱的全球化一端;后者代表了地方政府和城市的全球地方化努力,虽然基本具备全球地方化的要件,但是更多体现为以地方化要素为主导的全球地方化形态,更接近全球地方化连续光谱的地方化一端。近代以来的上海是中国最具备全球化要素和国际影响力的城市,它在改革开放后的发展更多地体现了地方化主体——中央政府代表的国家意志——是如何以上海为载体实现全球地方化的,尤其是在长三角一体化战略上升为国家战略之后。为将国家意志落实为城市战略,上海利用国家政策大力建设全球城市(global city),将自身逐渐提升为具备全球要素与地方特色的、代表中国的、比其他城市更加具备全球化要素的国际大都市,[2]所以,国人一般将上海视为海派(全球化)的象征。

然而,同样位于长三角地区发展迅速的苏州,则说明全球化要素

---

[1] Thomas J. Courchene, "Glocalization, Institutional Evolution, and the Australian Federation," in *Federalism and the Economy: International, National and State Issues*, ed. Brian Galligan(Canberra: Federalism Research Centre, Australian National University, 1993), 64—117.

[2] 周振华:《全球城市——演化原理与上海2050》,格致出版社,2017年版,第261—270页。

可以赋予以城市为代表的地方政府更大主导权，从而给予城市保留更多地方化要素的更大空间。如果说代表中国城市形象和发展典范的全球城市（上海）的发展和治理，反映的是面对全球化冲击的中央政府的全球地方化实践，那么苏州的案例则体现了地方城市政府的全球地方化实践。虽然无论是中央政府还是地方城市政府，两者在全球化过程面前都是地方化主体的代表。根据吴缚龙的研究，中国—新加坡苏州工业园区的开发不仅体现了全球化推动的工业园模式在中国的复制，更体现了苏州市地方政府代表的地方化要素对这种全球化模式的创造转化。新加坡基于对中国中央集权的大一统国家的理解，其在中国复制园区模式建立工业园项目的实践是直接与中国的中央政府进行协商洽谈的，这使苏州市政府在园区项目的谈判中日渐处于被弱化的位置。但是，伴随改革开放的放权过程，地方政府和城市拥有了更多的自主权，为了改变弱势地位并争取地方发展的优先权，苏州市政府开始主动学习和模仿新加坡的全球化的园区开发模式，于 1990 年开发建设由自身地方化要素主导的，并且具有全球化标准的苏州高新技术产业开发区。这种被地方化要素主导的模仿全球化标准和典范的过程，比单一靠新加坡主导的全球化要素与中国中央政府合作的过程更加高效和成本低廉。由此形成了与更加具备全球化要素的上海相对的，更加具备地方化要素的全球地方化形态，即苏南模式。①上述案例说明，全球化要素与地方化要素在中国的城市化实践中，不是简单的此消彼长的过程，而是两种要素互动互融形成的吸纳彼此的全球地方化过程，只不过两者之间的力量并不均衡。中国几十年来的改革开放成就，正是全球化的一般机制与中国的城市化、地方化机制融合推动而达成的，离开其中的任何一点，中国都无法创造具有全球地方化的经济腾飞和城市发展的成就。

无论是北京上海的全球地方化，还是纽约伦敦的全球地方化，它

---

① 吴缚龙：《超越渐进主义：中国的城市革命与崛起的城市》，《城市规划学刊》，2008 年第 1 期。

们都是全球化与地方化互动的产物,只不过在北京上海,它明显地表现为大规模的城市化与城市改造过程,在纽约伦敦,它明显地表现为小尺度的城市更新与士绅化(gentrification)过程。①在快速城市化进程中,北京上海等城市政府在全球城市典范带来的国际样板的激励下,以公权力的力量拆除更具地方化特色的胡同和弄堂,将生活于此的积淀了深厚生活经验和文化记忆的居民,以异地拆迁的方式迁移到更加偏远的城郊地带,取而代之的是更加具有国际化特征的却缺少生活气息和文化记忆的高层公寓和设计雄伟的摩天大楼。与此相对,利物浦和毕尔巴鄂则是在拆除废弃水岸码头的同时,将工业化时代的船坞和仓库改建成可供市民驻足亲近的现代艺术博物馆,伦敦、巴黎和纽约的艺术家和中产阶级则是进驻了城市中心的旧移民区,"他们一边歌颂工人阶级酒吧和外卖的小吃摊,一边又让后者淹没在如雨后春笋般的新咖啡店和精品店,以及随之而来的品牌连锁店之中"②。这种城市建设和发展实践,更多地保留了地方化的城市原本的文化记忆和生活经验。中国的全球地方化和其他发达国家的全球地方化的不同就在于此:前者与大规模的城市化紧密相连,在正在进行的城市化进程中发生,更突显全球化的力量;后者与小尺度的城市更新密不可分,在已经完成城市化的城市空间中推进,更突显地方化要素。

当我们将全球地方化用作理论分析概念,并将研究触角深入到中国多样性的全球地方化实践的时候,我们会发现现实的城市空间中呈现出来的全球地方化现象是复杂多元的。中国的许多城市空间中的公共区域、商街、社区已经被全球地方化过程塑造:集艺术画廊(art galleries)、精品店(boutiques)和咖啡馆(cafés)于一体的"ABC"商店街区是全球地方化在城市空间中的具体化象征,这些"高大上"的全球地方化形象偏向全球化要素一端;而"萎缩"在"杂乱""逼仄"

---

① Martin Phillips and Loretta Lees, eds., *Handbook of Gentrification Studies* (Cheltenham, UK: Edward Elgar Publishing, 2018), 14—20.
② [美]莎伦·佐金:《裸城——原真性城市场所的生与死》,丘兆达、刘蔚译,上海人民出版社,2015年版,第1—2页。

"局促"城市街区胡同或里弄中的更具有中国特色的全球地方化的"餐饮界连锁三巨头"——沙县小吃、黄焖鸡米饭和兰州拉面,及社区杂货店、菜市场、大排档等,虽显"落寞"和"土气",但其物流、经营模式与全球市场息息相关,却也迸发出盎然的生命力,这些"矮矬穷"的全球地方化形象偏向地方化要素一端(图4-1)。①前者的消费群体是城市中上阶层,后者的消费群体是社区居民与外来务工人员,这两类城市空间实现盈利的阶层机制不同,发展所依靠的内在驱动力不同,但是却同样遵循市场运行的规则,具有生机与活力,是全球地方化在中国城市空间的呈现。"ABC"商店虽然以经济全球化模式的面貌出现,但是也在努力试图吸收地方化的特质并对其进行创造性转化,这样它才能在民族国家地域内的城市空间中求得生存并发展。在地方化的貌似传统的商业空间中,虽然表面上毫无全球化痕迹可寻,但是笔者团队在调研沙县小吃、黄焖鸡米饭、兰州拉面等商店后得出,其连锁形式与加盟机制毫无疑问在仿效作为全球化象征的肯德基与麦当劳的连锁加盟机制,内里却又深深地刻上了全球化的烙印。②由此看来,前者在努力吸纳后者,后者也在试图仿效前者,当下既无纯粹的全球化,也无纯粹的地方化,现实中存在的只是两者兼具的全球地方化形态。

三、全球地方化悖论:城市空间面临的治理和文化挑战

从最一般的理论意义上来讲,全球地方化作为一个理论分析概念,它指向全球化要素与地方化要素的互动互融的混合化过程,其中全球化要素代表着一体化逻辑,地方化要素代表差异化逻辑,双重逻辑共同构建了全球地方化的整个过程。全球化要素为了满足地方化主体的消费实践、社会互动、象征系统和文化叙事,会融入在地主体的

---

① 于海:《上海纪事:社会空间的视角》,同济大学出版社,2019年版,第73—118页。
② 作者于2018年7月份在上海的调研。

偏好、文化和传统，但是资本力量推动的一体化逻辑，只能在有限的层面实现自身的地方化转化，其在很大程度上会造成地方化的文化和生活叙事等被同质化的结果，因为全球资本主动发起并有计划推进的全球地方化过程的终极目标是：以最低的成本获得最大化收益。①差异化逻辑极易被一体化逻辑取代，这在城市空间中体现得至为明显。无论全球地方化指向全球化与地方化在何种程度上的融合，其自身蕴含的全球化要素，尤其是优势资本力量，都会对支撑地方化运作的在地主体，以及对其生活经验和文化记忆造成不同程度的削弱和侵蚀，其在主观意愿上能够容纳多大程度的地方化生活经验和文化记忆都会受到质疑。这种理论逻辑和实践逻辑最终导致了全球地方化悖论。

一方面全球地方化可以满足地方化的经济、社会和文化需求，在一定程度上保留了地方化要素并对其进行创造性转化。以全球地方化中的典型代表——"ABC"类型商店集聚的城市商街为例，"ABC"类型商店集聚的城市商街中开设的店面，虽然受到了全球化浪潮的影响，但是它本质上在经济方面可以满足邻里需求，在社会方面可以拉近邻里关系，在文化方面可以累积生活经验和文化记忆，它在发挥经济性功能的同时，也在发挥重要的社会和文化功能；也就是说，它按照资本的一体化逻辑运行的同时，也作为一个社交、生活和文化的世界而存在，不断维持着差异化的世界。②这些城市商街，因为其近社区性的特征，较了解居民日常生活所需，能够满足社区居民的"家门口"需求；同时，它们还发挥邻里守望的功能，成为街坊邻居相互交流的公共空间，并逐渐砌成一道排除外来风险的邻里防线。③与更加具备全球化特征的大型超市相比，与其说这些商业空间是经济性的，

---

① Reshmi Menon, "Global or Glocal: The Future Course for Strategy", *Global Journal of Finance and Management* 6, no.5(2014):427—32.
② 于海等:《旧城更新中基于社区脉络的集体创业——以上海田子坊商街为例》,《南京社会科学》,2013年第8期。
③ [加拿大]简·雅各布斯:《美国大城市的死与生》,金衡山译,译林出版社,2005年版,第37—42页。

不如说是生活性、文化性与交往性的,因为它更能够满足一般社区居民的日常生活、交往等代表的社会化需求。以复旦大学周围的"ABC"类型商店集聚的城市商街为例,它们在满足人群小组讨论、喝咖啡、吃夜宵、打印作业等学习和生活需求的同时,已经逐渐与学生、教职工和居民的学习、生活、文化和交往融为一体,为整个复旦大学与周边居民社区的学生、教师、居民的生活交往提供"平凡"却"精准"的经济和社会服务。

另一方面全球地方化又被资本驱动的空间升级进程所捆绑,在慢慢侵蚀其中的多元化地方要素。例如在美国,以纽约的奥查德街为例,日益上涨的城市商街店面租金,使"业主而非政府采取了不续租给卖便宜衣服和皮革大衣的移民店家的策略",这些业主希望引进更多高档类型的商店租客,资本逻辑主导下的不断攀升的租金令社区特色商店无法生存,并最终走向关门的境地。①中国也概莫能外。在中国日益快速的城市化进程中,土地商品化程度和土地价格越来越高,由此,政府日益高端的城市规划政策和士绅化城市实践,以及业主对于房租价格上涨的需求,正在逐渐将兼具经济和社会属性的社区商店推向灭亡的境地。以上海的国定路为例,社区特色商店的生存不仅受到市场逻辑的影响,同时也受到政府逻辑的影响。由于紧靠复旦大学的缘故,国定路历来都是特色商店、餐饮店等兼具经济和社会属性的服务空间的聚集地,但是 2016 年下半年以来,在政府规划升级和资本逐利逻辑的主导下,国定路上的特色商店消失了将近一半。近政民路三角地地带的低矮的三层小楼被计划拆除,改建成高层一体化多功能的具有中产化(士绅化)审美的店面空间,由此,生存其中的受广大学生与居民喜爱的特色社区商店、餐饮店,一夜之间便纷纷贴上封条,以黑字白底的两条交叉十字封条宣告自身的结束。②

---

① [美]莎伦·佐金、[美]菲利普·卡辛尼兹、[美]陈向明:《全球城市 地方商街:从纽约到上海的日常多样性》,张伊娜、杨紫蕾译,同济大学出版社,2015 年版,第 20 页。
② 作者 2018 年 11 月份的调研。

总之,那些能够将店主、购物者、业主、媒体、地方政府,以及居住社区连接起来,并满足邻里需求、缔结邻里关系、发挥邻里守望功能的全球地方化城市空间,因为租金高昂或政府的"高规格规划"而相继衰败。这种作为中国和其他国家的全球地方化实践的扭曲形态,却日渐成为各国奉行的典范。基于此,我们将全球地方化内含的这种体现在具体实践中的两难境地,称为"全球地方化悖论"。

这种全球地方化悖论招致了许多研究者的批判。莎伦·佐金无疑是这些批判者中的典型代表。她将上述全球地方化悖论概括为城市空间原真性(authenticity)的丧失,其主要体现是全球地方化对地方化城市特色、社区生活和文化的侵蚀。全球地方化已经成为世界各地的现象,从性质上区分纯粹的全球化或地方化的做法是枉然的,但是从程度的深浅、范围的大小和势力的强弱上,我们依然能够观察到全球化与地方化力量的对比。一般而言,全球化比地方化更具优势。虽然,"地方商业街不仅仅是邻里社区的可见表象,它们还是城市灵魂的重要元素",[1]作为香港的地方化建筑地标并发挥全球化功能的重庆大厦,就是一个典型代表。[2]然而,"全球城市作用进程都类似,城市复兴的全球方法集合带来了从上至下和从下至上的企业主义和士绅化策略",[3]这股不以人的意志为转移的全球地方化浪潮,正在侵蚀着支撑地方化要素的生活经验和文化记忆。[4]这些基于在地化主体的生活经验和文化记忆,是基层社会与国家、城市、社区紧密联系的个体经历、身份认同和文化归属,或者我们称之为"精神所有权"。[5]

---

[1] [美]莎伦·佐金、[美]菲利普·卡辛尼兹、[美]陈向明:《全球城市 地方商街:从纽约到上海的日常多样性》,张伊娜、杨紫蔷译,同济大学出版社,2015年版,第24页。

[2] [美]麦高登:《香港重庆大厦:世界中心的边缘地带》,杨玚译,华东师范大学出版社,2015年版,第291页。

[3] [美]莎伦·佐金、[美]菲利普·卡辛尼兹、[美]陈向明:《全球城市 地方商街:从纽约到上海的日常多样性》,张伊娜、杨紫蔷译,同济大学出版社,2015年版,第20页。

[4] Xiaoyi Sun and Ronggui Huang, "Extension of State-Led Growth Coalition and Grassroots Management: A Case Study of Shanghai", *Urban Affairs Review* 52, no. 6 (2016): 917—943.

[5] [美]莎伦·佐金、[美]菲利普·卡辛尼兹、[美]陈向明:《全球城市 地方商街:从纽约到上海的日常多样性》,张伊娜、杨紫蔷译,同济大学出版社,2015年版,第43页。

它们的消逝意味着全球地方化实践进程中，城市空间规划、土地开发建设、商业区强势拓展与居民生活空间重塑的一体化推进，这个推进过程与全球地方化实践导致的良性日常多样性、市民生活经验和文化记忆的消逝，是一个交织并进的过程。

无论是美国日本荷兰，还是德国加拿大中国，全球地方化既让全球化与地方化以保持彼此的特点，同时也在促使城市、商街与社区的地方化与日常多样性的升级，但这种升级过程并不是线性的，而是掺杂了全球化、地方化与城市空间原真性丧失的复杂博弈，只不过日常多样性、市民生活经验和文化记忆的生成、维持、衰退与升级是同一过程的不同面向。在地方全球化的过程中，资本的流动性致使城市对投资方展开了激烈的竞争，城市政府将企业家主义引入到城市发展和治理过程中，城市发展、规划和治理给予金融和商业极大优先权，这导致代表城市原真性的生活、文化的衰退和空间的士绅化升级，即全球化力量占据优势，地方化力量在不断衰退。①全球化力量的地方化转变、政府的城市规划实践、当地商业促进区（business improvement district, BID）的策略、业主维持特色商店运营的努力、社区居民与社区商店的社交性互动，在生产着城市的日常多样性、市民生活经验和文化记忆的同时，这些主体的实践也在有意无意地生产着全球地方化的排他性结构和力量，②时时刻刻地制造着承载城市灵魂的原真性空间的濒危，从而产生了全球地方化的原真性丧失的悖论。

在中国，全球地方化实践伴随着城市空间从管理到治理的转变。在这个过程中，全球化浪潮驱动政府将一部分职能让渡给了市场，另一部分职能与超国家组织进行协作；地方化要素推动政府不断放权，

---

① ［美］马克·戈特迪纳、［美］雷·哈奇森：《新城市社会学》，黄怡译，上海译文出版社，2011年版，第279页。

② Alberto Porto, Natalia Porto, and Darío Tortarolo, "Glocalization and Decentralization: the Role of Local Governments in the New International 'Context'," *Urban Public Economics Review*, no.20(2014):62—93.

将部分权力下放给了城市政府和社区。①当下流行于政界和学术界的这种治理转型向我们昭示,全球地方化影响下的全球化和地方化的关系并不是此消彼长的,而是在不断同步加深。②这种在广度和深度上不断深化的全球地方化,给当下的城市空间治理和文化生态带来了多重挑战。我们需要清醒的是,全球地方化进程在城市空间上的呈现,既会带来全球化的国际要素,也会产生地方化的保持自身特色的态度和行为。虽然我们主观上认为需要创造保留两者优点而摒弃两者缺点的全球地方化的理想形态,但是全球地方化带来的客观实践往往不以人的意志为转移,我们对其理想形态的期许只能表现为道德和价值判断,而且这种判断往往无法阻止全球地方化实践带来的挑战(如图4-4所示)。③

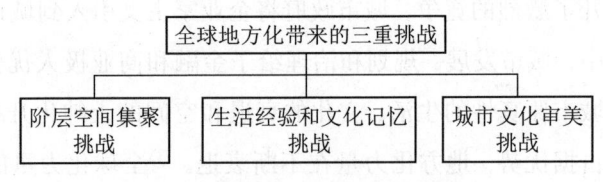

图 4-4　全球地方化带来的三重挑战

第一,阶层空间集聚挑战。全球地方化在物理空间中的演进过程并不是扁平化的,它具有显著的阶层化属性。全球地方化依靠资本的内在驱动力,透过本地政府和开发商组成的城市增长联盟,对城市土地进行开发,对城市空间进行更新,对城市社区、商街进行重塑,④资本累积和空间商品化带来了不平等的城市空间演化,从而导致城市空间发展的不均衡。⑤这集中体现为经过重新升级改造过的城市空

---

① [英]安德鲁·塔隆:《英国城市更新》,杨帆译,同济大学出版社,2019年版,第186页。
② Phil Jones and James Evans, *Urban Regeneration in the UK* (London: SAGE Publications Ltd., 2009), 171.
③ Victor Roudometof, "Transnationalism, Cosmopolitanism and Glocalization", *Current Sociology* 53, no.1(2005):113—135.
④ Youliang Guo et al., "(De-) Activating the Growth Machine for Redevelopment: The Case of Liede Urban Village in Guangzhou", *Urban Studies* 55, no.7(2018):1420—1438.
⑤ Colin McFarlane, "The City as Assemblage: Dwelling and Urban Space", *Environment and Planning D: Society and Space* 29, no.4(2011):649—671.

间，吸引了在经济方面具有较强竞争力的阶层，尤其是中产阶层及以上群体的到来。随着他们在相对毗邻空间中的集聚和定居，他们对原来的社区居住和生活空间产生挤压效应，致使经济上相对弱势的阶层被迫离开，而重新迁移到边缘化城市空间，并最终导致"这个""核心"地区的"中产阶层化"或"士绅化"集聚，"那个""边缘"地区的"贫穷化""低端化"集聚。①从这个意义上讲，全球地方化在城市空间的演进不是对所有阶层都是普惠和均等的，而是天然有利于中产或中上阶层，而不利于弱势群体所代表的下层阶层。

第二，生活经验和文化记忆挑战。全球地方化在生活空间中的演进，对地方化主体的生活经验和文化记忆带来了极大冲击。城市虽然是陌生化和匿名化的空间，但是位于城市中的由相对熟悉的邻里组成的生活化的社区，是个体居民生产和再生产自身生活经验、文化记忆的主要空间。②从这个意义上讲，这种城市生活空间是列斐伏尔意义上的"空间实践"。③然而，随着全球地方化在城市空间中的不断推进，作为承载个体生活经验和文化记忆的生活空间，一方面，经受着政府规划和资本逐利引起的空间成本上涨致使的个体生活和居住成本的不断升高，进而导致生活化的就业机会减少，最终令这些世代居住生活于此的个体前往成本更加低廉的、却与原本的生活经验和文化记忆毫无关联的边缘地区。由此，他们失去了对生活空间的精神所有权，需要在新的城市物理空间重新累积新的生活经验和文化记忆。④另一方面，与政府和资本利用上述硬权力实现的生活经验和文化记忆的脱嵌不同，全球地方化可以借助经济上强势阶层的审美标准、话语体系和象征符号等软权力，重新定义原住民在其生活空间中形成的生

---

① [英]尼尔·史密斯：《新城市前沿：士绅化与恢复失地运动者之城》，李晔国译，译林出版社，2018年版，第7页。
② Gerard Delanty, *Community* (London: Routledge, 2009), 9—12.
③ 孙小逸：《空间的生产与城市的权利：理论、应用及其中国意义》，《公共行政评论》，2015年第3期。
④ 参见[美]雪伦·朱津：《权力地景：从底特律到迪士尼世界》，王志弘、王玥民、徐苔玲译，群学出版社，2010年版。

活经验和文化记忆,以强势阶层的意识形态霸权重新塑造他们对空间的主观理解,从而悄无声息地实现空间在意义上的再生产,形成全球地方化主导的列斐伏尔意义上的"空间的表征"。①虽然,这些地方化主体会对全球地方化带给他们的生活经验和文化记忆上的冲击进行反抗,但是这种反抗基本上是徒劳的。②

第三,城市文化审美挑战。全球地方化在文化空间中的演进,带来了城市文化审美的单一化呈现。虽然全球地方化内含着对在地文化的容纳或创造性转化,但是,"最近半世纪来,经济全球化引发的文化全球化,也带来了新的局面。与二十世纪时代的国家主义相比,今天的全球化,竟然要以更广阔的天下思想,来代替尔疆我界的国族主义"③。这种文化全球化带来的超国家文化现象,已经不是纯粹的全球化实践,而是打着尊重在地文化的旗帜推进的,但是实质上推进的是"一系列美化城市市容市貌,改变城市文化空间的项目",这些项目逐渐成为改变或重塑城市文化生态的结构性力量。④这种结构性力量由三部分构成:一方是政府公权力推动的城市文化景观规划,一方是代表资本的私有企业或跨国公司对商业化空间的升级改造,一方是在士绅化城市空间集聚的中上阶层对消费空间和审美的迫切需求。公权力追求的是物理意义上的美丽洁净的城市市容市貌,商业资本追求的是能吸引顾客并带来利润的商业化空间,中上阶层追求的是符合自身阶层身份的具有"小资情调"的消费空间和文化审美标准。三者共同塑造了现在流行于国内外城市空间的、充斥着中上阶层审美的、千篇一律的中产化甚至更加高档化的商店承载的城市文化空间。这种融

---

① Henri Lefebvre, *The Production of Space*, trans. Donald Nicholson-Smith and David Harvey(Oxford, UK: Blackwell Publishing, 1991), 33.
② 参见[美]道格拉斯·S.梅西、[美]兰·奥尔布赖特、[美]伊丽莎白·德里克森等:《攀登劳雷尔山——一个美国郊区围绕保障性住房的抗争及社会流动》,朱迪、张悦怡译,社会科学文献出版社,2017年版。
③ 许倬云:《二十一世纪,中国人将何去何从?》,腾讯文化·大家,https://cul.qq.com/a/20161021/018255.htm,访问日期:2019年7月21日。
④ 潘天舒:《上海城市空间重构过程中的记忆、地方感与"士绅化"实践》,《同济大学学报》(社会科学版),2015年第6期。

消费和文化于一体的城市空间正在不断复制和扩张,进而对周边商街文化环境和社区文化生态产生重塑效应,对多元生动的城市在地文化和原生文化生态带来了极大冲击,严重挑战着城市空间作为文化贮存器、传播者和创造者的角色。①这最终导致了城市文化审美的单调性。从这个意义上来讲,不仅是全球地方化带来了城市单一文化审美的流行和传播,更是这种易于模仿的打上了中上阶层烙印的城市消费和文化空间,借助全球地方化过程形成了再生机制,实现了自我的不断复制。这与它是否促进了城市治理能力现代化和文化生态多样性的保持、提升的关联性不大,而是与中上阶层在消费和审美上的单一化空间体现紧密相关而已。②

全球地方化在使一些城市空间展现出前所未有的社会、文化、族群和日常生活多样性的同时,也在使另一些城市空间变得日益标准化、单一化和同质化。"尽管全世界每一座城市的地方机构仍然遵从着不同的叙事方式,他们通常提倡一个同质而浮华的城市幻象,把地方化和社会多样性置于危险境地"③,全球化要素与地方化要素的互动,一方面赋予城市的原真性空间以更加韧性的生存力,但是在更多情况下,则以表面上看似原真性的方式,通过全球化的标准形式,实质上以同质化的方式在塑造空间、人和文化,制造着"千城一面"的城市空间。多元主体和文化要素互动的城市空间,不仅呈现为看得见摸得着的物质空间,同时也呈现为多样化的生活空间和文化空间;作为前者的空间承载着城市治理的有形的物质要件,作为后者的空间承载着城市及其市民的无形的生活经验和文化记忆。全球地方化带来的同质化物理空间,在经济上占优势阶层的经济力量和霸权话语主导

---

① [美]刘易斯·芒福德:《城市发展史——起源、演变和前景》,倪文彦、宋俊岭译,中国建筑工业出版社,2005年版,第14页。
② 潘姜汐熹:《你也变成了一个士绅化审美病毒的携带者吗? 100个生活大问题》,"好奇心日报"微信公众号,https://mp.weixin.qq.com/s/7AKFsm9AJaA-ZiBsHidcBA,访问日期:2019年7月25日。
③ [美]莎伦·佐金、[美]菲利普·卡辛尼兹、[美]陈向明:《全球城市 地方商街:从纽约到上海的日常多样性》,张伊娜、杨紫蕾译,同济大学出版社,2015年版,第24页。

下，不仅会同质化前者，而且会规训后者。在全球地方化的推进过程中，全球资本、国家力量、城市政府、私有企业主、中产阶层和城市个体市民，正在面临着一场史无前例的却不知道未来前景如何的城市空间治理和文化形态挑战。然而，无论这场挑战如何复杂和艰巨，应对这场挑战并提出有效的治理方案的重要性是不言而喻的，因为它的本质是明确的：保持和提升城市个体的归属感、城市空间的日常生活和文化多样性、城市的灵魂和国家的文化自信。

第五章 超大城市近郊城市化的战略布局：镇管社区

城市化的世界性趋势和特征，以及中国以城市发展和城市治理推动国家转型和国家治理的模式，都向我们昭示：作为城市最基层的单位——社区，正逐渐成为城市治理和国家治理最基础的基石，是承载中国城市化发展、城市治理平稳推进和国家治理现代化的重要平台。这是"硬"的方面。

全球地方化给中国城市治理和城市文化带来的挑战，以及城市文化治理向城市基层空间下沉的中国实践，使中华民族独特的城市文化治理与城市空间之间的关系日益紧密。从城市街区到社区再到社区楼道的城市文化治理，向人们昭示了社区所承载的"看不见摸不着"的生活记忆、文化价值的重要性。这是"软"的方面。

伴随着工业化而来的城市生活的疏离感弱化了乡村共同体的一致性与认同感，原子化的个人在茫茫的城市人流中无法找到个体的归宿，由此，行为失范成为社会科学家对城市生活的最大诟病。加之，在全球地方化的背景下，作为对城市异化病的医治良方或"世外桃源"，社区与邻里成为社会科学家青睐的实践空间与学术研究对象。社区的重要性便逐渐被提上国家的政治议程与学者的研究议程。从这个方面来讲，上海近郊城市化过程中形成的"三双"区域的治理压力归根结底来源于社区，因为大规模集聚的人口都生活在社区，他们的主观和客观需求都在社区累积并从社区发出。这便是镇管社区模式产生和发展的背景。

一、社区何以重要？

从消极意义上讲，社区的重要性在于它能够规避城市陌生人生活的匿名性与疏离感,从而构建具有熟人性质的共同体,这在中外皆然。"作为应对城市扩大和人与人之间可能疏远的方式,社区被认为是个体形成归属感和至少得到部分身份认同的途径。"①城市原子化个体或居民的社会关系与认同感,在作为熟人共同体而存在的社区中得以恢复与增强,从而成为喧嚣、匿名、陌生、孤独的城市生活中的有生命意义的共同体人。由此,这个共同体的重要性就在于它使冷冰冰的城市生活增添了"温度"②,亦即"有温度的社区"③。

从积极意义上讲,社区的重要性在于它是养成公民能力(civic capacity)、锻炼公民技能(civic skill)的至关重要的单元(unit)。这是被美国强调的社区的积极意义,因为囊括邻里的社区是城市最为基层的单元,④社区是实践公民权利、表达政治诉求的重要渠道,城市政府、非政府组织、政党,以及其他行为主体通常将社区作为动员政治参与、组织政治过程并解决政策问题的单元。在社区层次,公民技能得以有机会发展与训练,这就是社区被认为是民主实践基础的理由。无论是托克维尔还是达尔,都认为政治参与的小单元有利于培养公民对政体的政治效能感和政治认同感;同理,城市政治精英与居民也无一例外地将邻里社区看作政治参与的最小单元。由此,许多美国城市研究者将社区视作政治参与的泉源(wellspring),在其中公民技能得以发展并被实践。⑤

从中国的角度来讲,社区的重要性在于它是国家治理的基石。市场化转型后,中国人就从"单位人"转变成"家庭人""社会人",后两个名词指向本质意义上的"具有自我利益的独立的个体社会人"。⑥从

---

① [英]诺南·帕迪森:《城市研究手册》,郭爱军、王贻志等译,格致出版社,2009年版,第248页。

② 刘建军:《社区的温度》,城市社区参与治理资源平台,http://www.ccpg.org.cn/bencandy.php?fid=42&id=788,访问日期:2021年3月25日。

③ 刘建军:《什么是幸福? 中国研究院工作坊研讨中国式"有温度"的居民社区建设之路》,观察者网,http://www.guancha.cn/society/2016_03_08_353234.shtml,访问日期:2021年3月25日。

④ Clarence Arthur Perry, "City Planning for Neighborhood Life", *Social Forces* 8, no.1(1929):98—100.

⑤ Karen Mossberger, Susan E. Clarke, and Peter John, *The Oxford Handbook of Urban Politics*(Oxford University Press, USA, 2012), 254—256.

⑥ 根据录音整理的林尚立教授在"2012杭州'生活与发展'论坛"上的发言,杭州,2012年11月8日。同时参见《杭州日报》,2012年11月9日,第8版。

此，人们开始重新回归家庭、回归生活、回归社会，这三个过程汇集为人们回归社区的过程。"尽管有极少一部分人可以通过购买市场资源或调动社会资源来满足自身的需求，但对于百分之九十的人来说，他们是难以冲破地理阻隔而调动更为丰富的社会资源的。区域层面的社区共同体就是他们身心的归宿。因此，大多数人是依靠区域层面的社区共同体来满足其情感需求、交往需求和日常生活需求的。"[1]因应这一社会剧变，"面对不断增加的社会复杂性，国家将管理任务下放到社区，努力维护社会的可治理性，以'社区建设'的名义，通过重建以地方场所为基础的社区，营造新的空间秩序"[2]，中国国家治理的主要空间便从单位转向以个体、家庭所在地为主体的社区。社区成为中国国家治理的基石。从城市化方面来讲，社区治理是承载国家建设在迅速城市化的过程中，能够保持相对稳定的最为重要的微观机制，也是以上海为典型的超大型城市在迅猛城市化的过程中保持城市稳定的重要微观机制（如图5-1所示）。

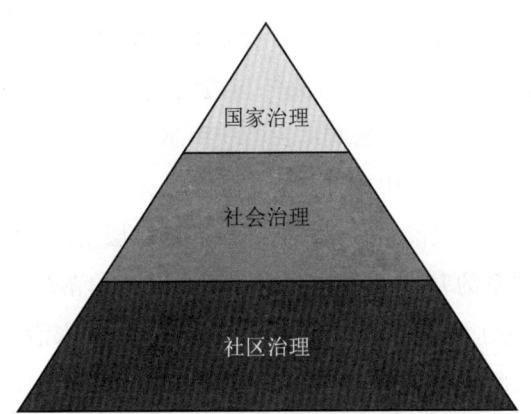

图 5-1 作为国家治理基石的社区治理

（注：感谢复旦大学孙关宏老师对此图提出的宝贵修改意见。原来此图是倒三角形结构，在孙关宏老师的建议下，将其改为正三角形结构，并将社区治理置于三角形的基座部。这样更能形象地体现社区治理作为国家治理基石的作用与意义）

---

[1] 刘建军：《居民自治指导手册》，格致出版社、上海人民出版社，2016年版，第7页。
[2] 吴缚龙：《退离全能社会：建设中的中国城市化》，载[美]理查德·T. 勒盖茨等：《城市读本（中文版）》，中国建筑工业出版社，2013年版，第612页。

社区治理作为中国国家治理与社会治理的重要组成部分，被载入党的报告而彰显其政治意义。党的十八大报告指出："在城乡社区治理、基层公共事务和公益事业中实行群众自我管理、自我服务、自我教育、自我监督，是人民依法直接行使民主权利的重要方式。"这是"社区治理"一词被第一次写入党的正式文件，这标志着我党对社区内涵和地位的理解、对社区治理在国家治理中的地位的理解都在逐步深化。从理论上来说，"社区治理"一词具有社区内部权力结构的重塑、社区治理主体的再生、社区治理过程的重建等多重含义。居民自治作为社区治理最为重要的构成要素，必将在中国未来的社区治理中发挥更为重要的作用。社区治理的提出标志着一个新的时代的来临。中国的社会结构经过三十多年的剧烈变动和转型之后，已经在社区内部积累了较为丰富的组织资源、制度资源和文化资源。这些资源的相互组合和相互嵌入，为我们今天探索新型的社区治理形态提供了极为重要的基础。①

社区与社区治理对于中西方社会来讲，都是国家治理的基层空间与基层逻辑。国家治理的价值关怀与最终归宿都落脚于社区及其居民，社区治理的良莠直接影响居民的获得感，居民的获得感关乎国家治理的合法性与绩效。中西方社会都注重社区，但是取向不同。美国将社区作为养成公民能力和锻炼公民技能的基层空间，中国将社区作为国家治理体系的基础环节与基层逻辑。前者的落脚点在个体化公民，由此，社区服务（community service）成为国家治理的基础性环节；②后者的落脚点在作为整体的国家。中国社区治理的理论与实践都是与国家治理的微观关切息息相关的。概括来讲，社区治理作为一种国家治理的基层实践，在中国表现为六种典型模式，这些治理模式不尽相同，却都经历了从动"物"到动"人"到动"钱"再到动"专业"四个阶段，它们共同体现了作为国家治理基层逻辑的社区治理的

---

① 刘建军：《居民自治指导手册》，格致出版社、上海人民出版社，2016年版，第10页。
② 美国明尼苏达大学公共事务学院城市与区域规划系曹新宇（Jason Cao）教授的讲解。

一般性特征与独特的地方要素。基于此,对中国社区治理的理论关切,发生了从国家中心论到社会中心论,再到以宏观结构-微观行动论视角考察社区治理,最终对社区治理进行介入式定性观察、干预与引导的转变。学者不再仅仅以研究者的姿态研究社区治理,而是以参与者的身份共同治理社区,完成了从观察社区到研究社区再到治理社区达成社区善治的嬗变。在这个过程中,政府、社会、居民向形成良性互动的社区治理格局的方向迈进,从安全卫生社区到友善社区到互助社区到公益社区再到良治社区,社区治理形态在现实实践与理想期许中不断取得新的进展。

正如转型中国国家治理体系与治理能力现代化是建立在多元互动基础上的,转型中国的社区治理也具备自身的良性多元互动机制。转型中国的社区治理打破国家公权力垄断的单一机制,形成国家公权力主导下的社会力量、市场力量与居民的良性互动格局。在当下街居制大背景下,国家治理的城市末梢便是社区;在社区治理实践中,国家公权力、社会组织、企业与居民,这四大行为主体共同形塑了多元复合治理系统:政党通过街居体制奠定了社区治理的基本制度框架(即"三驾马车":居委会、业委会与物业公司),并提供了社区党组织与居委会运作的制度资源和物质资源,成为社区治理的主导性力量;社会组织代表社会力量,以自身的专业化技能、参与式方法和以创意见长的团队,通过政府购买服务或"市场化+社会化"的渠道,使转型中国的社区治理向专业化方向迈进;企业代表的市场力量,在履行企业社会责任的同时,广泛深入参与社区治理过程,企业在建设城乡社区的同时,也积极开展社区治理,在这个过程中企业资本嵌入社区服务居民,使市场力量的逐利性让位于社区治理的公益性;居民作为社区治理的重要参与方和直接受益方,在运行居委会与业委会制度参与社区治理的同时,也积极通过楼组自治的方式,深化了社区治理的邻里链条,使社区治理的制度与空间深深打上了参与化烙印。转型中国的社区治理所体现的专业化、公益化与参与化趋向,已经充分彰显了它作为国家治理和社会治理基石的意义。

二、社区治理的中国逻辑

社区就是聚居在一定地域范围内的人们所组成的社会生活共同体。它有一定范围的地理空间、一定数量的人口，居民之间有共同的意识和利益，以及密切的社会交往活动。城市社区是城市化和现代工业文明发展的产物，是社会治理的基本单位。然而，随着现代工业文明的深入推进，源于市场经济的工具理性导致了人情淡漠，个体自由的追求导致了社会的原子化趋势，经济理性导致了人际关系中利己主义盛行。正如美国哈佛大学的罗伯特·帕特南教授的研究认为，20世纪后期，由于时间和财富压力、城市无序扩张、电子娱乐、代际更替等原因，美国的社会资本不断流失，人们逐渐疏离了亲友和社区生活，社区走向衰败。因此，有西方学者认为，那种老死不相往来的陌生人社区已经完全取代了守望相助的熟人社区。[1]

在中国，社区化已经成为城市现代化的必然趋势，而单位制的松懈和衰退使得社区这一崭新的社会空间被赋予了更多的社会治理功能。党的十八大报告指出，要"完善基层民主制度，在城乡社区治理、基层公共事务和公益事业中实行群众自我管理、自我服务、自我教育、自我监督，是人民依法直接行使民主权利的重要方式"；要"发挥基层各类组织协同作用，实现政府管理和基层民主有机结合"。这表明城乡社区是发展基层民主、实现基层治理的基本单位。城市社区治理与理顺国家-社会关系、获取政治合法性资源、缓和城市社会转型矛盾、构建和谐友爱人际关系和激发社会活力等战略目标息息相关。党的十八届三中全会又提出要创新社会治理体制，改进社会治理方式，推进国家治理体系和治理能力现代化，提高社会治理水

---

[1] 参见[美]罗伯特·帕特南：《独自打保龄：美国社区的衰落与复兴》，刘波、祝乃娟、张孜异等译，北京大学出版社，2011年版。

平的改革总要求。根据中央的部署,2014年度上海市委一号课题提出创新社会治理、加强基层建设的改革目标。社区治理成为推进国家治理体系和治理能力现代化的最重要环节。

在探索中国特色的基层治理过程中,礼治社区是一种规避西方传统社区衰败之覆辙的重要尝试。所谓"礼治社区",就是在熟人共同体、情感共同体和自治共同体这一理念的主导下,通过协商讨论而形成大家约定俗成、共同遵守的礼治规则,以达成一种有序、有信、有义的社区公共生活形态。这一设想旨在充分发挥中国传统文化中"礼"的深刻内涵,并与中国传统的熟人社会和礼治秩序的实际相结合,充分激发广大居民的积极性、主动性,真正做到"依靠社区力量和资源改善生活质量,提高福利水平,促进经济发展与社会进步,抛弃社区福利制度下消极公民的角色定位,增强公民对社区的归属感与认同感,培养居民相互关怀与照顾的美德,重建积极公民资格,加大公民参与社区治理的力度"[①]。

中国的社区治理,即基层社会治理,讲求国家与家庭的联结。《尚书·五子之歌》中说"民为邦本,本固邦宁",强调的就是中国社会治理中最为重要的一对文化基因,即"国与民"的关系,或者说是"国与家"的关系。而西方社会则讲究国家与社会的关系。这两对不同的关系必然会塑造出不同的治理形态。故中国"以民为本"的社会治理讲求"政道",西方由不同阶级组合而成的社会治理特别讲求"政体"。这就是学者王绍光所说的"政道思维"和"政体思维"。政道思维关注结果,政体思维关注形式;政道思维讲求宽厚包容与整体福祉,政体思维讲求唯一性和排他性。西方人对政体形式之美的捍卫已经到了异常顽固的地步,而中国人所秉承的政道思维则在一种开放的胸怀中,可以吸收人类文明的所有优秀成果。以民为本的公共政策与国家治理特别讲究与每一个国民、每一个家族、每一个家庭的关联。

---

① 肖双鸽:《城市商品房居民社区参与影响因素的个案研究——以苏州市×社区为例》,苏州大学硕士学位论文,2019年,第3页。

中国的现代化历程就是"国-家"结构和"国-民"结构这一文化基因重新焕发生机的过程。邓小平同志把现代化理解为中国式现代化，指的就是小康之家的建设以及以无数个小康之家为基础的小康社会的建设。习近平同志强调家庭在社会治理中的价值，强调民心与民意在现代社会治理中的基础性作用，实际上就是要将现代社会治理确立在实实在在的小康之家的基础之上，确立在牢固的民心与民意之上。中国的国家治理和社会治理绝不是也不可能是去追求只具有形式之美和逻辑之美的政体，而是关注社会秩序的构建、社会资本的培育、社会治理绩效的提升以及民众生活质量的提高。这是传统政道思维的文化基因在当代中国社会治理中创造性转化的结果。

社会治理的根本逻辑是搭建起从家庭到国家的链条和纽带，以达成家与国之间的治理勾连，这是传统中国社会治理的文化基因，也是中国区别于西方社会治理的重要特征。因此，依托家庭而又超越家庭的礼治共同体在当代中国的基层治理中就显得特别重要。

礼治共同体是中国社会治理文化基因的现代转化形式，它体现了社区治理的中国逻辑和文化密码。礼治社区的精神是依靠仁义礼智信的基本规范、依靠大家约定俗成的居民公约，将社区中的个体、家庭、群团组织、业委会、物业公司以及党组织、居委会、社会组织等多重力量串联在一起，以铸就将德治和法治融为一体的新型社区治理形态。当西方人在感叹社区在现代社会已经死亡的时候，中国社会转型催生出来的礼治社区，很可能会为其他不同文化体系的基层治理提供非常有意义的借鉴和启发。

世界上没有两个国家的社会治理体系是完全相同的。当我们走进各国真实的社会治理情境中的时候，就会发现，几乎每个国家的治理体系都有其赖以产生的前提和条件。习近平总书记提出中国优秀传统思想文化"体现着中华民族世世代代在生产生活中形成和传承的世界观、人生观、价值观、审美观等，其中最核心的内容已经成为中华民族最基本的文化基因……是中华民族和中国人民在修齐治平、尊时守位、知常达变、开物成务、建功立业过程中逐渐形成的有别于其他民族的独特标识"①,"使中华民族最基本的文化基因与当代文化相适应、与现代社会相协调,以人们喜闻乐见、具有广泛参与性的方式推广开来"②。由此可见,礼治社区的探索,在很大程度上是与具有中国特色的社区形态和基层治理关联在一起的。从这个意义上说,推行礼治社区,意在构建一种不同于传统社区治理和西方社区治理的新型社区治理形态。这一新型社区治理形态不仅具有当代意义,更具有中国意义。③

三、镇管社区的出现

镇管社区是社区治理的中国逻辑中的独特组成部分,它是超大城市近郊城市化实践中的独具特色的城市基层治理模式。镇管社区模式不仅是在中国城市化发展的大背景下,也是在以上海为代表的超大城市的城市化突飞猛进的小背景下出现的。2016年底,我国的城市化率已达到57.33%,超过全球50%的平均水平,④上海的城市化率达到87.6%,⑤遥遥领先全国平均水平。根据国家统计局统计,到2019年底,中国的城市化率突破60%;截至2020年底,中国城镇常住人口90 199万人,占总人口比重的63.89%。⑥城镇人口以绝对优势超过农村人口,中国成为名副其实的城市国家和城市社会。到2030年,此一数字将达到75%,五大超级都市圈的平均人口规模将达到

---

① 习近平:《在纪念孔子诞辰2 565周年国际学术研讨会暨国际儒学联合会第五届会员大会开幕会上的讲话》,人民出版社,2014年版,第12页。
② 中共中央文献研究室编:《习近平关于社会主义文化建设论述摘编》,中央文献出版社,2017年版,第201页。
③ 宋道雷、刘建军:《礼治社区:探索中国特色基层治理》,《解放日报》,2015年9月22日,第11版。
④ 《2017年上海城市建设创新发展论坛在沪成功举行》,和讯网,http://news.hexun.com/2017-07-16/190060962.html,访问日期:2020年7月16日。
⑤ 国家统计局,http://data.stats.gov.cn/swf.htm?m=turnto&id=432,访问日期:2021年3月18日。
⑥ 《第七次全国人口普查主要数据情况》,http://www.stats.gov.cn/tjsj/zxfb/202105/t20210510_1817176.html,国家统计局,访问日期:2021年5月11日。

1.2亿人。①

以上海为例，根据上海市第七次全国人口普查数据，截至2020年底居住在城镇的人口为2 220.94万人，占89.3%；居住在乡村的人口为266.15万人，占10.7%，也就是说上海的城市化率已经达到89.3%，②远远超过全国城市化率的平均水平。大规模的城市化发展，使上海出现城区范围扩大的现象，虽然中心城区人口绝对数量持续减少，但"城区外缘部分人口大量导入，城市人口分布出现明显的郊区化特点，上海郊区的重点或中心集镇和一般集镇总数约190个，它们如繁星一样遍布整个郊区农村，构成了城镇体系的基座。其中重点集镇是90年代以前的老建制镇，它们历史基础好，交通条件优越，经过90年代以来的新发展，人口普遍从几千人增长到近万人。一般集镇过去规模均极小，只有几百人至千余人，目前普遍达到两三千人以上。重点集镇和一般集镇数量多，与农村联系紧密，是吸引接纳农民转变为城镇人口的基本载体，在上海郊区农村的城市化中发挥了关键的作用"。③这体现在上海市第七次全国人口普查中便是："中心城区人口占26.9%，浦东新区人口占22.8%，郊区人口占50.3%。与2010年相比，中心城区人口所占比重下降3.4个百分点，浦东新区提高0.9个百分点，郊区提高2.5个百分点。"④这是作为大背景的中国城市化及其在上海的体现。

2012年上海市测绘院发布了全新的上海地图，这份地图包括外环以内所有区域的公共交通图，同时还有一份是覆盖嘉定、松江等郊区中心城镇的大城区详图。大城区详图覆盖了"整个上海"，即东起浦东国际机场、西至青浦嘉松公路、南临松江新城、北抵嘉定城区，

---

① 《〈中国城市化2.0〉报告：到2030年中国城市化率将升至75%》，中国经济网，http://www.ce.cn/xwzx/gnsz/gdxw/201910/15/t20191015_33352515.shtml，访问日期：2021年11月28日。

②④ 《上海市第七次全国人口普查主要数据发布》，上海市第七次全国人口普查，http://tjj.sh.gov.cn/7rp-pcyw/20210519/1968a0983be04311b607deccf6c2988c.html，访问日期：2021年5月19日。

③ 张善余：《近年上海市人口分布态势的巨大变化》，《人口研究》，1999年第5期。

这造就了"大上海"的概念，将上海的城区面积从六百平方公里拓展到了 3 000 平方公里。①这就是上海的城市化进程在地图上的表现。

2010 年，上海人口增长的城市化进程的主要区域是近郊和郊区。根据第六次人口普查的数据，"过去 10 年间上海常住人口从 600 多万增加到 2 300 多万人，新增的常住人口有向郊区扩散的趋势，松江、闵行、嘉定、青浦、奉贤和宝山 6 区的常住人口总量增幅超过了 50%。闵行、浦东新区、松江、嘉定和宝山的增量都超过或接近 70 万人。上海的城市化进程非常快，随着保障房建设的推进，这个进程还会加速。现在顾村、泗泾、江桥、浦江、周康航、曹路 6 大保障房基地在图上都有清晰标示"②。

时隔十年，到 2020 年，根据第七次人口普查的数据，新增的常住人口向郊区，尤其是近郊扩散的趋势愈加显著。"近 10 年来，上海中心城区常住人口比重下降，郊区常住人口比重提升，常住人口的空间分布由中心城区向郊区扩散的趋势愈发明显"，"浦东、闵行、宝山、松江、嘉定的常住人口占上海全市比重排名前五，与十年前第六次人口普查时一致。其中，青浦取代杨浦，成为上海排名第六的人口大区。浦东新区常住人口已超 568 万人，是上海第一人口大区，比 10 年前增长近 64 万人，占全市比重达到 22.8%；嘉定和松江常住人口增速排在全市前两位，分别增长 24.68%和 20.68%。分区域来看，上海人正在往郊区去——中心城区人口为 6 683 712 人，占 26.9%；郊区人口为 12 505 671 人，占 50.3%。与第六次人口普查相比，中心城区人口所占比重减少 3.4 个百分点，郊区人口所占比重增加 2.5 个百分点"。③这是作为小背景的上海城市化（如图 5-2 所示）。

---

①② 钱蓓：《"上海城区"从六百平方公里变成了三千平方公里，新版地图"标"出城市化进程》，和讯网，http://news.hexun.com/2012-09-18/145958600.html，访问日期：2021 年 6 月 18 日。

③ 《最挤的不是市中心，上海常住人口超 5 成住郊区》，搜狐网，https://www.sohu.com/a/467270140_790382，访问日期：2021 年 5 月 31 日。

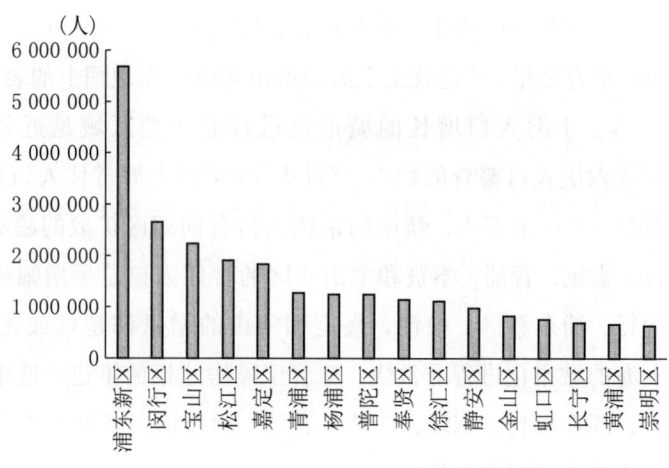

图 5-2　2020 年上海各区常住人口分布

（数据来源：上海市第七次人口普查办公室）

总之，近郊城市化的迅猛发展是镇管社区模式出现的宏观背景。上海一方面呈现高度的老龄化状态，另一方面呈现高度的常住人口增长趋势。正是这种矛盾所掩盖的真相——上海近郊城市化速度的突飞猛进带来常住人口的急剧增长，为城市基层社会治理提出了巨大挑战，城市基层社区成为应对这种挑战的载体。镇管社区模式的推出与社区治理体系的日渐重要，成为上海在迅速城市化进程中能够保持社会稳定的重要因素。这是镇管社区模式出现的宏观基础。

根据笔者的调研，上海城市近郊地区之所以出现镇管社区的治理模式，从微观方面来讲有以下四重根源。

第一，资本逻辑对城市化进程的适应。随着上海产业结构的空间调整以及城市中心地带生产与运行成本的提高，很多企业逐渐转移到城市外围地区；再加上近郊地区的公共管理部门对招商引资工作的重视和推进，企业将生产和运营部门逐渐转移到近郊。资本的逐利行为使资本逻辑对城市化进程适应，导致了城市规划的短视、公共服务的短缺、公共产品的匮乏和社区治理体系的不足。

第二，基层政府治理能力与社会规模的失衡。镇级政府最早可溯至原来的人民公社，几经改革后，镇级政府逐渐演变为管理农村片区及其集体经济组织的基层政府。而集体经济这一产权概念在上海近郊更为复杂。如果集体经济组织以外产生的社会治理和公共服务成本特别巨大，比如大量导入的人口和急速崛起的产业，传统的镇级政府往往无法遽然适应此种治理挑战而不堪重负，其治理能力的有限性暴露无遗。由此可见，城市近郊地区的城市化进程虽然快速改变了该区域的人口结构、产业结构和居住结构，但是镇级政府的属性与能力与快速变化的社会结构、产业结构完全不相匹配。镇级政府的属性、结构、规模和能力是与传统农村社会中的"镇-村"结构相匹配的，而难以与大规模社会治理的要求相适应。

第三，政府间关系的模糊与社会治理的不足。城市近郊地区大型居住区的出现和大量人口的导入，是与整个上海市空间布局和产业结构的调整联系在一起的。因此，近郊大型社会的治理成本的一部分，应该由市级政府承担。这就需要对市—区—镇三级政府间关系进行重新界定。但是，上海作为中国城市化程度最高的地区之一，往往关注城市化的"市"的中心城区治理，而忽视作为城市化的"镇"的近郊农村地区的治理；目前来讲，上海政府间较为明确的责任权力关系还处于相对模糊的状态。

第四，社区精英群体相对匮乏。随着大量人口向近郊地区的导入以及农民工阶层和流动人口向近郊地区的涌入，执政党对这一正在涌现的大规模社会空间还缺乏足够有效的影响力。尤其是该区域基层社区精英的匮乏，这直接导致了基于连带群体的社会权威的出现。这一社会权威的运行已经溢出政党的实际领导范围。在政党与社会关系的框架中，社区精英的培育是巩固政党引领社会的基础所在，毕竟制度和平台都是要靠人去运作的；但目前来看，这一群体还处于相对缺乏状态。从总体上来看，社区精英的匮乏是一个全国性问题，尤其是在城市化进程快速突进的近郊地区。社区精英的培养与成长关系到中国基层社会的稳定，也关系到政党如何引领已经转型的中国城市社会。

政党引领是中国基层社会治理的重要政治维度。

四、镇管社区的要素

基于上述分析,我们可以得出:面对蓬勃发展的城市化进程与近郊城市化的挑战,上海如何在近郊地区推动社会治理体系的重构,以处理好"三双"区域带来的压力,这是保持社会稳定和发展的关键所在。在上海市委市政府的领导下,经过大量的调研和慎重决策,市委市政府以及相关主要职能部门决定在城市化进程快速推进、人口大量融入、区域规模迅速扩张的近郊地区推行镇管社区的战略部署。①这便是镇管社区出现的大背景与小背景。

要想准确界定镇管社区的内涵,必须对镇管社区所涉及的三个要素进行准确的界定,②即"镇"的含义、"管"的含义和"社区"的含义。

(一) 镇与社区

镇管社区中的"镇"指的是上海近郊地区通过行政合并而形成的"大型镇"和"现代市镇",而非"自然市镇"。第一,衡量大型镇的标准有两个:一是人口规模,二是地域面积。经过详尽的调研,我们得出,人口规模超过30万、地域面积超过100平方公里的镇即可视为大型镇。在目前的107个镇中,有将近20个镇符合这样的标准。基于城市规划和经济发展的逻辑,上海近郊地区的行政合并可能还会持续下去,势必导致这种类型的大型镇不断产生。第二,经过行政合并而形成的"大型镇"。这种类型的镇在内在属性上已经不是传统社会基于自给自足乡村社会而生长起来的集镇之"镇",也不是相当于管理农村集体经济的行政化意义上的乡镇之"镇",而是承担公共管

---

① 叶敏、熊万胜:《镇管社区:快速城市化区域的镇级体制调适——以上海浦东新区 H 镇的镇管社区建设经验为例》,《中国行政管理》,2018 年第 10 期。

② 张波:《镇管社区的内涵、模式与发展趋势》,《上海党史与党建》,2013 年第 8 期。

理、公共服务、公共安全和社会治理，甚至城区规划功能的市镇之"镇"（township）。

镇管社区中的"社区"这一概念既不是依托居委会而形成的"自治化社区"，也不是依托区政府的派出机构街道办事处而形成的"街道化社区"，①而是社区内各利益相关方等多元主体参与而成的"共治化社区"。

这一共治化社区不仅包括城市化的大型居住区（大居），也包括传统的农村；不仅涵盖镇政府和条线职能部门延伸下来的服务中心和工作站点，也涵盖了社区内的驻区单位。基于此，将镇管社区单纯地理解为镇与大型居住区，尤其是与居委会的关系是不准确的；同样，将近郊社会治理的格局和架构理解为"镇-社区"结构与"镇村结构"的叠加与并行，也是不准确的。

镇管社区的一个重要任务就是适应、治理和指导近郊地区快速，甚至过度膨胀的城市化进程。由此可见，这一共治社区是依托辖区范围内各企事业单位、社会组织、社区领袖、专业化公共服务人员等多元主体的参与而成的共治平台——社区委员会——得以生长和运作的。②社区委员会实际上是在面对较大的地域面积、陌生的社会关系、自治程度较低的基层社会，以及多元的组织单位等客观现实状况的前提下，通过机制创新和制度创新而形成的协商平台、议事平台、整合平台和治理平台。区域化党建平台是社区委员会在政党意义上的存在。由此，我们可知，它既不是居于镇与村居委会之间的行政层级，也不是镇级政府的派出机构，更不是村居委会的上级机关。

最后，一个关键问题就是镇与社区的关系是什么？也就是如何理

---

① 2014年之前上海的街道办事处与社区属于同一层级，街道办事处的外挂牌额一般以括弧的形式，将街道与社区同列，如××街道办事处（社区）。此种设置往往会给全国其他地方的来沪交流人员造成理解上的障碍。

② 参见刘臻：《城乡结合部社区治理模式：上海浦东川沙新镇社区委员会体制研究》，上海交通大学硕士学位论文，2009年。

解镇管社区中"管"的含义。这里的"管"不是传统的基于任命、考核、升降等形成的"行政性、指令性、压力型管理",而是以领导、服务、指导为导向的"社会化、专业化管理"。所以,这里的"管"不是传统行政管理的延续,而是新型治理模式的体现;换言之,这里的管已不是传统意义上的政府型管理(government),而是基于多元主体合作基础上的治理(governance)。当然,我们并不排除"共治社区"在镇与村居委会之间所履行的上情下达、下情上达的"准行政"功能。但是,镇、社区与村居委会之间并无建制化的行政等级关系,这是推行镇管社区的首要共识。

以上是从理论层面对镇管社区三要素的分析,从现实运行层面来讲,镇管社区三要素具体表现为镇管社区的组织架构、职责功能和工作机制。组织架构、职责功能和工作机制从实际运行的层面,体现了镇管社区三要素的互动融合。

(二)镇管社区三要素

1. 两委一中心

镇管社区的基本组织架构为"两委一中心",即社区党委、社区委员会、社区中心。

首先,社区党委是在镇党委领导下的基层党组织,是社区工作的领导核心。根据某年PDXQ区委组织部的指导性意见,社区党委领导班子职数共11个。其中,书记1名(副处级公务员,兼任社区委员会主任),副书记2名(1名专职,科级公务员,兼任社区党委综合办公室主任;1名兼职,从优秀居民区党支部书记中选任),委员8名,分别由镇相关部门负责人、部分居村党组书记、驻区单位负责人等组成。社区党委由镇党委直接任命,待条件成熟时,通过社区党员代表大会选举产生。社区党委下设综合办公室,对应各居民区岗位设置及社区的实际情况,综合办公室内部设10个岗位。

其次,社区委员会是社区党委领导下组织动员社区力量共同参与社区建设和管理的议事机制。社区委员会下设专业委员会,成员由部分居委主任、社区组织代表、社区知名人士或社区积极分子等组成。人数为11人（参考原社区委员会设置：1名主任、1名副主任、9名委员）。社区委员会组成人员由社区代表会议选举产生，主任由社区党委书记担任，副主任由社区委员会委员协商产生。

最后，社区中心是镇政府社会治理和公共服务职能延伸至社区的工作平台。它主要承接镇政府下沉社区的社区党建服务、社区事务受理服务、社区卫生服务、社区文化服务、社区生活服务、网格化综合管理等职能，为社区居民提供一门式便捷高效的政务、事务、服务项目等。

2. 职责功能

镇管社区的职责功能是指在镇党委的统一领导下，根据统筹、协调、服务、指导、治理的功能定位，突出社区党委党建引领、统揽全局、协调各方的核心主导和优势作用，坚持行政执法类事务以镇政府职能部门为主，民生实事类事务以社区委员会为主，民主自治类事务以居民委员会为主，构建主体明确、责任清晰的工作模式。

首先，社区党委主要负责统筹区域化党建，积极履行党章规定，全面落实党的路线、方针、政策，贯彻执行上级党组织的决策、部署和要求；指导所属居民党组织建设、服务协调驻区单位党组织；统筹社区资源，凝聚各方力量，协调区域事务，指导村居自治，推进区域共治和社会组织培育。

社区党委下设综合办公室，具体岗位设置分别涵盖社区党建、社区服务、社区稳定、社区治理等主要工作内容（图5-3）。

① 综合办公室主任（公务员）。由社区党委副书记兼任，全面负责综合办公室各项工作及筹划社区委员会各项工作。
② 综合办公室科员（公务员）。分管社区党建、社区服务。
③ 综合办公室科员（公务员）。分管社区稳定、社区治理。
④ 其他均为社工岗位，原则上从居民区社工中挑选具有2年以上工作经验、表现优秀的社工担任。

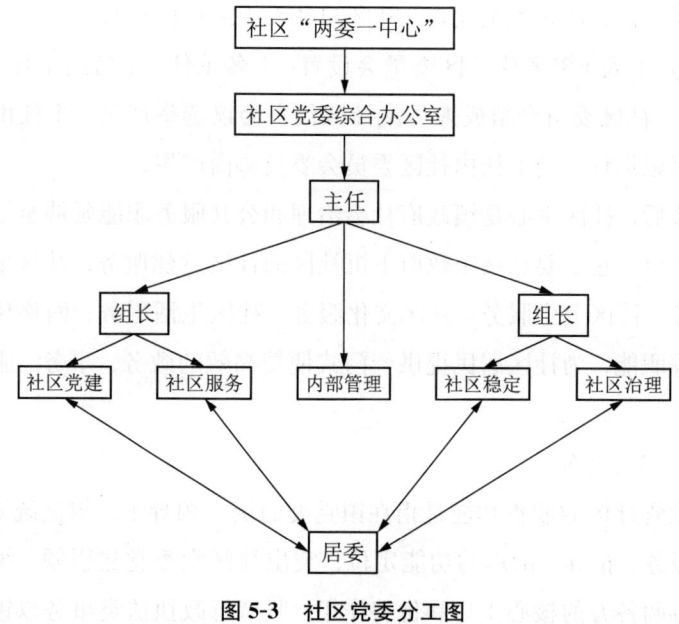

图 5-3　社区党委分工图

其次，社区委员会在社区党委的领导下，对涉及社会性、公益性、群众性的社区事务，按规章制度进行议事、协商、评议、监督，促进社区成员积极参与社区管理，发挥共商共治作用。

最后，社区中心负责统筹协调镇社区事务受理（分）中心、镇文化教育活动（分）中心、镇网格化综合管理（分）中心、镇城管（分）队、镇市场监管所等为社区居民办理公共事务、组织文化活动、开展市容管理、提供居家养老等服务。该单位受上级业务主管部门直接领导。

3. 运行机制

首先，镇职能部门与社区之间。涉及党委、政府重点工作，由镇职能部门召集社区和居委一并部署，由社区组织居委再动员、细化要求、组织实施；日常工作，由镇职能部门部署或通报给社区，再由社区部署到居委，并加强检查指导、督促落实；专项性、应急性、个性化工作，镇职能部门可直接联系相关居委，同时通报社区。

其次，社区内部。以社区党委为核心，社区委员会在社区党委领导下开展工作，社区中心的工作由镇相关职能部门指导管理。

最后，社区与居委之间。在干部队伍管理方面，社区党委对居民区党支部书记、居委会主任的选拔、任免、调整有建议权，对社区工作人员在本社区范围内的分配调动，可根据实际需要，经社区党委会讨论决定，并报镇党委、政府职能部门备案，对跨社区调动的，根据镇党委职能部门的意见负责具体操作实施社区党委参与镇党委对居委会书记、主任和社工的年度考核。在日常财务管理方面，严格按照镇政府下发的《CL镇（大居）居委会财务审批制度》等相关规定予以审批把关。在社区条线工作方面，及时联系对接，加强对居委会工作的指导、服务和督查。

五、镇管社区的定位

镇管社区不是凭空出现的，这一战略是应对和化解上海近郊新出现的一些重大现实问题的产物，是根据该区域城市化进程的迅速提高、人口规模的迅速扩大，以及社会结构的巨大变动而提出并实践的。① 从这个意义上讲，镇管社区是上海近郊城市化的重要战略布局。镇管社区的战略定位主要体现为以下三个方面：

第一，镇管社区是上海这座超大型城市探索新型公共管理体系的重要组成部分；

第二，镇管社区是在适应、治理和指导城市化进程中探索新社会治理体系的重要组成部分；

第三，镇管社区是上海在近郊创新党的领导方式、再造基层政府、维系社会稳定、重构社会秩序的重要组成部分。

推行这一战略的出发点包括两个方面：一是着眼于长远规划与未来发展；二是着眼于现实矛盾的化解。

---

① 周健：《镇管社区建设的模式、问题及其对策——基于上海市9个镇的调研》，《中南大学学报》（社会科学版），2013年第1期。

首先，从长远层面来看，镇管社区包含探索上海超大型城市行政管理体系、大都市治理模式，以及基层政府适度规模等一系列重大的现实与理论面向。上海已经成为世界著名的全球城市[①]、社会主义现代化城市，而且城市规模的扩大和城市化进程的推进仍是一个不可遏止的发展趋势。因此，探索超大型城市的治理模式就成为上海未来极为重要的任务。上海原有的"两级政府、三级管理"的模式已经难以适应上海近郊地区快速的城市化进程，因为目前的近郊地区实际上是处于三级政府（市、区、镇）架构之中。因此，在保持原有行政管理体系延续性的基础上，强化近郊地区镇级政府的管理能力和服务能力，这对于上海探索超大型城市的管理体系与治理模式就具有特别重要的意义。

在上海近郊地区实施镇管社区的战略部署，目的就是在上海中心城区的周边塑造一系列具有适度规模且拥有强劲发展潜力和竞争能力的"卫星城镇带"。上海近郊"大型镇"地域面积的适度规模是100—500平方公里，人口在50万—100万人之间。随着上海中心城区产业结构的调整，近郊地区在将来会成为支撑上海经济发展的"新区位"和升级产业的增长极，无论从政治建设、经济建设还是从社会建设的角度来说，上海近郊地区公共管理和公务服务体系的重构、社会秩序和社会稳定格局的缔造，辖区规模和治理尺度的调适，对上海未来十年乃至长远的发展都具有极为重要的战略意义。由此观之，镇管社区不仅仅涉及如何在近郊地区推进社会建设、社区治理体系的重构，更包含对上海这座超大型城市治理模式的探索。

实际上，镇管社区是上海在应对城市改造、经济发展、产业调整以及人口动迁这一立体化发展进程中出现的重大问题中逐步提出来的。1993年，以浦东严桥镇设立社区管理中心、由社区设立社区管理分中心为标志，上海第一次提出镇管社区的概念。[②]当时的主要目的

[①] 参见周振华：《全球城市——演化原理与上海2050》，格致出版社，2017年版。
[②] 参见桂家友：《边缘化郊区到现代化城区——以浦东基层社会治理探索为视角》，上海人民出版社，2016年版。

是解决征地农民集中居住区单独建立街道难，但"飞地"给邻近街道托管或代管又不可行的矛盾（1997年严桥镇并入花木镇）。①严桥镇所推行的管理模式仅仅是镇管社区的雏形和个例，它不是近郊地区城市化急速推进、人口大量导入以及镇域面积迅速扩大的产物。②

真正应对近郊人口规模扩大和社会结构变动的体制性产物是1996年在三林镇建立的东明街道办事处。③以成立东明街道办事处为标志的社会治理体制实际上是中心城区"两级政府、三级管理"模式在近郊地区的复制。事实证明，这一复制美中不足。原因有三：第一是三林镇政府驻地与东明街道办事处同处街道内的区划格局，在行政区划上导致了镇级政府与街道办事处的犬牙交错，④这与中国历史上高层政区犬牙交错的行政区划有异曲同工之处；第二是导致了东明街道的城市化效应发挥有限，进而强化了该区域内的城乡二元对立，难以实现城乡共融发展；第三是镇与街道在社会治理和公共服务等方面产生很多体制性冲突。行政区划的犬牙交错、城乡二元化结构的加剧、公共资源配置的差别化、公共服务的壁垒化等弊端证明，以复制中心城区的建制化体制和弱化或替代镇级政府的"两级政府、三级管理"的模式，对近郊地区并不适用。如果继续走这条道路，不仅会导致在上海近郊广阔的地域范围内出现数量庞大的街道办事处，而且极

---

① 参见汪慧婷：《"镇管社区"：快速城市化进程中的社区管理模式创新——以浦东航头镇大型居住社区为例》，华东政法大学硕士学位论文，2013年。

② 浦东开发前，严桥乡有9个行政村69个生产队，7 100多亩耕地，24 000人口，132家乡、村、队办企业。浦东开发后的1996年，农业人口减少到2 500人，耕地只剩下400多亩，9个行政村撤并为2个。在当时条件下，因人口规模小，撤镇建街道不够条件。在征地而暂未动迁的居住区，村不能撤，居委会又建不起来。为走出这一困境，由新村首先建立了新村社区管理中心，队和单位建立了社区管理小组，以适应快速城市化发展的需要。

③ 1996年，时为新加坡背景的房地产商在浦东三林镇进行房地产开发，社区开发完成后，将黄浦、静安中心城区一部分居民动迁入住，但入住居民不愿接受农村地区的镇建制，提出要将入驻社区转为街居制；同时，因为镇是管"村"的体制，镇村两级经济组织和财政只承担本区域人口的社会服务和社会管理的经费支出；另外，镇的行政级别当时认为比较低，难以起到利益协调和资源整合的作用。在此情况下，1997年，在当时三林镇的行政区域内开始筹建东明街道，走街居制路子。1999年，东明街道办事处正式挂牌成立。

④ 参见朱婧：《城市化进程中社区管理模式探索：以浦东新区三林镇"镇管社区"模式为例》，复旦大学硕士学位论文，2009年。

有可能会出现像伦敦那样的碎片化管理形态。这从反面强化了上海对镇管社区的探索。

2000年，以张江开发区——张江镇设立联合党委为标志，镇管社区模式开始推行，其目的主要是解决开发区与地方之间的综合统筹、利益协调以及在快速开发过程中农村基层治理体制向城市治理体制过渡的问题。由上观之，镇管社区尽管是近郊地区人口规模急剧膨胀和城市化进程快速推进这一背景的产物，但是如何通过探索超大型城市的治理模式以适应、治理和指导这一不可逆转的城市化进程，则具有极为重要的战略意义。尽管中国像美国一样拥有均匀分布的城市形态，①但像北京、上海、广州这样的城市已经成为许多发展中国家的"首位城市"（primate city）。首位城市就像一块磁铁（magnet），吸引大量人口从其他地区涌入。可以预见，上海所具有的"首位城市"效应决定了城市规模的扩大以及外围地区的城市化进程依然不可遏制。如何适应、治理和指导这一不可逆转的城市化进程，直接关系到上海未来城市形态的塑造和城市治理模式的探索。事实已经证明，中心城区的"两级政府、三级管理"对近郊地区并不适用。正是在这一背景下，上海市委、市政府和有关职能部门果断决策，在上海近郊地区推进镇管社区战略部署。

其次，从现实层面来看，镇管社区这一战略的推行是基于化解三个层面的矛盾而提出来的。第一个是行政层面的矛盾，即镇域面积和镇辖人口规模急剧扩大与镇级政府治理能力和服务能力有限性之间的矛盾。近年来，上海城市化进程很快，随着产业向近郊或郊区转移，

---

① 在美国这样的发达国家，不同规模的城市在数量和地理上存在着均匀的分布。一些非常大的城市如纽约有800万人口，像旧金山这样的介于50万—100万之间的城市随处可见，还有大量城市介于10万—50万之间。美国平衡的城市化，为商业和人口两者都提供了城市环境和区位选择的一个适当范围。而在许多第三世界国家，基于过度城市化（over-urbanization）而形成了一个单一的、巨大的城市，它吸引了全国城市人口的很大部分，在国家政治、经济、社会、文化生活中占据明显优势。首位城市的人口过度密集，且是投资和经济增长的中心。例如在泰国，首都曼谷的人口在2000年是668.5万人，比第二大城市的人口数量多出30倍。

中心城区人口和来沪人员大量导入该区域，镇域面积也因区划调整不断拓展，公共服务的半径随之扩大，服务与管理的对象迅速膨胀，公共部门承担的管理压力骤然提升，公共服务的需求呈现出复杂多元的局面。上海近郊的很多大镇都是原来几个乡镇合并而成的（例如闵行区浦江镇就是由原来的陈行镇、杜行镇和鲁汇镇合并而成的，面积达78.51平方公里）。截至2021年，全市现有106个镇中，镇均面积超过50平方公里，其中有8个超过100平方公里，常住人口达到1 300多万，约占全市人口的58%，人口城市化率达到89%。现有镇辖居委会1 881个，约占全市4 563个居委会总量的41%。特别是常住人口超过20万的镇已有16个。镇域面积和镇辖人口规模的急剧扩大对传统镇级政府的治理能力、服务能力，以及整合能力提出了新的要求。城市化程度的快速提高对原来针对农村社会管理的"镇-村"结构提出了严峻的挑战。①

镇级政府治理能力和服务能力的有限性，直接导致了以下三重后果。

一是城市近郊"地下公共产品"的泛滥。城市近郊地区由于人口规模的急剧扩大，公共产品呈现出严重的短缺状态。中国城市近郊地区正在涌现一股潜在的劳工阶层，特别是农民工阶层。对很多中等城市来说，城市近郊犹如"城市与乡村的夹缝地带"，这里既不是乡村，也不是城市，既是乡村，又是城市，就像朱镕基总理对广东东莞的评价：城不是城，村不是村。②由此，地下公共产品成为夹缝地带的重要公共品供应。地下公共产品在这个夹缝地区泛滥的原因有五类：（1）外来人口远远超过本地人口；（2）外来人口不能享受当地经济发展的成果；（3）公共资源配置严重不足（上海近郊的DFG镇，有35万人口，学校、医院奇缺，到处都是地下诊所、地下幼儿园）；

---

① 诸华：《城市化进程中城郊"镇管社区"模式研究——以上海市H镇社区管理为例》，华东理工大学硕士学位论文，2013年，第26页。
② 杨兴云：《东莞去"希腊化"》，《经济观察报》，2012年4月2日，第12版。

（4）地方政府治理能力萎缩（受级别、财力、政府规模等限制，基层政府无法应对规模庞大的人口，例如最大规模的派出所只有100多人，而有着相同人口规模的区级政府警力却达到1 500人）；（5）城市近郊地区的"连带群体"结构与公共管理体制的冲突。在中国城市近郊地区，与规模庞大的人口相适应的社会管理体系并没有完全建立起来，导致了一种以"连带群体"为纽带的社会联结，很多外来人口通过依靠血缘和地缘纽带形成的连带群体，提供一种保护结构和交往结构。我们在调研中发现了这么一个令人深思的故事：当镇政府的卫生管理人员在某地下诊所调查时，短短半小时之内，诊所开办者就召集了100多名老乡赶到现场，围攻调查人员。这一事件说明，依托连带群体形成了保护结构，并已成为与公共管理系统相抗衡的潜在力量。

二是社会层面的矛盾，即上海城市近郊地区"城乡二元居住结构""城乡二元人口结构"，以及"本地-外来人口二元结构"与社会整合和社会秩序重建之间的矛盾。上海近郊地区最大的变化就是该区域在短短几年中涌入了大量与这块土地没有任何在地化关系的人群。他们基本上是外来务工人员，不像该区域的住户和农民一样与这块土地有着紧密的"生于斯长于斯"的在地化联系。而该区域的镇级政府一直是以村作为管理对象的，镇级政府的职能也主要是服务于该区域的农民和户籍居民。这些大量涌入的人口就业怎么办？其子女读书怎么办？就医怎么办？这都是治理难题。同时，该区域出现了大量的"人户分离"的现象，也就是说很多在这里购买住房的人其实并不居住在这里，而是把房子出租，从而导致大量流动人口涌入。在这里，出现了典型的"城乡二元居住结构""城乡二元人口结构"以及"本地-外来人口二元结构"，即大型居住区与农村社区的疏离、导入人口与本地农民的疏离、外来人口与本地人口的疏离这一重叠式治理难题。如何克服这一重叠式治理难题所衍生出来的社会矛盾、社会割裂和社会冲突，把各方力量整合到社区共治的平台上来，通过社区重塑和社区重建恢复已经破裂的社会联系，就成为镇管社区所要解决的重要难题。

三是政治层面的矛盾，即政党传统领导方式与新型社会结构之间的矛盾。中国城市近郊是弱势阶层和弱势群体的聚集地。未来中国城市近郊地区在很大程度上是危及中国社会稳定的"焦点区域"。从世界范围内来看，城市近郊地区不断再生产出来的弱势阶层，往往是城市动荡和城市骚乱的社会根源。正是在这一背景下，如何在新型的社会结构中重塑政党的领导权威，建构党的组织体系，探索新型的领导方式，开辟新型的领导空间，巩固新型的领导基础，对于政党建设具有特别重要的意义。可以预见，传统的依托单位而展开的组织化党建、依托两新组织而展开的组织化党建、中心城区依靠小型居民区为载体的社区党建，以及依托职业化场所而展开的楼宇党建等，在这一新型的社会结构中都难以奏效。这就要求中国共产党必须在跨区域、跨单位、跨群体、跨阶层、跨职业等的空间中构建政党领导的新平台。基于此，政党应当借助社区委员会这一崭新的共治平台，在更为广阔的地域空间、居住空间、交往空间和阶层空间中探索推动社区共治的崭新道路。

第六章

城市化进程中的社区治理：镇管社区的实践进程

镇管社区的出现离不开中国社区治理的大脉络，它是在中国社区治理的四个阶段、不同模式和社区治理的礼治传统下产生并不断实践的。只有对中国城市化进程中的社区治理有一个鸟瞰式理解，才能真正找准镇管社区的方位，才能对其阶段和策略进行透彻的分析。

一、社区治理的阶段、模式与传统

（一）社区治理的阶段

根据中国各大城市社区治理的现实实践，通过我们的实际调研，我们可以将中国的社区治理分为四个阶段。

第一，基础设施建设配备阶段，我们形象地称之为动"物"的阶段。这个阶段主要是为社区治理的重要参与主体——居委会配备工作用房，为居民开展活动配备物理空间，以及为居民服务供给提供公共场所，这是社区治理的硬指标。对于老旧小区来讲，并未事先配备此类公共空间，所以主要是做增量配给：通过与物业、业委协商腾挪空房或重新规划房间功能供公共之用，或以市场化租赁配备公共空间。对于新建商品房小区而言，政府以法律形式规定：小区楼盘规划之初，就必须配备居委公共用房。

第二，社区居民参与社区治理阶段，我们形象地称之为动"人"的阶段。社区治理的主体是居民，没有居民的主体性参与也就没有真正的社区治理。[①]由此，社区治理在具备了物质硬指标后，还要具备

---

① 李友梅：《社区治理：公民社会的微观基础》，《社会》，2007年第2期。

软指标。动员居民参与社区治理，首先需要将社区的党员动员出来，以"党员双报到"制度，激励或者要求党员积极参与社区治理事务，发挥先进带动后进的效应。其次是将社区中的居民领袖或社区能人调动起来，使之成为社区治理的骨干力量。再次是组建居民志愿者团队，使之成为居委会的外围力量，形成"居委会＋居民团队"的社区治理参与队伍。①最后，动员一般居民走出家庭，参与社区公共事务。在居委会、社区领袖与社区团队的活化下，社区治理便实现了参与化。

第三，动员资源参与社区治理阶段，我们形象地称之为动"钱"阶段。在有了公共空间与人力资源之后，社区治理就到了动用经费、资金、基金、自治金等资源的阶段。一旦到了动钱的阶段，中国的社区治理与居民自治可能会进入一个全新的阶段，"当社区中的很多硬件设施（如电梯），都已经到了更换的时间，但其费用又是维修基金难以承担的，于是，社区治理到了'动钱'的阶段。一旦到了'动钱'阶段，无论在议题还是制度上，社区治理到了真正经受考验的时候。在很多社区，出现了众筹资金、居民出资的自治金等新鲜事物"，"动钱阶段的社区治理和居民自治对制度化水平、公开化、民主化的要求愈来愈高。近年来，在深圳、上海、广州、重庆、天津的很多社区，已经出现了居民自发集资形成的自治金以及社区公益基金会，社区治理和居民自治与社区基金的结合，是一个极为重要的发展方向"。②

第四，社会组织参与社区治理阶段，我们形象地称之为动"专业"阶段。以上海为例，城市化的迅速推进使社区中的许多问题已经不是仅仅依靠政府、居委会、居民等主体就可以解决的了，因为这些主体只能提供一般化的公共物品，不能做到社区治理"精准化"。社

---

① 罗峰等：《社会的力量——城市社区治理中的志愿组织》，上海人民出版社，2016年版，第39页。

② 刘建军：《居民自治指导手册》，格致出版社、上海人民出版社，2016年版，第108、151页。

区遇到越来越多的专业化治理难题,例如社区灾后重建过程中的儿童心理康复、社区矫正、社区精神障碍群体的看护等,这些社区治理的难题需要的是具有专业化业务素质的社会组织。[1]社会组织凭借自身的专业化优势,可以为社区治理提供精准化的专业服务,解决政府想解决却无能解决、居民想解决却无力解决、市场不想解决的专业化治理难题。社区组织参与社区治理的风潮由此而生,从而推动中国的社区治理向专业化方向迈进。

总而言之,以社区治理的主体标准划分,以上四个阶段可以分为两个大阶段,即政府主导的社区治理与政府、社会、居民,甚至市场等多元主体互动的社区治理阶段。中国的社区治理开始走向多元主体共同参与的真正的"治理"阶段。

(二)社区治理的模式

在单位中国的国家治理过程中,城市的生产性单位与生活性社区是一体的。从严格意义上来讲,社区治理在这种一体化形态中是不存在的。以工业化为目标的国家建设,于"一五"期间在整个国家范围内建构了城市与大型国企为一体的单位形态,国企工人既是职工,也是社区居民与城市市民。然而,单位的生产性却压倒了社区的生活性,以洛阳拖拉机厂为例,职工来自五湖四海,却同被"一拖"所塑造,由此成为"一拖"人。[2]虽然"单位社区不一定必须包含单位的生产空间,它也可能成为'离厂型'的单位社区"[3],但是,国企单位的生产性是社区生活性的源泉,社区的生活性是国企单位生产性的延伸,生产性如果消失,那么国企社区的生活性也就无法存在(如图6-1所示)。所以,单位中国没有社区治理,有的只是单位治理。

---

[1] 潘修华、龚颖杰:《社会组织参与城市社区治理探析》,《浙江师范大学学报》(社会科学版),2014年第4期。

[2] 殷照玲:《大型国有企业单位制社区空间变迁的个案研究》,华东师范大学硕士学位论文,2012年,第26页。

[3] 张纯:《城市社区形态与再生》,东南大学出版社,2014年版,第32页。

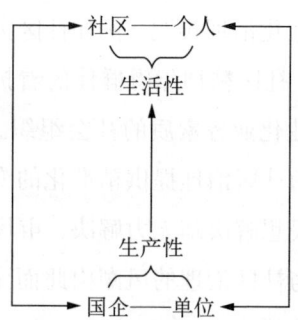

图 6-1　单位中国的治理形态

这种单位与社区的一体结构,具有以下四个方面的特征。第一,承担国企生产性职能的单位人,都以个人的身份生活在与单位相对应的社区空间,交叉单位、社区空间、私人利益很少具有存在的合理性;①第二,国企的生产性决定着社区的生活性,单位的国家性决定着个人的社会性;第三,国企与单位是一体的,社区与个人是一体的,但是社区中个人的生活依附于国企单位的生产;第四,社区中个人的社会关系源于国企单位的生产关系,国企单位的生产关系决定着社区个人的社会关系,后者的变革与转型取决于前者。②总而言之,社区是国企单位的延伸,国企单位是社区的扩大,两者是一体的,其主体是具有生产性功能的国家性工业企业。国家以计划经济的治理思维治理国企单位,单位而非社区是国家治理的基层逻辑。③

从改革开放开始,尤其从 20 世纪 90 年代中后期至今 30 多年的时间内,社区体制在中国得到了比较显著的发展,从此社区治理替代单位治理,成为国家治理的基层逻辑。虽然社区在中国的发展时间还比较短暂,也不可能形成统一的模式,但是不同城市根据自身城市属性探索了各具特色的社区治理模式。近年来尤其以青岛、上海、沈阳、武

---

① 张静:《阶级政治与单位政治:城市社会的利益组织化结构和社会参与》,《开放时代》,2003 年第 2 期。
② 刘建军:《权力、仪式与差异:人类学视野中的单位政治》,载《重新认识中国:中国社会科学辑刊·2010 年冬季卷(总第 33 期)》,复旦大学出版社,2011 年版。
③ 参见宋道雷:《城市力量:中国城市化的政治学考察》,上海人民出版社,2016 年版。

汉江汉、武汉百步亭与成都社区治理模式最为突出（表6-1）。①

这些典型的社区治理模式，基本上是应单位体制松解后国家治理与城市治理的需求而生。从社区治理模式成形时间来看，它们大多集中于中国城市化发展水平从1995年的29.04%到2000年的36.22%时间段。这时城市化的迅速发展，逐渐使中国摆脱低城市化现象，②自由劳动力涌入城市直接挑战着以封闭/隔离为特色的单位体制为主导的国家治理的有效性。由此，社区治理模式的探索，成为国家治理的首要任务。在六种社区治理典型模式中，除百步亭社区以外，其他五个社区都是依托带有行政性质的街道、单位、居委会重新调整而成。由此可见，市场化、城市化浪潮冲击下的城市依据多元社会需求，开始调整依托单位形成的城市治理体系，形成以社区治理为基层逻辑的国家、城市治理体系。这无论对于工业化较高的城市——沈阳，还是商业化较高的城市——上海，甚或是处于两者之间的城市——青岛、武汉、成都来讲，都无一例外。

在各种社区治理模式的核心特征中仍然有政府或者政党的显现，但是这个时期的公权力要素不同于单位中国之时。在治理的时代，它已经成为参与社区治理主体中的一元。这体现在政府与社区的职能得到相对分离，其服务性加强，行政性减弱，强调社区自治、社区服务与社区功能，以期实现社区的自我治理。在社区中城市的社会性与生活性已经占据主体地位，这些典型特征明显体现了社区治理区别于单位治理的特质，社区治理开始成为主导国家治理的基层逻辑。

虽然，社区治理已经成为当下中国国家治理、社会治理与城市治理的重要支撑机制，政府治理、社会自我调节和居民自治在社区治理过

---

① Ren Yuan, "Globalization and grassroots practices: Community development in contemporary urban China," in *Globalization and the Chinese City*, ed. Fulong Wu(Routledge, 2005), 292—309. 同时可以参见：任远、章志刚：《中国城市社区发展典型实践模式的比较与分析》，《社会科学研究》，2003年第6期；刘建军：《居民自治指导手册》，格致出版社、上海人民出版社，2016年版，第32—60页。

② Li Zhang, *China's Limited Urbanization: Under Socialism and Beyond* (New York: Nova Science Pub Inc, 2004), 3.

表 6-1 社区治理模式

模式	百步亭模式	青岛模式	上海模式	沈阳模式	江汉模式	成都模式
治理模式	企业主导的区域化治理	中层治理	自治办+居委治理	居委治理	居委治理	院落治理
划分	整个新建小区作为社区，不设街道办事处	由1 176个居委会调整为521个社区，位于街道与居委会之间，平均规模是1 340户	2014年上海市委"一号课题"落地，2001年的街道（社区）模式向街道与居委会所在社区分离转变，社区规模为2 000多户	2 011个居委会调整为1 295个社区，社区规模为1 000到1 500户	248个居委会调整为112个社区，位于街道与居委会中间	计划经济时代遗留的单位化自然住宅院落，规模较小，居民熟悉度高
核心特征	不设街道派出机构，社区直接在区政府下自治管理	以社区服务为龙头，提升社区功能，推进社区发展	街道与社区分离，街道成立自治办，社区以居委会为载体开展治理	通过组织建设推进社区民主自治体制完善	转变政府职能，明确政府、社区功能	居民协商议事制度，社区公共服务和社会管理基金，社区自组织嵌套
组织体系	社区党委、社区居民代表大会、社区行政中心与社区服务中心	市、区、街、居四级社区服务体系，包括社区服务管理、服务求助和设施服务三个方面	街道自治办主管社区自治工作，居委会是社区治理的主体性制度平台	决策层：社区成员代表大会；议事层：社区协商议事委员会；执行层：社区居民委员会；领导层：社区党组织、各类协会	决策层：社区成员代表大会；议事层：社区协商议事委员会；执行层：社区居民委员会；核心层：社区党组织	社区居民为主体，建立院落居民会、院落自治小组（院管委会），参与并管理社区公共事务

续表

模式	百步亭模式	青岛模式	上海模式	沈阳模式	江汉模式	成都模式
资源运作	社区委员会、物业管理和业主委员会三位一体的自治管理	政府投入，促进社区服务专业化，提倡驻社区单位资源共享、共驻、共建	街道设立自治办，依托居委会、居民自组织、社区领袖、驻社区单位、社会组织等开展社区治理	政府补贴，政党整合，驻社区单位支持，建立资源整合平台	区街政府部门必须提供权力和必要的经费支持	成都市从政策设计层面实现"院落自治"全覆盖，确保配套措施、治理资源、规章制度
推进方式	政府、市场推进	政府推进，社会参与	党委领导下政府主导的居民自治与共治	政府推进，民主自治	政府推进	政府支持，院落组织，居民参与

资料来源：Ren Yuan, "Globalization and grassroots practices: Community development in contemporary urban China," in Globalization and the Chinese City, ed. Wu Fulong (Routledge, 2005), 292—309；同时参见任远、章志刚，《中国城市社区发展典型实践模式的比较与分析》，《社会科学研究》，2003 年第 6 期；刘建军，《居民自治指导手册》，格致出版社，上海人民出版社，2016 年版，第 32—60 页；以及作者自行收集的资料与数据。

程中已经开始互动,但是它仍然受到公权力要素的重要影响。①首先,从治理主体上看,政府是社区治理的主导性力量。在六种模式中,社区的建立、推进与进一步发展,都是由政府发起并推进。虽然百步亭模式是以百步亭集团建立的整个小区为社区,没有设置街道办事处,但是它也离不开政府的推进,只不过是政府与市场化力量协作共进而已。就青岛模式来讲,社区治理的推进与发展过程中,虽然加入了社会化力量,但是仍然离不开政府的作用。其次,从资源运行上看,社区自身的资源基础虽然薄弱,但是社区治理却离不开社区居民与自组织。六种社区模式的运作离不开六种资源力量的支撑:(1)政府的行政性资源,(2)驻社区单位的体制性资源,(3)政党的组织性资源,(4)物业公司的商业化资源,(5)社区的自治资源,(6)社会组织的专业资源。这六种资源成为支撑社区治理的基础性资源,并形成一个整合性平台,社区居民作为主要的参与者虽然力量薄弱,却不可或缺。最后,从组织体系上看,社区甚至还被作为国家准行政性配置的一个环节。在沈阳、江汉、百步亭、成都模式中,社区的自治体系是社区自主运行的主要环节与力量,但是政党、政府在其中仍然是领导角色与支持力量。社区治理虽然已经替代单位体制成为国家治理的基层逻辑,但是建立政党领导下的社区自治与共治治理体系的前景仍然是前路漫漫。②

(三)社区治理的传统

礼治社区是社区治理在现代城市和现代社会对传统的继承。从这个意义上讲,礼治社区不是传统礼治的复活,而是礼治在现代社区中的新生。这一形态剔除了传统的"礼"中人与人之间的不平等,包含

---

① 罗思东的研究表明:社区制虽然已经建立起来,但是,实际上并未真正运行,作为国家权力建制化设置的街居体制依然忙碌。参见罗思东:《城市弱势社区的组织化参与——构架社区权力的路径分析》,载何艳玲主编《变迁中的中国城市治理》,格致出版社,2013年版,第237页。

② 石发勇:《准公民社区——国家、关系网络与城市基层治理》,社会科学文献出版社,2013年版,第236—245页。

法治的精神和德治的素养，以及对每一个居民平等的尊重。社区作为单位制松解之后成长起来的崭新社会空间，应该采取什么样的治理结构，到目前为止，还是众说纷纭。我们到西方发达国家去，很多西方学者告诉我们，在现代化的冲击之下，传统意义的社区在西方已经濒临死亡。那种老死不相往来的陌生人社区已经完全取代了守望相助的熟人社区。这一转变导致西方国家的社区被纳入一种单纯、极端的法治结构之中。但是在中国，基层治理始终没有放弃构建熟人共同体、情感共同体、自治共同体的努力。由此，在城市基层社会推行构建礼治社区的实验，成为中国基层治理的一种积极探索。

中国城市社区作为独特的社会空间，要想把它完全纳入法治轨道中，还是比较困难的。但是完全依赖德治，在一种崇尚内在自觉的状态中构建社区的治理结构，也是难以为继的。基于此，我们就有了一种想法，试图把法治精神和德治精神融合到礼治中，构建一种与传统相契合、与现实相适应的礼治社区。

习近平总书记对中国文化尤其是优秀传统文化及其在现代社会的重要性极为关注，并把它视为国家治理的基础。他强调，"中华民族具有五千多年连绵不断的文明历史，创造了博大精深的中华文化，为人类文明进步作出了不可磨灭的贡献。中华文化积淀着中华民族最深沉的精神追求，包含着中华民族最根本的精神基因，代表着中华民族独特的精神标志，是中华民族生生不息、发展壮大的丰厚滋养。中国共产党自成立之日起，就既是中华优秀传统文化的忠实传承者和弘扬者，又是中国先进文化的积极倡导者和发展者。要用中华民族创造的一切精神财富来以文化人、以文育人，决不可抛弃中华民族的优秀文化传统"。[①]中国是有着悠久的礼治传统的，今天研究的重点是，能否实现这一传统在基层治理中的再生呢？

关注中国基层治理不能全是"分析主义"的，而应该是"行动主

[①] 中共中央宣传部编：《习近平总书记系列重要讲话读本》，人民出版社、学习出版社，2014年版，第100页。

义"的。换言之，对基层社区的关注，不是仅仅将之作为研究对象，而是要走进社区，通过沟通与互动，推动社区居民的积极行动，以形成一种参与式的治理结构。礼治是社区居民在共同交往、生活和实践的社区物理空间中，根据公序良俗原则，通过民主、协商和讨论的方式，制定法治和德治相结合的具有一定约束力的礼治规则，构建基于共同生活习惯和社会规范的社区治理规则的过程。礼治社区便是在这一过程中建立起来的社区治理的秩序化的形态。从这个方面讲，礼治社区既不是传统社会治理的礼治规则的复兴，也不是新时代社会治理规则的无中生有，而是礼治规则在新时代基于社区既有交往结构和治理结构的创造化转型，它既规避了传统社会强调礼治中的上尊下卑的不平等的要素，又蕴含了现代社会治理强调的法治精神的德治素养，是一种适应现代社区治理的基层治理规则。此外，礼治规则秉承"学以成人"的训诫，在人性化、道德化和情感化的取向中，展示了社区治理独特的关怀与追求。例如，停在社区中的每辆车的前排玻璃下面，都有车主的姓名和联系电话，在发生刮擦和停车不规范时可以方便联系车主，这就是社区中的"停车之礼"；汽车进入社区时在门口务必停留三秒钟，这就是社区中的"行车之礼"；住在一楼的一对年老夫妻通过求助铃与住在四楼的一对年轻夫妻进行交流和沟通，这就是社区中的"关爱之礼"；将社区中的法律工作室改为"社区说礼堂"，通过调解来解决邻里冲突，这就是社区中的"和解之礼"；社区将每个家庭的家训展示出来，形成家训墙这一独特的礼治景观，这就是社区中的"教化之礼"。

  党的十八届四中全会报告在阐述构建法治社会时提出：加强公民道德建设，弘扬中华优秀传统文化，增强法治的道德底蕴，强化规则意识，倡导契约精神，弘扬公序良俗。发挥法治在解决道德领域突出问题中的作用，引导人们自觉履行法定义务、社会责任、家庭责任。发挥市民公约、乡规民约、行业规章、团体章程等社会规范在社会治理中的积极作用。由此可见，中国要建设的社会主义法治国家是依靠广义之法而不是狭义之法支撑起来的。除宪法外，党内法规、市民公约、乡规民约、行业规章、团体章程等，都构成了维护社会秩序和政治秩序的法治资源。我们在社区调研中，切身感受到纸面上的法律解决不了社区所有的问题，很多时候，市民公约、乡规民约的作用可能比专门化的法律更为有效，治理成本也更低。运用不同类型的法律和规则化解不同领域的冲突和矛盾，是治理主义法治观的重要体现。中国这样一个大国的治理肯定不能只依靠单一类型的法律。社会主义法治国家有其独特的基本要义和独特的治理形态。我们不能照搬西方理性主义的法制模式，也不能固守工具主义的法制模式，而应在更加冷静、更加务实的道路上，创建符合中国国情的法制模式。

中国的礼治传统源远流长。孔子曰："不学礼，无以立。"《礼运》也告诫说，"礼义也者，人之大端也"，"故坏国、丧家、亡人，先去其礼"。但是，礼治社区不是传统礼治的简单再生，而是剔除传统礼治弊病后的现代转型。礼治社区试图将传统的礼治与现代城市中的社区结合起来，旨在构建一种开放性、包容性、关怀性的社区治理结构。在实践中，一个成熟的礼治社区至少包含以下四种要素。一是礼治精神。所谓礼治精神，就是一种包容、平等的精神。例如，当本地人与外地人、年轻人与老年人共处一个社区的时候，礼治精神恰恰能够将不同身份、不同籍贯、不同职业、不同年龄的人拉到一个共同的起点上来，在关照人性和尊重人格的平等起点上进行对话。礼治不是传统意义上的"分"，而是现代意义上的"合"。二是礼治景观。社区中的一草一木都是与居民的生活具有高度关联性的。社区从本质上来说是一种公共生活和空间，是公共交流的空间。所以，礼治景观则是这种公共生活和公共空间得以展开的载体。社区治理水平和治理质量的提升一定要与科学的社区规划结合起来。三是礼治公约。礼治公约是礼治社区最为重要的要素。礼治之所以能够将法治和德治融为一体并落实到社区生活之中，最为重要的体现就是兼具约束力和体认性的礼治公约。四是礼治平台。所谓礼治平台就是居民进行讨论和协商的组织。以上四种要素不是彼此隔离的，而是要相互嵌入。这是构建礼治社区的关键。

二、镇管社区的探索阶段

随着上海近郊地区城市化程度的快速提高和人口导入规模的快速扩大，上海近郊地区的基层政府在镇管社区方面已经作出了一些探索与实践。这些探索和实践集中体现为镇管社区模式。镇管社区的探索与实践在城市化程度不断加深和人口规模逐渐扩大的时间序列中，呈现出多元化的特征，即不同地区在应对城市化程度和人口规模扩大的时间节点和发展阶段上，探索出与其现实情境特征相对应的实践路径，呈现出不同的形态。①

（一）无中层社区的镇管社区形态

这一形态以闵行区浦江镇为代表。其核心就是依托传统的镇级政府，依靠镇级政府的"社区管理办公室"实现对新型大型居住区的管理。这一形态基本上是延续了以往镇级政府的行政化管理手段，只不过增添了新的管理要素和提供了新的服务内容而已。这一形态的出现是与人口规模还没有达到预期目标，大型居住区还没有完全成形这一早期阶段相适应的。

（二）以局部性"中层社区"为载体的镇管社区形态

这一形态以宝山区顾村镇为代表。宝山区的顾村镇比闵行浦江镇向前迈出了一步，在城市化程度和居住区建设较为成熟的地方，有选择地塑造中层社区，在区级政府、镇级政府、中层社区和居委会之间构建起一套贯通不同管理层级，并将公共资源最终落实到大型居住区的公共管理和公共服务体系。②

（三）以完整"中层社区"为载体的镇管社区形态

这一形态以浦东川沙镇为代表。③这一形态的核心是在适应城市

---

① 参见张炯:《上海市"镇管社区"模式演变探究及优化思考》，中共上海市委党校硕士学位论文，2017年。

② 李晗:《"镇管社区":大型居住社区的社会管理模式创新——以上海宝山区G镇为例》，《现代经济信息》，2013年第24期。

③ 参见刘臻:《城乡结合部的社区治理模式:上海浦东川沙新镇社区委员会体制研究》，上海交通大学硕士学位论文，2009年。

化程度迅速提高的前提下，对镇级政府所辖区域进行重新规划，在贯通城乡、打破城乡边界以及人口制度化壁垒的基础上，形成了六块相对成熟的社区格局，从而构建了较为成熟的镇管社区形态。这一形态的优势有三点：一是避免了浦东新区三林镇街道办事处与镇级政府犬牙交错的格局，降低了管理成本，从而走出了"街道办事处体制"的困境；二是可以充分发挥镇作为一级政府的财政优势、管理优势以及制度优势，从而改变了镇级政府的一些乡村管理的属性，使其从传统的农村场景下的集镇之"镇"、乡镇之"镇"向现代化场景下的市镇之"镇"方向发展；三是可以逐步消除镇辖范围内人口的制度性边界，以及大型居住区与农村社区的地理边界，从而有力地推动社区共治和均等化公共服务的发展。

无中层社区的镇管社区形态，是对应近郊地区城市化和人口规模变化早期阶段的产物。以局部化中层社区为载体的镇管社区形态，则是大型居住区趋向于成熟阶段的制度化产物。而以完整中层社区为载体的镇管社区形态，则代表了近郊地区城市化程度和人口规模已经达到相当程度的社会治理体系重构的基本方向。从以上三个阶段的探索来看，闵行区浦江镇和宝山区顾村镇的探索仅仅是过渡，因为该区域的人口规模迟早要达到相当规模（例如闵行区浦江镇现有常住人口约35万人，而预期规划的常住人口达60万人）。因此，从长远的角度来看，以"中层社区"为载体的镇管社区形态是上海近郊地区探索社会治理体系的发展方向。以"中层社区"为载体的镇管社区的精髓就是基层自治、社区共治和城乡交融。

三、镇管社区的推进策略

目前，尽管因为产业转移、城市改造以及人口导入等多重原因，城市近郊地区的居住形态和人口规模发生了史无前例的变化。但是，概而言之，不同区域的变化速度和变化程度是参差不齐的。因此，上海近郊地区在推进镇管社区的进程中，可以根据自身的现实状况，因地制宜，分段推进，实事求是地确定推进步骤和推进策略。[①]换言之，每个地区根据其实际情况，其镇管社区的实践阶段是不同的。大致来说，按照城市化进程和人口规模的发展进程，这一推进步骤和推进策略包括以下三个阶段：第一阶段是镇塑社区，第二阶段是镇管社区，第三阶段是镇领社区。

不论镇管社区的推进策略包括哪些阶段，在推进镇管社区的进程中存在两点共识。第一，镇管社区的内涵、原则、组织架构与目标是统一的、明确的。第二，各镇对上海近郊地区居住形态和人口规模变动趋势和发展方向的认识也应该是清醒的、理性的。即该区域的居住形态和人口规模迟早都要达到相当规模，并对传统的镇级政府的管理、服务能级，以及"镇-村"管理结构提出严峻挑战。因此，上海近郊地区各镇应该在坚持镇管社区的原则和目标的基础上，依据自身的具体禀赋和现实状况，按照近郊地区城市化进程的推进速度和人口规模的增长速度，以及镇域管辖范围的扩张程度，在不同的时间节点和情境特征下做好社会治理体系的建构工作。

（一）镇塑社区

上海市委市政府已经明确规定在上海近郊地区社会治理体系的建构过程中，不走以街道办事处为枢纽的行政化管理的道路。因此，上海近郊地区各镇首先应该本着"镇塑社区"的原则，走社区重塑的道路，在社区重塑的过程中完成恢复社会关系、建构社会秩序，以及重建基层治理共同体的任务。在大型镇辖区域内塑造中层社区要考虑三个维度：一是人口规模，二是地域面积，三是地缘关系。也就是说，推行镇管社区的前提乃是在人口规模和地域面积达到相当程度的大型镇，在适应、挖掘、巩固和强化原来地缘关系资源、文化历史资源和社会交往资源的基础上，通过中层社区的塑造达到社会关系的恢复和

[①] 俞晓波：《快速城市化进程中的"镇管社区"模式研究——基于浦东的实践》，《中国行政管理》，2012年第8期。

基层社会秩序的重建。

无论是在城市化程度高、人口规模大的地区，还是在城市化程度低、人口规模还没有达到相当程度的地区，"镇塑社区"是镇级政府的首要任务，是推行镇管社区这一战略的起点。从目前上海近郊一些大型镇的探索与实践来看，浦东新区川沙镇在其镇辖区域内塑造了较为完整的中层社区，宝山区顾村镇已经在城市开发比较成熟、人口导入规模迅速的大型居住区，塑造了局部性的中层社区，以闵行区浦江镇为代表的大多数大型镇还处于"镇-村"和"镇-居"双重结构的并立状态之中。

随着人口规模和地域面积的不断扩大，通过"镇塑社区"将相互分割的"镇-村"和"镇-居"双重并立结构整合在一起，以实现城乡共融发展是必然趋势。在我们对闵行区浦江镇的调研中，社区中心的管理人员告诉我们，他们是"小牛拉大车"。如果不实行分片管理，使新型的城市化区域向社区化方向发展，仅靠一个社区中心是难以为继的。

（二）镇管社区

从一定意义上说，镇管社区是适应目前近郊地区居住形态变化和人口规模变动的体制性、结构性产物。从目前上海郊区社区治理与服务的发展情况来看，管理大于服务仍然是普遍存在的问题。有些社区工作人员也表达了这一焦虑，在我们的调研过程中有人说："管理都管理不好，谈什么服务，还是先管理好再说。"这种表现并不是说明社区工作人员缺乏服务理念与服务实际行动，而是郊区社区的特殊性与困境致使他们无法顺利地将服务的理念落到实处，将服务行动付诸实际。镇管社区在一定程度上是对"镇-村"结构的替代，是在"政府-社区"这一框架中对新型社区治理体系的重构。

（三）镇领社区

十八届三中全会对改进社会治理方式的一个要求就是坚持系统治理，加强党委领导，发挥政府主导作用，鼓励和支持社会各方面参与，实现政府治理和社会自我调节、居民自治良性互动。十九届五中全会对此更加重视，增加了对基层赋权的内容。①如果说镇管社区是适应上海近郊地区居住形态变化和人口规模变动的体制性、结构性产物，那么"镇领社区"则是上海近郊地区社会治理体系建构的未来发展方向。以社区重建、社会关系恢复，以及社会秩序重塑为基本内容的"镇领社区"是建立在基层自治和社区共治这两大机制之上的新型共治共建共享的社会治理格局。至此我们可以做出这样的判断：政府与社区的关系模式决定着上海近郊地区社会治理延展的基本方向。

（四）基本管理单元

从目前来看，做实基本管理单元是一条比较务实的选择。特别是把撤建制镇塑造为基本管理单元是探索城乡接合部镇管社区的重要途径。就社区与基本管理单元［基本管理单元即镇管社区模式下大居（大型居住社区）的另外一种表述，是镇管社区的唯一重要管理单元和社区治理单元］两者的关系来讲，两者之间并不存在固定的一成不变的模式。依据上海的实践来看，在经过镇管社区、镇塑社区与镇领社区三个阶段的发展后，基本管理单元慢慢开始产生并逐步开始实践。

1. 基本管理单元产生的原因

具体来讲，基本管理单元产生的原因有如下三点。

第一，在较大的镇域面积和管理幅度的条件下，镇党委、镇政府难以直接为居民区提供到位的社会服务。以闵行区为例，21世纪以来，全区各镇进行了"撤二建一""撤三建一"的行政区划调整。2000年，浦江镇也是在先后撤销陈行、杜行、鲁汇三镇建制的基础上成立起来的，辖区面积达到102.1平方公里，常住人口30万人，成为闵行"第一大镇"。在镇域范围扩大、户籍人口增多的同时，社区管理任务、管理幅度和工作难度也相应增大。在辖区面积增大的前提下，再

---

① 詹成付：《贯彻落实党的十九届五中全会部署　提高基层治理水平》，《社会治理》，2020年第11期。

加之商品房开发、动迁基地建设等城市化进程加快,有一定规模的居住区逐步产生。镇域范围内征地农民集中居住区、大面积商品房开发基地、大型居住区建设的管理问题,为导入居民提供与城市一样的公共服务的问题,是城郊地区党委、政府不得不面对的与传统的镇政府职能不完全对应和匹配的社区治理难题。

第二,多元化镇域社区形态的条件下,镇党委、镇政府难以直接建立差别化的资源共享的有效管理机制。城郊地区在快速推进城市化进程中出现的新型社区彼此千差万别、形态迥异。在闵行的社区形态上,存在纯农民动迁型社区(华漕爱博家园、浦江景江苑、景舒苑)、城市动迁基地型社区(浦江世博家园)、国际化型社区(金丰国际社区、华侨城)、老城区成熟型社区(杜行老街社区、鲁汇老街社区)、一般商品房型社区(七宝万科家园)、不同类型混杂的社区(虹桥华光城)等各种品类的社区。虽然这些社区都属于近郊区域的城镇社区,但是他们的性质迥异,特点各具,形态纷繁,这就导致环卫、治安、就业、房管、公共服务供给等不能按照一个模式、一个政策"一刀切"来解决。在不能由镇级政府直接管理,并实现有针对性的差别化管理情况下,需要以基本管理单元的思路来弥补和强化。

第三,特大城市扁平化管理条件下,多层级政府的行政设置不具有实在的经济实效。上海作为超大型城市,既要保持扁平化的管理,在区域管理上实现块状管理、责任明确,避免相互干扰,又必须要保证管理成本的节约化。以闵行区为例,闵行区目前实际管辖 372 平方公里,其中城市化区域 150 平方公里,222 平方公里的农村化地区,如果全部完成城市化进程,即使按照浦东目前最大的江川路街道 27 平方公里切块,至少还需建立八九个街道,加上现有的 3 个街道,数量在 12 个左右。街道筹建数将远超目前保有数。扁平化管理根本无法承受不说,仅仅从管理成本看,简单按照 2011 年财政投入为例,6 个镇管社区的每年财力投入将近 5 000 万元,而 9 个新建街道每年将投入 12 多亿元。可见,无论是从扁平化治理的角度来讲,还是从成本效益分析角度来讲，基本管理单元的思路比新建街道的治理性与经济性要强。

2. 基本管理单元的界定

（1）基本管理单元的内涵

城市基本管理单元是指城市化区域集中连片、边界范围相对清晰、人口达到一定规模、管理服务能相对自成系统的城市人口聚集区。基本管理单元是近郊城市化区域中的非行政层级的管理服务资源的承载和配置单位，是城市管理服务的最基本单元。

基本管理单元既不是像村委会、居委会一样的"自治组织"，也不是像区政府的派出机构"街道办事处"一样的"建制化行政单位"，而是基于急速城市化进程中人口急剧聚居而形成的，大型社区内各利益相关方等多重主体参与而成的"共治化中间层域"（图6-2）。这一共治化中间层域不仅包容城市化的大型居住区，也包容传统的农村共同体，不仅涵盖镇政府和条线职能部门延伸下来的服务中心和工作站点，也涵盖了社区内的驻区单位。

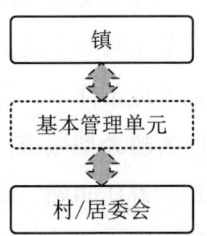

图 6-2　基本管理单元

（2）基本管理单元的构成条件

根据上海市城市化进程中的城市治理实践，基本管理单元的构成条件有以下几个方面：第一，基本管理单元形成于近郊地区的快速城市化进程中；第二，基本管理单元产生于城市管理的体制机制尚不健全，管理力量相对薄弱，行政资源比较有限的条件下；第三，从行政意义上讲，基本管理单元大部分分布在建制化的镇体制下的镇域范围内；第四，基本管理单元着重于解决镇级政府行政管理区域幅度较宽、社区差别化较大、精细化管理难以到位的问题；第五，基本管理单元因应于具有一定规模的城市形态的人口聚居区域的社区之议题。

基于上述论述，考虑到职能的匹配和实际运作的效果，我们认为基本管理单元的模式不适合纯粹的农村地区，或者非城市化地区的社区治理实践。只有在近郊快速城市化导致的人口急剧聚居区域和管理幅度急速扩张区域，才能体现其探索的价值，发挥基本管理单元的作用。

（3）基本管理单元的构成要素

为了更进一步认识基本管理单元的实质和形态，我们必须分析清楚基本管理单元的构成要素。一般来讲，基本管理单元的构成要素主要包括：集中城市化区域面积在5平方公里以上，区域边界比较清晰；常住人口规模一般在5万人以上，或目前入住2万人以上且规划人口在10万人左右的区域；人口集聚产生的管理服务需求需要就近提供，并有相应的城市管理子系统和基本公共服务网络；所在地居民具有一定的基于地域或所处社群的认同感。

（4）基本管理单元的形成途径

基本管理单元的形成途径一般分为两类。一类是典型基本管理单元。典型基本管理单元是形成于快速城市化的过程中的新事物。因为近年来大量开发建设商品房或规划建设保障房，再或者拆迁房建设，形成一定规模的人口聚集区。从这个方面来讲，可以把规划建设的商品房、保障房和拆迁房等大型人口居住社区，视为一个基本管理单元。

一类是非典型基本管理单元。非典型基本管理单元是在历史中形成的旧事物。它是在长期历史发展进程中，自然形成的城镇居民相对集中的地区，主要集中在老县城、被撤并的集镇。这些都可视为一个基本管理单元。

3.基本管理单元的五种基本形态

作为基本管理单元存在的中间层域设置，在上海具有五种基本的表现形态。

（1）独立型基本管理单元

独立型基本管理单元以宝山区顾村镇馨佳园为代表。独立型管理单元主要是针对比较成熟的大居而构建起来的。以顾村镇馨佳园为代表的独立型管理单元，经过区委区政府和镇政府的授权，拥有一定的管理权限和较为精干的管理队伍。独立型管理单元介于镇政府与居委会之间，管理着因导入人口快速聚集而形成的大居型社区。构建独立型管理单元的基本原则是：成熟一块，管理一块。它基本是针对快速城市化区域而采取的权宜管理举措。

（2）统领型基本管理单元

统领型基本管理单元以闵行区浦江镇为代表。浦江镇面对快速城市化进程中的人口导入和大型居住区的建立，采取的是在镇级层面构建统一性的社区管理中心来统领各个大居。相较于独立型基本管理单元，统领型基本管理单元拥有更为完整的组织架构和比较精干的管理队伍，镇级领导（镇委副书记）兼任社区管理中心的主任。这一形态的管理单元优点是行政成本较低，管理队伍集中，便于镇委镇政府的统一领导。但同时也存在较为明显的缺点：一是社区管理中心因为级别问题，难以协调镇政府各相关部门；二是面对日益庞大的导入人口和快速成长的大居型社区，其管理幅度太大，管理对象过于复杂，管理任务过于繁重，往往难以兼顾。在调研过程中，用一线实践工作人员的话来讲，就是"小牛拉大车"，显得力不从心。

（3）分片治理型基本管理单元

分片治理型基本管理单元以浦东新区川沙镇为代表。正如上文所言，这一形态实际上就是在大型镇所辖区域内，依据地缘关系和以往的管理传统（如撤建镇原来所辖区域）挖掘支撑社区管理的文化资源、地缘资源和管理资源而建立的社区治理体系。事实证明，这一分片治理型基本管理单元较好地实现了政府管理体制与新型社会结构的嫁接。分片治理型基本管理单元的未来发展方向应该向"社区化"方向发展，而不是向街道型基本管理单元发展。分片治理型基本管理单元目前的问题是，行政化较强而社会化和参与度较低。政府主导的分片治理形态充其量是一种过渡形态，但从目前来看，在恢复社会秩序、提供社会基本公共治理产品等方面，分片型基本管理单元的确发挥了不可替代的作用。

（4）街道型基本管理单元

以浦东新区三林镇为代表的基本管理单元走的是重新塑造街道型基本管理单元的路子。这一形态实际上就是在镇政府所辖区域内部挖出一块来，构建一个新的建制化的街道办事处。这就是上文所说的"犬牙交错"型的镇管社区模式。街道型基本管理单元的优点是便于操作，成熟一块重新划定一块建立一块。镇政府的负担也因为街道型基本管理单元的形成而相对减弱，新划定的街道可以在集中城市化区域进行较为有效的管理。缺点是对于上海这座超大型城市宏观管理体制的优化和社会治理体系的完善没有太大的贡献。如果沿着这样的路子走下去，上海周边将是星罗棋布的街道办事处与日益扩大的镇犬牙交错共处一地，所辖区域相互勾连甚至相互穿插。如果上海近郊地区的社会治理沿着这一路子走下去，城乡接合部区域在行政区划上将会呈现出"镇中有街、街外是镇"的极度混乱的局面。

（5）撤建制镇型基本管理单元

撤建制镇型基本管理单元以奉贤区奉城镇为代表。由于中国各种资源的配置（例如警力配置、财政配置、编制配置等）是以行政导向为原则的，那么，一旦某一镇被撤建制，原先针对这一区域的资源配置会立即停止。所以，这一形态的管理单元基本上是依托有限的管理人员维持最低限度的治理秩序。从这个意义上来讲，撤建制镇型基本管理单元是在原来建制镇的基础上建构的非行政化社区治理体系。如果撤建制镇沿着社区化的方向发展，在分片管理的轨道上纳入镇管社区的格局和体系之中，还能有效克服资源配置停滞之后遗留下来的管理真空。与此相反，如果撤建制镇型管理单元没有纳入分片管理型的镇管社区体系之中，那么撤建制镇基本上就陷入了一种"无政府状态"之中。没有政府的治理或者更严格地说，政府是多元治理主体中的一个平等的组成部分的治理模式，①在西方或许还行得通，在中国当下比较难以奏效，更何况是在快速城市化的人口集聚区域之中。

在我们的调研中，奉贤区奉城镇的头桥就是陷入治理困境的撤建制镇。大量的流动人口、低端产业和家庭作坊集中于此，带来了严重的治理难题。公共空间被个人的私欲无限挤压，大量的无证经营摊贩随处可见，从事于较高劳动强度的外来务工人员夜晚聚集街头，社会秩序的混乱程度已经达到令人震惊的地步。社区层面只能维系电费水费收取等最低限度的治理水平。可以预见，在不久的将来，这里将是近郊城市化区域治理的重点。

在这个实践的过程中所形成的社区与基本管理单元之间的关系并不确定。它们之间的关系大概分为三种类型。

第一，具有社区性质的基本管理单元。这种关系的社区与基本管理单元，你中有我，我中有你，两者基本上是一体的、重合的。这种社区与基本管理单元关系的最为典型的代表是顾村的馨佳园。这种一体重合的社区与基本管理单元的基础是大居，它依据比较成熟的大居构建、运行，并进一步发展。这种基本管理单元不仅具有正式的政府授权，而且配备了精干的管理人员队伍；同时，这种基本管理单元的建立，并不是急速的毫无筹备的急就章，而是根据人口集聚所形成的大居的成熟度，循序渐进成立、运行，并逐步建制化。虽然，它具有权宜的性质，但是，相对于撤建制镇所形成的真空状态，它更加成熟化，更加具备社区的特色。所以，这种社区与基本管理单元的关系是熔融的、一体的、重合的，在一定程度上能够解决当下快速城市化地区遇到的治理难题。

第二，超越基本管理单元的社区。社区与基本管理单元的关系还呈现为另外一种形态，即超越基本管理单元的社区。在这种关系模式

---

① 参见［美］詹姆斯·N. 罗西瑙：《没有政府的治理——世界政治中的秩序与变革》，张胜军、刘小林等译，江西人民出版社，2001年版。

中，其社区的比重大于基本管理单元的比重，它实质上将成熟的城市区域与正在行进过程中的城市化区域统一纳入（准）社区体制下进行服务、治理，并逐渐开始向成熟的社区方向发展，所以在很大程度上，其已经开启社区化进程，或者有的已经完成社区化。但是，因为这种社区的人口规模、地域面积与公共服务需求都十分庞大，而且其中地缘、业缘，以及人口结构都比较复杂，可谓是巨型社区，所以根据最近相似性的原则进行分片式治理。其中每一个亚片区是巨型社区的子社区，逐步摆脱基本管理单元的特色，而向成熟的社区方向迈进。这种社区与基本管理单元的关系，代表了城市化发展的基本方向，代表了镇管社区的成熟形态。所以，这种社区与基本管理单元的关系是重社区的、向社区的，甚至是社区化的。

第三，社区性质较为淡化的基本管理单元。社区与基本管理单元关系的最后一种表现类型是不具备社区性质的纯粹基本管理单元。在这种关系中，基本管理单元的比重占压倒性优势，社区的性质根本无从彰显。这种社区与基本管理单元的关系一开始便朝向基本管理单元的方向发展，即使其名义上也称之为"社区"。例如奉城镇的头桥社区。因为这种"社区"的形成基本上是被动因应撤建制镇的结果。建制化的镇被撤销后，行政力量的撤离以及行政主导型资源投入的停止，使此一地区呈现治理真空状态。为了使这种无政府的真空化状态得到最低限度的克服，在不能重新建制行政的条件下，只能配备最低限度的管理力量以维持最为基本的秩序，[①]这便是基本管理单元。即使其被命名为某某社区，从本质上说它属于基本管理单元，只不过是"挂着社区名号的基本管理单元"而已。综上，这种社区与基本管理单元的关系是以社区为名，基本管理单元为实的，是重基本管理单元的、向基本管理单元的，实质上就是要做实基本管理单元。

---

① 杨发祥、施丹：《镇管社区：社区管理模式的一种新探索——以上海浦东S镇为例》，《福建论坛》（人文社会科学版），2012年第7期。

第七章

让近郊城市运转起来：镇管社区的治理机制

一、镇管社区的原则与力量配置

（一）镇管社区的原则

第一，党建引领的原则。发挥社区党委的领导核心作用，总揽全局、协调各方，在社区共治的过程中，探索"党政分工"和"党社结合"的组织运行模式，创新基层党组织在引领快速城市化地区社区共治的基本模式。

第二，政社分开的原则。确保镇级政府的行政力量和公共服务纵向到底、横向到边，探索政社既分开又合作的社会治理体制，体现管理拉条、服务入块的原则，将中层社区建设成为非行政化、非官僚化、非科层化的共治平台。

第三，协商共治的原则。尊重社区建设参与各方的意愿，探索多元主体协商共治的社区治理机制，为形成和谐、民主的社区公共生活奠定制度基础。

第四，服务导向的原则。着眼群众需求和有效服务，探索多元整合的社区服务模式，推动公共服务实现方式的多样化，以及公共服务与社会服务相结合的有机化。按照人口数量，兼顾区域面积，标准化配置公共服务设施，形成均质化、全覆盖的公共服务体系。

（二）镇管社区的力量配置

第一，社区党委。社区党委的主要功能是资源整合、认同塑造，以及代表监督等，其领导作用主要体现在政治决策、思想指导、保证监督、典型示范等方面。社区党委的领导班子由社区党代表与单位党代表推选产生，书记可以是全职的，也可以是兼职的（社区党委书记可以由社区委员会主任兼任），这要视中间层社区的发展成熟度与居民的参与度而定。社区党委的人数在 13—15 人，这需要根据社区的人口规模、地域面积等情况进行相应调整。

第二，社区委员会。社区委员会是政府代表、单位代表和村、居民代表组成的协商共治平台，承担本社区内社会事务的管理和协调，为社区居民提供服务。在镇管社区的架构下，需要做实社区委员会，而社区委员会做实的实质是要做实社区党委。由此，社区委员会的人员组成在 13—15 人，但是社区委员会的骨干人员，至少有三分之一（5 人），与社区党委的人员是重叠的。重叠的这部分人员可以由镇政府委派，并给予一定的编制与身份。社区党委与社区委员会可以合署办公，协调互动。这样就可以避免有权能而缺乏合法性与空具合法性而无法发挥自身权能的现象，从而将权、能，以及合法性集于一身，发挥社区委员会的代表功能与监督功能（监督社区中心的服务），真正激活社区委员会。

第三，社区中心。社区中心承担着社区党委（总支）和社区委员会安排、提出的关于社区建设和社区综合管理的各项具体工作，主要承担社区事务受理和社会事业保障。社区中心以满足社区居民所需的各类基本服务为主要任务，担负着提供基本社区服务的重要职责，是镇政府社会治理和公共服务向基层下沉的一种体现。[①]

二、镇管社区的组织架构与运行机制

（一）镇管社区的组织架构

镇管社区的组织架构主要由社区领导力量、社区共治力量、社区服务力量三大块构成。社区领导力量的载体是社区党委，社区共治力量的载体是社区代表大会和社区委员会。

---

① 具体描述参见黄伟强：《基层治理空间组织结构创新研究——以上海"镇管社区"为例》，上海交通大学硕士学位论文，2018 年。

第一，社区领导力量。社区领导力量就是社区党委。首先，从性质上来说，社区党委不是一级科层化的组织，而是一种基于社区共治原理而形成的社会化领导力量。社区党委在社会化导向、非科层化的导向中，具有"形态之虚、功能之实、引领之效"的特点。

其次，从职能上来说，社区党委是凝聚和整合各方力量以巩固和强化社区共治与自治的社区领导力量。社区党委在整合各种政治组织（如公民、妇联、共青团）、法人个体（如承担社会责任的企业主体以及承担各种公共服务功能的事业单位）、自然人个体，以及各种社群领袖、政治代表者（如人大代表、政协委员、离退休党员、双报到在职党员等）各种参与主体的基础上，宣传党的方针政策、动员各方积极参与社区共治和社区自治，搭建社区委员会这一共治平台。具体而言，社区党委的主要职能是形成社区核心价值和发展目标，推动社区共同体的价值整合；领导社区共治平台建设与发展，推动社区共同体的制度整合；发挥社区内各类组织中党组织和党员以及工青妇等群团组织的作用，推动社区共同体的组织整合。

最后，从组成和运行的角度来说，社区党委是社区共治参与主体民主选举产生的社区领导力量。社区党委书记、副书记一般采取兼职化的原则，或者由镇级党委聘请具有较大影响力的退休党员担任，社区党委委员按照属地化的原则，由社区内企事业单位的党委书记（或党总支、党支部书记）以及条线职能部门、镇级政府下设的社区服务中心的负责人组成。

第二，社区共治力量。社区共治力量主要由社区代表大会和社区委员会构成。首先，社区代表大会是在社区党委的领导下，由社区内各方代表参加的，对社区社会性、公益性、群众性的重大事项进行协商共治的会议制度。社区代表由居（村）民小组、社区内各类组织按照社区总人口的一定比例（一般为每150人产生一名代表）民主协商推选产生。社区代表大会的主要职能是选举产生社区委员会，听取和审议社区委员会报告，对社区内的重大事项和重大议题进行民主协商，达成共识，对镇政府和职能部门的派出机构进行评议和监督等。

其次，社区委员会是在社区党委领导下，在镇政府的指导下，社区代表大会闭会期间的常设机构，它是针对社区内社会性、公益性、群众性的社区事务和公共议题进行议事、协商、评议、监督的共治平台。社区委员会及其委员由社区代表大会选举产生，任期与社区代表大会相同，社区党委委员可通过相关程序成为社区委员会委员，社区委员会主任一般由社区党委书记兼任，也可由社区具有较大影响力的知名人士、人大代表、各类组织负责人担任。社区委员会的组成要遵循社会化的原则，充分吸收具有代表能力的人员参与。一般来说，社区委员会的规模比社区党委的规模要大。社区委员会的主要职能是根据镇政府或社区委员会委员的提议，对涉及社区各主体切身利益的问题提出建议；在社区内各利益相关者发生矛盾时开展协商；对镇政府和职能部门的派出机构和服务中心进行监督，并向社区代表大会提出重大公共议题等。

最后，社区委员会可依据因地制宜的原则下设若干个专业委员会。专业委员会应充分体现社会化、专业化、非行政化的特点。专委会的主要职责是受社区委员会的委托，针对重大公共议题充分听取各利益相关方的意见，对社区相关领域事宜进行充分研究，对涉及社区内行政管理、公共服务，以及共治推进等方面的工作提出工作意见，为社区委员会和社区代表大会提供重大公共议题。

第三，社区服务力量。社区服务力量的载体一般是指镇驻社区公共服务机构。社区服务力量包括三大类。第一类是政府公共管理职能延伸出来的公共服务中心。这一类型的公共服务中心是镇级政府层面社区事务受理服务中心、社区文化活动中心、社区卫生服务中心的延伸点，是镇政府服务居民的工作站点，主要承担与公共服务相关的工作，组织开展帮困救助、社会保障、社区服务、文化教育、公共卫生、矛盾调解等服务工作。公共服务中心要按照地域面积、服务半径、人口规模、不同比例人口所拥有的公共资源等多重维度均衡配置，既可以建立一定规模、功能齐全、项目多元的一站式中心，也可分散设置，方便居民就近办事。

第二类是与居民衣食住行、生老病死密切相关的公共服务设施，如医院、学校、养老院等。

第三类是托管社区内有关公共服务设施，承接公益性、专业性较强的政府购买服务项目的非营利性社会组织。其负责人也可以通过一定程序成为社区党委或社区委员会成员，畅通参与社区共治的渠道。

社区共治格局中社区领导力量、社区共治力量和社区服务力量三者之间构成了协商共治的关系。社区党委是社区共治的领导平台，社区代表大会是社区共治的共商共治平台，社区委员会是社区共治的执行平台，社区中心是社区共治的服务平台。[①]这四大平台在人员上会有相互交叉，在资源上会有相互嵌入，在运行上会有相互勾连，在职能上会有相互补充，在办公场所上会有相互重叠。但其目标是一致的，即在利益相关方等多元主体参与社区共治的基础上，构建新型的共建共治共享的社会治理格局。

（二）镇管社区的运行机制

明确了以上镇管社区所包含的要素、推进的阶段等要件后，镇管社区的运行机制就成为摆在面前的重要事项。一般来讲，镇管社区的运行机制主要包括以下四个方面。

第一，依托"组织创新"构建政党领导社会的新格局。组织创新的核心就是在社会结构发生剧烈变化的近郊地区，构建与行政机构分工合作，直接面向社会的社区党委。在政党组织运作的逻辑中，依靠社区党委的领导力、影响力、整合力、代表力和监督力，构建基层自治和社区共治的政治枢纽和发动力量。

第二，依托"政府再造"重塑镇级政府的形态定位、层级定位和职能定位。政府再造主要包括两个方面：一是在强镇扩权的过程中，

---

① 诸华：《城市化进程中城郊"镇管社区"模式研究》，华东理工大学硕士学位论文，2013年，第19页。

全面提升镇级政府的管理能级和服务能级，使之由传统"镇-村"结构中的乡镇之"镇"转化为新型"政府-社区"结构中的市镇之"镇"。二是从长远角度着眼，厘清"市—区—镇"之间的建制化的政府间关系模式，在财政、税收、人事等诸多方面构建向镇级政府倾斜的制度设计，在强镇扩权的过程中，逐步建立统筹中心城区和近郊地区全面发展的模式。

第三，依托"社区重塑"在镇辖区域内构建社会交往结构和社会联结形态。上海近郊地区社会结构最大的变化就是大量人口的导入。群体间关系、人地关系和政社关系呈现出强烈的张力和强社会弱政府的特征。因此，以恢复社会关系、重建基层共同体为核心的社区重塑，就成为该区域社会治理体系重构的中心任务。社区重塑既是避免走行政化管理道路、节约管理成本的重要途径，也是推进基层自治和社区共治的必由之路。

第四，依托"能力提升"构建均等化、全覆盖的公共服务体系。能力提升的核心就是在条块结合的过程中，按照公共服务均等化的原则，以镇级政府的统筹为抓手，在充分考虑人口规模、地域面积等多重因素的基础上，将政府公共服务资源渗透到社区之中，提升政府的公共服务能力，形成均等化、全覆盖的公共服务体系。

以上四大机制，在镇管社区的实际运行中，具体表现为社区党委、社区委员会一体化运作机制、区域化党建"网格化＋"机制、社区重大事务共商共决机制与社区"四位一体"协商机制。

1. 社区党委、社区委员会一体化运作机制

社区党委、社区委员会采取交叉任职形式，适度扩大兼职委员范围，做到精简人员配置、形成联席联动、提高运行效率。建立社区联席会议制度，社区党委、社区委员会每月召开联席会议，每季度召开扩大会议，邀请驻区单位、党员代表、居民代表及社区相关人士参加。

首先，了解社情民意，研讨社区工作。全面掌握社区建设、管理

方面的动态和驻区单位、党员群众关注的热点、难点问题。对涉及"地区性、群众性、社会性、公益性"的社区事务进行研讨，集中民智和民意，提出意见和建议。对驻区单位和党员群众关注的热点问题及社区建设的难点问题，进行研究，提出对策和办法，督促推动职能部门予以解决。

其次，整合社区资源、促进社区发展。协调社区成员之间资源的互通有无和互惠互利，进一步完善社区"共驻、共建、共享"的社区管理和服务格局，实现政府、社会和市民之间的良性互动、资源共享。结合社区成员需求，组织并协调社区建设和服务项目的落实，积极组织和推进社区服务和社区活动的开展，不断提高社区居民的生活质量，推进社区共同价值认同。配合做好区镇两级建设项目和民生保障项目落地。

最后，评议社区工作、提出意见建议。定期或不定期地听取社区党委具体条线及社区委员专委会的工作汇报并做出评议报告，对政府部门派出机构、公用事业单位以及其他驻区单位在社区的工作情况进行评议，对社会责任履行情况开展群众监督，推动驻区单位更好落实相关责任。

2. 区域化党建"网格化＋"机制

以社区党委为核心，有效关联区域内各类党组织、有机整合各类党建资源，构建"网格化＋"的区域化党建机制。

首先，健全区域化党建责任网格。建立镇党建服务中心、社区党委、居民区党建服务站三级党建网络。以社区党委为枢纽，以居民区为节点，划分责任网格，落实基层党组书记的格长职责，具体做好党员日常管理、民情定期收集、问题发现反馈等工作，形成基层党建的工作闭环，健全居民区电子台账和民情档案，建立社区党员、党情、党务数据库。

其次，推进服务型党组织供需对接机制。社区党委搭建项目对接平台，各类党组织提供集成化、定向化服务资源，居民群众及驻区单位共享服务成果。"两新"党组织提供专业化便民服务，居民区党组织、驻区单位党组织建立内部文化、人才、场地资源社区协作机制，社会组织服务中心逐步培育和发展特色公益项目、形成社区公益品牌。建立基于网格化地理信息系统的社区群众需求和党建资源供需数字地图，实现需求提出、资源匹配、共享服务、成效评估的服务型党组织常态化活动机制。

最后，创新民情民意一口综合受理机制。通过"走千听万""两代表一委员"提案建议、组团式服务、12345服务热线等渠道收集群众意见和问题，由社区层面汇总后向镇级层面提出反向派单，落实镇级层面的责任主体，并纳入镇网格化综合管理系统问题发现、受理、处置、结案、评价的工作闭环，形成全流程、链条式受理机制。涉及面广、协调难度大的问题，由社区综合各方意见后提请镇党政班子领导牵头督办。

3. 社区重大事务共商共决机制

由社区委员会牵头，对社区层面可以实施的，涉及地区性、群众性、社会性和公益性的重大社区事务进行共商共决。

首先，汇聚需求。社区委员会三个专委会定期征询社区成员需求，形成项目建议书。项目建议书可以通过社区听证、专家论证或网上讨论等形式进一步听取各方意见后报社区委员会会议审定。

其次，组织落实。社区委员会做出决定后，根据项目分类，由社区委员会相应专委会具体实施。原则上项目经费不超过5万元，超过额度的报镇党委、政府决策后实施。

再次，项目评估。社区重大事务组织落实后，由社区委员会组织社区代表、居民代表或专家等进行评估，评估结果通过社区中心及居民区公告栏向社区居民公示，接受各方监督，并做好相关资料的归档存档。

最后，延伸拓展。社区委员会要加强对面上情况的汇总梳理，对确实涉及面广、跨区域的社区重大事项，提请纳入镇政府年度实事项目。

4. 社区"四位一体"协商机制

探索建立镇职能部门、居民代表、"两代表一委员"、社区委员会"四位一体"协商机制，就社区重点、疑难问题开展协商共治，切实把部分可以解决、具有普遍性的问题矛盾解决在社区、化解在一线。

首先，问题发起。社区委员会相关专委会在梳理社区居民、驻区单位等提出的意见建议和突出问题后，经社区联席会议讨论后形成协商议题，并发起"四位一体"协商机制。较为紧急或迫切的问题经社区委员会讨论后可直接发起协商。

其次，搭建平台。协商机制由社区委员会主任或常务副主任牵头，邀请问题处置涉及的相关镇级条线部门参加，居民代表及本区域产生的"两代表一委员"列席会议，并参加讨论。

再次，协商运用。与会各方如能就问题解决达成一致的，由社区委员会形成会议纪要，限定时限、主体、措施予以落实，社区委员会相关专委会全过程跟踪了解处置情况。不能达成一致的，根据议题的症结属性实施分类处置，如确属超出镇级层面职责权限或属于政策规定、暂不具备条件等方面原因的，由"两代表一委员"在适当时机通过建议提案等形式向区级部门反映，同时做好与社区居民的沟通解释工作，以此作为履职情况组成部分；如属于镇级部门推诿扯皮或工作作风的，由社区委员会通过社区社情民意通报等形式，抄报镇党委、政府，情节严重的应在部门年度绩效考核或其他评优评先中予以扣分。

最后，监督评价。社区联席会议要定期对"四位一体"协商机制的结果进行回头看，对镇级部门的落实完成情况在社区中心及居民区公告栏等通过居务公开、政务公开等形式予以公示，并作为年度绩效考核和满意度测评的参考依据。

（三）"两委一中心"的实际运行

ZP镇是上海市浦东新区的重点镇，在其管辖范围内具有镇管社区的试点单位,其组织架构和运行机制具有一定的代表性。经过我们的实地调研,ZP 镇的镇管社区"两委一中心"组织架构和运行机制如下所示。

1. 社区党委组织构架和职责

社区党委是隶属镇党委直接领导的基层党组织,承担区域基层党建主体责任,统揽社区各项工作。社区党委组织主要由以下人员构成。

社区党委书记 1 名(兼任社区委员会主任):全面负责社区党委工作,牵头抓好基层党建各项工作,开展区域化党建布局,组织实施社区共商共治,指导居民区自治,加强精神文明建设和社区共同体培育,协调社区服务社区管理、社区平安事项,以及其他镇党委、政府交办事宜。

社区党委副书记 1 名(兼任社区中心主任):在社区党委书记领导下,具体负责社区中心建设管理,参与社区公共事务协调推进、协商共治和自治项目管理等工作。

社区党委专职委员 3 名(兼任社区委员会专委会主任):具体负责公共服务、共治自治、综合治理等职责。对上负责与镇条线部门对接,及时沟通信息、承接具体任务、汇总反馈情况、参与协调推进;对下负责与居民区衔接,及时转派任务、全过程督促指导、视情况开展沟通协调、做好梳理统计。

社区党委兼职委员若干名:居民区党组书记,全面负责居委工作,根据镇级部门及社区党委的工作落实推进涉及居委的专项工作或活动;城管、公安、市监、房办、安监、综治、司法、社区等部门联系人,通过交叉任职和联席会议形式对应进入社区委员会专委会兼任副主任,参与社区公共事务协商协调;驻区单位负责人,通过党建促进会和社区联席会等形式,实现区域资源共建共享共用,为社区居民和驻区单位提供各类服务资源。

2. 社区委员会组织构架和职责

社区委员会是社区党委领导下的组织动员社区力量共同参与社

区建设、管理的共治议事机制。社区委员会组织主要由以下人员构成。

社区委员会主任1名（由社区党委书记兼任）：全面主持社区委员会工作，牵头召开社区联席会议、社区委员会会议、社区代表会议，组织开展社区代表选举和委员会换届工作。

社区委员会常务副主任1名（由社区党委副书记兼任）：协助主任做好社区管理服务事项协调推进、协商共治和自治项目管理以及其他交办的工作。

社区委员会专委会主任3名：下设社区服务、社区管理、社区平安三个专业委员会，专委会主任由社区党委专职委员兼任，副主任由社区党委兼职委员兼任。另设专委会成员5—7名，组成人员为居民代表、驻区单位（企事业）代表、社会团体或社会组织代表。

三个专委会根据社区权责"正面清单"明确的事项，协助镇级部门做好以下工作。

社区服务专委会由负责公共服务的社区党委专职委员兼任主任：协助镇级部门做好社区公共服务、开展多种形式社区服务、组织志愿者队伍管理，推进社会民间组织的培育、发展和管理工作、组织居民参与社区公益活动，开展拥军优属活动、拓展社区就业服务、社区教育，做好社会援助、救济工作。

社区管理专委会由负责区域共治自治的社区党委专职委员兼任主任：协助镇级部门做好公共设施的建设与管理、小区管理、爱国卫生、市容环境、安全生产、防台防汛、消防安全等工作。指导居委会的组织建设和民主自治工作，搭建社区管理问题协调会议平台，推动建立居委会、业委会、条线部门、居民群众共同参与的小区公共事务协商机制。

社区平安专委会由负责综合治理的社区党委专职委员兼任主任：协助镇级部门做好信访、人民调解、社会治安综合治理、流动人口服务管理、"两个实有"①等工作，推进社会治理网络化与党建责任网格化"两网融合"，协助建立居民区平安建设联动机制和预警机制。

三个专委会按照社区重大事务共商共决规则做好地区性、群众性、社会性和公益性的社区事务类项目的需求征集、具体实施以及总结评估。配合协助镇级部门做好在社区落地实施的区、镇重大建设项目和民生项目。

3. 社区中心组织构架和职责

社区中心是镇党委政府党务、政务、事务、服务的延伸，整合社区党建服务、社区事务受理服务、社区卫生服务、社区文化服务、社区生活服务、网格化综合管理资源，承接办理公共事务、开展社区服务、组织居民活动、履行城市管理四大功能。社区中心组织主要由以下人员构成。

社区中心主任1名（由社区党委副书记兼任）：负责社区中心一站式、综合性平台建设运行，保障各类软硬件设施正常运转发挥作用。负责社区中心制度建设、规范建设和作风建设，抓好社区服务中心服务站及网格化联勤联动工作站人员的日常管理和绩效考核。组织开展社区层面的文化体育活动和公益活动，完善社区中心便民服务供给方式和内容。

社区党委（社区中心）综合办公室专职人员3名：具体负责辖区内各类党组织的服务和指导，开展社区党建工作和工青妇等群团工作，负责社区内精神文明建设活动的组织协调工作。做好办文办会办事、综合协调、后勤保障、社区中心日常运维等事务性工作。

基于以上组织架构和运行机制，在实际运行过程中，ZP镇镇管社区的具体做法分为以下四点。

第一，做优一站式、综合性社区中心的平台功能。以"互联网＋

---

① "实有人口""实有房屋"的简称。

政务""互联网＋服务"为支撑，逐步推进社区中心功能"六合一"建设（社区党建服务、社区事务受理服务、社区卫生服务、社区文化服务、社区生活服务、网格化综合管理），切实承接办理公共事务、开展社区服务、组织居民活动、履行城市管理四大功能。根据不同社区的资源禀赋和居民需求，探索形成"一社区一品牌"差异化、精准化的社区中心体验区建设。

第二，做实推动社区规范高效运行的两个责任主体。首先，强化社区党委领导核心地位。依托镇党建工作办公室和党建服务中心，延伸设立社区党校分中心和居民区党建服务站，形成镇级、社区、居民区三级党建网络。形成与ZP党建促进会分会联动机制，打破条块、上下、区域、体制壁垒，推进居民区党组织、"两新"党组织、驻区单位党组织融合式发展、一体化发展。其次，逐步将驻区企事业单位及城管、公安、市监、房办、安监、综治、司法、社区等职能部门联系人纳入社区党委兼职委员范围，通过与社区委员会交叉任职、联席会议等形式常态化参与社区议事协商。最后，优化社区委员会共治议事机制，社区委员会下设社区服务、社区管理、社区平安三个专业委员会，具体负责对应社区公共事务的议事、协商、评议、监督。社区层面共商共治和居民区自治项目，由社区委员会组织动员社区居民及驻区企事业单位共同实施。镇级层面放在社区实施的社区事务和民生保障项目，由镇级部门具体负责立项、建设、维护，社区委员会全过程介入并提出意见建议和改进需求。

第三，创新"三化"联动的社区运行机制。首先，形成网格化全覆盖。以责任网格为基础，落实以基层党组书记为格长的网格化党建工作机制，加强日常走访沟通，完善党情、社区、民情"三位一体"社区档案，推进基层党组织活动规范化管理，强化党员动态管理服务，将"两代表一委员"联系群众机制建在社区上，依托网格化综合管理系统，建立定期接待、按需派单、全程跟踪、及时反馈机制。其次，做到信息化通达。推进"智慧＋社区"建设，逐步实现镇级层面政务数据、上级条线政务数据整合共用,发挥社区分中心和服务站的枢纽节点作用,提高政务数据公开和共享力度,实现功能下沉、服务下沉、成效下沉。搭建社区政务、事务、服务集成式、综合性平台,探索运用"互联网+"模式和市场化方式配置完善15分钟生活服务资源,引入更多创业者在社区推出更具吸引力、更具活力的"智慧+社区"体验项目。最后,推进多元化参与。居委自治金项目评审权下放至社区,形成社区主导方向、居委搭建平台、百姓自我管理的自治模式。依托镇社区服务中心和社会组织服务中心,建立社区公益项目供需对接及综合评估机制,逐步培育和形成社区特色公益品牌。探索建立镇职能部门、驻区企事业单位、居民代表、社区委员会成员"四位一体"的协调机制,就社区重点、疑难问题开展协商共治,相关情况通过居务公开、党务公开、政务公开等渠道公示。

第四,夯实支撑社区健康有序发展的四项基础。首先,加强基层组织建设,加强居委制度化、规范化建设,完善工作首接责任制、楼组联系制、公共议事厅等微制度集群,优化日常工作流程,探索推出居委错时工作制。推出基层党组织提升计划,强化党员日常管理,创新网上议事厅、微信微博微党课等活动载体,深入推进党员亮身份、亮承诺、亮作为活动。其次,培育社区共同价值观。逐步凝聚、宣传社区共同价值观,提高社区居民对社区的认同感,形成同向而行的价值理念和行为准则。围绕海纳百川的胸怀气度着力提高新ZP人在居委会、业委会、志愿者和其他社区组织中的比例,围绕民主法治的规则意识着力形成以民主为基础、法治为底线的社区公共意识和共商共治规则,围绕诚信友爱的人际交往积极营造以坦诚相待、关爱温暖为主要内容的"熟人社区"。优化社区治理结构,建立党建资源清单、需求清单、项目清单"三张清单",完善供需对接和双向认领机制,促进区域资源精准配置。建立条线工作"双告知"机制,镇级部门直接部署到居委的工作,应同步告知社区掌握情况。创新民情民意一口综合受理机制,"走千听万""两代表一委员"提案建议、组团式服务、12345服务热线等纳入镇网格化综合管理系统,形成全流程、链条式受理机制。最后,提升管理服务效能。网格化联勤联动工作站实体化运作,城管、公安、市监、房办、安监、综治、司法等条线力量通过派驻制、报到制、联系制、联动制等形式下沉到社区,建立区域大联勤、社区小联动模式。联勤联动工作站实施"双重管理",工作站站长由社区党委书记担任,主要负责跟踪督促和考核评估,条线部门负责业务指导和专业执法。社区中心事务受理窗口探索"一口受理＋全流程服务"的模式,按照首问责任制要求,对当场办结以外的受理事项,坚持首接落实、负责到底、办结核销,让工作人员多跑腿,让百姓少跑腿,提高分中心、分站点窗口一次受理的办结率。

三、镇管社区的目标

上海推进镇管社区的战略部署不是一蹴而就的,而是一个渐进的逐步探索和完善的过程。① 因此,我们要在明晰镇管社区总体目标的前提下,对镇管社区的长远目标和近期目标进行总体上的规划,以此保证镇管社区这一战略部署的有序推行。

(一)镇管社区的长远目标

镇管社区的总体目标是在"党的领导、社区共治、居民自治"的理念指导下,构建"有效的政党领导、到位的公共服务、完善的共治体系"有机统一的镇管社区的格局。首先是领导有效。充分发挥执政党的领导作用,展示中国社会建设的政治维度。其次是服务到位。充分发挥镇级政府以及条条机构的服务能量,实现条块结合,展示中国社会建设的公共维度。三是共治完备。在强镇扩权的过程中,充分发挥和释放社区共治和基层自治的能量,展示中国社会治理的法律维度

---

① 张晓杰:《"镇管社区"的治理创新机制》,《重庆社会科学》,2013年第10期。

和道德维度。

（二）镇管社区的近期目标

镇管社区的近期目标是在城市化速度急速推进、人口数量急剧增长的区域，在社区共治、社会重建以及城乡共融发展的前提下，构建较为成熟的公共管理和公共服务体系，探索上海近郊地区社会治理体系的建构之路，为上海未来的发展缔造稳定的社会基础。

1. 近期目标之一：依靠镇管社区克服公共产品与公共服务的短缺

随着上海郊区城市化程度的提高以及流动人口、导入人口的聚集，城市近郊地区的人口规模和居住形态发生了较大的变化。原来的"镇-村"管理结构已经不能容纳庞大的人口规模和大型的居住区。这就要求对"镇-村"管理结构进行适度调整，以适应大型人口规模和新型居住形态的需要，在应对快速城市化进程和社会结构变化的过程中，提升镇级政府的管理效能、服务能量和整合能力，构建新型的社会治理体制。建构新型社会治理体制的目标就是要解决上海近郊地区的公共产品与公共服务严重的短缺的议题，特别是要实现条条资源向近郊社区嵌入、条块结合和以块为主的格局。

2. 近期目标之二：依靠镇管社区实现社区重建和社会关系的恢复

上海近郊地区大量流动人口和导入人口的涌入，为社区重建和社会关系的恢复提出了严峻的挑战。事实证明，依靠设立街道办事处、通过行政化手段加强社会管理的路子是走不通的。唯有通过镇管社区实现社区重建和社会关系的恢复才能为上海未来的发展奠定稳定的社会基础。

3. 近期目标之三：依靠镇管社区实现城乡协调与城乡融合

依靠镇管社区，在综合城市化发展程度、近郊地区开发程度，以及传统农村社区等各种要素的基础上，对镇级政府所辖区域进行空间上的重新调整，逐步消除各种制度化的壁垒，为城乡协调与城乡融合缔造一个均质化的社会基础。

这三个近期目标在镇管社区运行层面，具体表现在以下三个方面。

第一,坚持"党建引领",厚植党的社会基础。镇管社区的具体实践须充分发挥居民区党组织的政治引领、平台搭建、资源整合作用,发挥党领导下居委会的自治导向作用。

第二,坚持"居民参与",努力回应居民诉求。在以往的服务工作中,政府总是处于主导地位,居民基本是被动接受,参与热情不高。镇管社区的实践需要居委会深入居民身边了解实际需求,并将居民需求转化为社区议题,引导居民广泛参与,切实回应群众期盼,整合资源协助居民推进项目,实现"政府主导的单向推动"向"居民参与的双向沟通"转变,实现"要他做的被动"向"他要做的主动"转变,实现"政府治理和社会自我调节、居民自治的良性互动",进而逐步达到向基层赋权的目的。

第三,坚持"精细治理",达成社区善治。精细化治理首先应体现在社区治理的工作细节、服务细节中,体现在社区的街头巷尾中,体现在居民的日常生活和行为规范中。这要求一方面抓好社区治理的精细化水平,坚持以人为本、和谐宜居的理念,以改善民生、完善功能为目标,在部分条件成熟的老旧小区实施温和渐进的"微改造""微更新",挖掘老旧小区的潜在资源和优势,保存社区记忆,通过实实在在的功能提升和升级改造,切实解决好社区治理中的薄弱环节,提升社区整体形象。另一方面,要以居民自治项目建设为抓手,进一步推动社会多元主体的共同参与,激发居民自治的内生动力,由项目带动向细节积累转变,做到见人、见生活、见细节,进一步丰富社区治理的文化内涵,实现社区软实力、硬实力的共同提升。

第八章 社会组织参与社区治理：镇管社区的社会力量

一、社会组织供给的社会服务

社会组织是超大城市近郊城市社会治理的重要参与主体。它与行政力量不同,是镇管社区实践中参与社会治理的重要社会力量。社会服务是社会组织在参与镇管社区的社会治理过程中提供的最基本的公共产品,是社会组织参与城市社会治理最普遍的形式,也是社会组织成立之初赖以生存的最基本技能。城市社会治理领域的一些社会服务,尤其是专业性比较强的社会服务,是政府无法直接提供的,或直接由政府提供无法达到资源优化配置和服务对象高满意度的目标。由此,社会组织便通过政府购买服务或自身独立提供的形式,将服务以社会化方式嵌入城市社会治理领域。社会组织提供社会服务的最终目的,是在社会服务过程中实现活化社会关系,强化社会资本,提高社会自我调节能力,实现以服务促善治的目标。通过田野调查发现,在镇管社区实践中的社会组织所提供的社会服务,主要有以下三种类型,即基本化社会服务、专业化社会服务和协作化社会服务(如图8-1所示)。

图 8-1 社会组织在参与镇管社区社会治理过程中提供的社会服务

在镇管社区实践中,社会组织提供的基本化社会服务分为便民型和活动型两大类。在中国,便民型社会服务是社会组织提供的常见的社会服务形式。尽管绝大多数社会组织并不具备直接提供众多便民型社会服务的能力和资质，但是它们可以挖掘和引荐具有便民型社会服务能力和资质的其他治理主体，为民众提供这些因物质或人力资源短缺而亟须的社会服务，例如基层社会治理中居民日常需求最多也是最频繁的法律咨询、健康咨询、政策咨询服务等。具体来讲，社会组织一般是通过挖掘社区中具有一技之长的"能人"，如律师、医生等，并通过链接相关驻区单位资源的方式，如律师事务所、医院等，为居民提供这方面的社会服务。便民型社会服务的重点不在于其层次有多高，而在于能够解决居民的日常生活需求，达到便民并获得居民认可的目的。经调查发现，社会组织提供的最普遍的便民型社会服务主要有以下三个大类别：一是生活类便民服务；二是健康类便民服务；三是咨询类便民服务。

在镇管社区实践的社会治理领域，我们发现社会组织擅长的、频繁提供的是活动型社会服务。社会组织通过两种方式提供活动型社会服务。一是直接介入并主导活动。社会组织干事直接介入活动的全过程，他们从活动的创意到活动的组织再到活动的开展，以最直接有效的方式帮助居民开展活动，从头到尾发挥主导作用。二是间接参与并引导活动。在开展活动时，社会组织干事并不直接介入活动的开展，而是以"引导人"的身份外在于居民，通过引导达到优化活动流程，克服活动产生的负外部性的目的。社会组织对广场舞活动产生的扰民问题的治理，便是这方面的典型案例。广场舞在深受中老年市民喜爱的同时，也带来外部扰民和内部争抢场地资源等诸多问题。对此，飞扬华夏青年公益事业发展中心通过引导活动开展的方式，动员并组织广场舞大妈成立广场舞联盟，开展自我服务和管理，对零散的广场舞进行再组织，创建一年一度的区级广场舞大赛，这不仅消弭了广场舞大妈之间的"内斗"，还消除了无组织的广场舞的外部扰民问题，更是将跳广场舞的大妈们培养成为社区志愿者。[1]这表明，社会组织在

---

[1] 上海飞扬华夏青年公益事业发展中心：《社区治理与社会组织成长专题研讨会案例汇编》，2018年版，第38—52页。

其中不仅起到了"催化剂"的作用,而且从头到尾发挥了指导作用。然而,对活动的关注并不是社会组织提供活动型社会服务的最终目的,其最终目的在于关注治理过程,促进人与人之间的关系联结缔结,增强社会资本,化解社会矛盾,最终实现社会善治。

专业化社会服务是由社会组织自身独立提供的一种社会服务形式。它是社会组织通过专业技术独立提供的高度专业化的社会服务,如青少年精神障碍群体的看护治疗、心理咨询服务等。党的十九大报告提出"提高社会治理社会化、法治化、智能化、专业化水平",社会组织提供的专业化社会服务便是社会治理专业化的一个面向。社会治理中间领域的特殊群体尤其需要专业化的社会服务,如贫困群体、失能群体和精神障碍群体等。这些群体需要的专业化社会服务是政府和市场提供不了的,也是大部分一般社会组织无法提供的,因此这需要具有专门技术的专业化社会组织提供专业化社会服务。从这个意义上讲,专业化社会组织的数量、规模和技术水平,决定了中间领域社会治理专业化水平的高低。

专业化社会服务不仅是镇管社区的社会治理领域亟须的形式,还对社会组织的专业化水平提出很高要求。①以精神障碍群体的治疗和看护为例,浙江省 A 市中心城区的重症精神障碍群体问题突出,每个社区平均有 92 名精神障碍疾病患者,一个街道 300 户以上的家庭需要精神障碍群体治疗和看护服务。尽管政府部门设有专门为这些患者提供服务的机构(如工疗站),但仅限于为 18—60 岁之间的 50 个病患提供服务,无法覆盖所有患者,而且政府部门提供的服务种类很少(免费服药和简单的康复活动),专业化程度也较低。因此,受政府委托,由专门负责研究精神障碍疾病的大学教师成立了 YL 社会工作服务中心,向政府无法覆盖的 18 岁以下、60 岁以上的患者和重症

---

① Helen McCabe and Guosheng Deng, "So They'll Have Somewhere to Go": Establishing Non-Governmental Organizations(NGOs) for Children with Autism in the People's Republic of China ', *Voluntas*: *International Journal of Voluntary and Nonprofit Organizations* 29,no.5(2018):1019—1032.

患者提供 24 小时专业看护和治疗服务。①据此可知，专业化社会服务是社会组织以其专业化技能为基础独立提供的、政府和市场无法替代却又亟须的社会服务形式，这是社会组织主导的社会治理领域最典型的社会服务。

协作化社会服务的提供不同于以上两者，其最大特点是社会组织通过链接包括政府、市场、其他社会组织或市民个体在内的多元主体，搭建互动协作平台的方式，提供社会服务。在某种程度上，参与社会治理的各主体都面临一定的困境：对党政部门来讲，区域化党建平台虽然建立的时间较长，但限于自身的科层化组织结构，无法清楚地了解民众多样化的社会需求；对企业来讲，它们有履行社会责任的需要，具备丰富的物质和人力资源，但缺乏渠道嵌入社会并为其提供服务；对驻区单位来讲，它们有丰富的特色资源，但却缺乏制度化、常态化的平台和渠道与民众对接；对社会组织而言，它们虽然具备专业化技术和服务热情，但缺乏参与社会治理的机会、资源和平台；基层居（村）民委员会及其党组织了解民众需求，也具备提供社会服务的天然平台，但缺乏资源和专业技术。社会治理的多元主体虽然具有各自的优势，却无法形成供给社会服务的合力。社会组织的优势就在于可以将社会治理的各个主体连接起来，发挥它们的优势走出它们的困境，构筑社会治理的网络和平台，以共治的方式形成提供社会服务的合力。

协作化社会服务是社会组织为了解决共治困境，以搭建协作平台的方式，联合其他社会治理主体共同发起的社会治理实践。下面的例子是协作化社会服务提供的典型案例。塞拉尼斯（中国）投资有限公司为履行企业社会责任，找到了上海思麟青少年成长中心（社会组织），通过社会组织搭建的平台和渠道，对接上海浦东塘桥街道办事处（党工委）、上海交通大学医学院附属仁济医院东院（驻区单位）、

---

① 2019 年 8 月作者对 A 市的调研。

塘桥社区志愿者协会和塘桥街道志愿者青年中心,并最终由社会组织策划引导六方共同发起"春日美妆社区行"公益项目,为东方居民区提供了墙体彩绘、绿植栽种和公共设施清洁等服务。①由此可知,协作化社会服务是社会组织以自身的社会化身份和公益化属性为杠杆,通过链接多元治理主体和资源,搭建各治理主体或利益相关者参与社会治理的机会或平台,为社会治理引入主体性力量,以及驻区或区外共治单位资源的方式,开展社会治理的形式。协作化社会服务最关键的要素是多元主体之间的互动协同,因此,从本质上讲,这种服务的供给是社会组织促进社会治理合力形成,引导构建共建共治共享社会治理格局的过程。

二、社会组织参与城市空间治理

在中国城市化迅猛发展的今天,在镇管社区实践的社会治理领域中,城市空间治理成为社会组织参与的重要维度。这里的城市空间已经不仅仅是物理意义上的空间(space),而是加入了人类实践意义的地方(place),②从这个意义上讲,社会组织参与的城市空间治理的基础是物理空间、权力空间、资本空间与社会空间,甚至是符号空间的复合体,是权力、资本、社会关系和话语权的储存器和争斗场,是多元力量共同营造或博弈的结果。③城市空间治理所依托的空间已经脱离单纯物理空间的存在形态,它作为权力、资本和社会的产物的同时,又反过来影响权力、资本和社会治理过程的生产与再生产。

在镇管社区的社会治理领域,城市空间治理是多元力量,尤其是

---

① 2017年3月作者对塞拉尼斯公司、东方居民区、社会组织、街道相关单位的调研。
② [美]段义孚:《空间与地方:经验的视角》,王志标译,中国人民大学出版社,2017年版,第1—5页。
③ [法]亨利·列斐伏尔:《空间与政治》,李春译,上海人民出版社,2015年版,第106—108页。

社会组织代表的社会力量等共同作用的结果。①在计划经济时代，城市空间治理是公权力单一力量塑造的生产生活合一的空间，是国家和政党的组织化空间。②在改革开放初期，城市空间治理基本是由权力与资本主导的，上海土地批租试点的历程向我们展现了两者在空间治理中的合作，空间开发和商品房社区成为城市空间治理的崭新形态。③迈进治理时代之后，在共享理念、"互联网+"经济和城市微更新实践的推动下，城市空间治理加入了非常重要的一股力量，即社会组织代表的社会力量。

　　社会组织参与的城市空间治理，是镇管社区的社会治理领域发展的最新趋势。就社会治理的城市空间实践而言，社会组织参与的城市空间治理，改变了空间治理的基本生态，形成多元共治的空间治理格局。当下快速城市化进程中的城市空间治理已经不再是一家独大，而是权力、资本和社会共同博弈的过程，以前可能是权力和资本的"双轮驱动"，随着社会治理实践的深入，现在的城市空间治理则更多地被权力、资本和社会"三驾马车"所驱动，而且社会组织的力量越来越不可小觑。同时，社会组织的参与改变了城市空间治理的策略。在权力和资本驱动的时代，权力和资本主导了城市空间的属性和营造，城市中央商务区建设蔚然成风，街区士绅化（gentrification）改造一路畅行，社区房价突飞猛进。④快速推进的城市化进程令城市空间成为资本的裹挟物，空间的市场属性压倒社会属性。当社会组织代表的力量崛起时，他们发现留给自身的未开发空间已经无多，建成空间中的社会属性已经被挤压到最低程度。由此，如何在既有建成化城市空间中加入社会属性，降低城市空间的排他性，提升空间共享性，成为

---

① 郁建兴：《社会治理共同体及其建设路径》，《公共管理评论》，2019年第3期。
② 宋道雷：《城市力量：中国城市化的政治学考察》，上海人民出版社，2016年版，第196—201页。
③ 参见中共上海市委党史研究室编：《破冰：上海土地批租试点亲历者说》，上海人民出版社，2018年版。
④ Loretta Lees and Martin Phillips, eds., *Handbook of Gentrification Studies* (UK: Edward Elgar Publishing, 2018), 14—20.

当下中国城市空间治理的重要趋势。

社会组织以增强既有城市空间的社会性为目的的参与，是当下城市空间治理的重要面向。在大拆大建的快速城市化之后，城市建设用地基本被资本所主导，在既有城市建设用地有限的结构性制约下，新空间的社会性开发已经极其有限，所以将既有空间归还市民和社会，成为城市建成空间属性转型的社会话语和官方实践。社会组织参与的旨在增强空间社会属性的空间治理新模式，即给空间动一个"小手术"的社区、街区、城市微更新，成为当今中国各大城市空间治理的热门话题与实践。这一话题和实践还催生出了发挥社区空间更新和规划功能的社会组织。换言之，这是城市空间治理过程中，空间的社会属性对权力和资本属性反弹的结果。如何将社会性纳入既有城市空间，使城市化进程从土地的城市化向人的城市化转型，使城市空间成为社会关系的储存器，成为中国城市空间治理的重要课题。

城市公共空间是社会组织参与镇管社区的社会治理领域的重要空间载体。从理论上来看，学者认为城市公共空间的重要意涵不仅在于其物质性，还在于其背后的政治经济文化背景，其本质属性是物质性与社会意义的结合，或者说，"在建成空间的概念中引入了社会政治范畴的公共的含义，从而揭示出实体环境中的物质空间同抽象的社会、政治空间之间微妙但重要的内在联系"①。城市公共空间指"人的行动出现、彰显（disclosure）与表现（presentation）的场域，行动因这样的性质而具有'公共的'意涵。人的'公共生活与行动'的方式，就是公共空间"②。从实践上来看，城市公共空间具体表现为市民展现其公共生活和行动方式的日常空间，它集中表现为社区公共空间。从表面上看，社区公共空间是市民的日常生活空间，但现在社区公共空间的范畴已经延伸到社区花园、停车场、广场、步行道，甚至

---

① 陈竹、叶珉：《什么是真正的公共空间？——西方城市公共空间理论与空间公共性的判定》，《国际城市规划》，2009年第3期。
② 谢复生、盛杏湲主编：《政治学的范围与方法》，五南图书出版公司，2000年版，第53—54页。

整个街区。①从功能上讲，社区公共空间不再是单纯承载市民娱乐功能的单一空间，而是社会组织通过开展治理项目，培育社会资本的有形物理空间和无形精神空间，成为城市熟人共同体建设的重要承载体。

从微观上讲，中国的城市公共空间是由一个个社区公共空间组成的。尽管中国的社区规模不一，但是平均每个社区的住户数量是2 000—3 000 户。社区居民在社区生活并参与社区公共事务，创造社区公共空间。如此大规模的社区居民，如果没有线下物理空间载体的承载，他们将缺乏一个共同参与社区公共议题治理的场所；社区居委会、业委会和物业公司也需要公共空间开展社区治理；社区居民会议、居民代表大会等都需要线下物理空间载体的支持。如果没有公共空间，社会治理便无法开展，城市公共精神便无法培育，社区居民相互熟识的共同体构建便无法推进。简而言之，如果没有公共空间，就不可能建立起共同体。

城市公共空间治理很重要，但也存在许多亟待解决的问题。第一，公共空间缺乏。在很多城市社区，尤其是老旧社区，居民活动、公共议事的空间非常有限，"可供居民自由散步、亲子活动、邻里互动、健身娱乐等具有家园感的公共空间不足，甚至严重缺损，这成为当前基层社会治理的重要短板"②。公共空间的缺乏导致很多居民没地方过公共生活，更别提公共精神和生活共同体的培育了，因为社区居民缺乏面对面交流的机会，人与人之间仍然处于陌生的原子化状态。③这也是镇管社区实践中面临的重要议题。第二，公共空间参与率低。有些社区，尤其是镇管社区实践中的高档商品房社区，虽然具有充裕的公共空间，而且配套设施十分齐全，有阅览室、活动室、儿童活动乐园、绘画室，甚至烘焙室、咖啡室等，但它们也面临着"人

---

① 赵燕菁：《公共空间里的共享单车》，《北京规划建设》，2017 年第 6 期。
② 何志东：《补上社区公共空间治理短板》，《解放日报》，2016 年 2 月 25 日，第 6 版。
③ [美]约翰·J. 马休尼斯、文森特·N. 帕里罗：《城市社会学：城市与城市生活（第 6 版）》，中国人民大学出版社，2016 年版，第 98 页。

气不足"的困境。居民基本不到公共空间开展活动和议事,公共空间空无一人,徒耗运营资源。第三,公共空间规划脱节。社会组织参与的城市公共空间的综合规划是门大学问,其中既要有专业设计师的参与,也必须有居民参与,没有居民参与的公共空间规划容易出现规划脱节现象。①规划脱节容易产生两种导向:一种是权力化导向,这种导向主导的城市公共空间规划,在中国的计划经济时期比较普遍;一种是市场化导向,这种导向主导的城市公共空间规划在当今中国较为普遍,并导致了社会治理的阶层分化现象,已成为社会治理面临的重要问题。目前中国的城市公共空间规划往往轻视市民和社会主导的社区空间规划,"社区空间规划基本上交给开发商,开发商则为利益主导而非社会治理主导,因而更乐于展示'豪庭'、'帝都'等分化社会阶层的符号,而无视社会阶层和谐融合及建筑空间的教化功能"②。

为解决城市公共空间治理存在的问题,促进社会治理更加顺畅地开展,需要在"已建成社区中增补社区公共空间,要因地制宜,力戒'一刀切',避免只讲硬件配置。要扩大街道、居委会自主权,委托社会组织运营,发挥其在社会工作方法方面的专业优势"③。基于此,社会组织参与城市公共空间治理的第一步就是增补城市公共空间,即城市公共空间营造。根据实际调研,在很多情况下,社会组织对城市公共空间的营造表现为对既有城市公共空间的改造,使原有的以权力和资本为主导的城市公共空间恢复社会性。社会组织对城市公共空间的营造策略分为四种类型,即空间开发、空间腾挪、空间转换和空间提升策略。臻意雅创艺术工作室对梅芳里自治屋的空间营造,是社会组织对城市公共空间营造的典型代表。④作为一个以创意和设计见长的社会组织,臻意雅创艺术工作室参与了梅芳里社区的公共空

---

① 参见[美]埃里克·达米安·凯利、芭芭拉·贝克尔:《社区规划——综合规划导论》,叶齐茂、吴宇江译,中国建筑工业出版社,2009年版。
② 何志东:《补上社区公共空间治理短板》,《解放日报》,2016年2月25日,第6版。
③ 同上。
④ 2019年10月18日,作者对上海梅芳里自治屋的调研。

间治理，在其引导下，居民通过 DIY 的方式不仅建立了供大家活动、议事的公共空间——自治屋，而且还自行设计了自治屋的七大功能空间，为打造熟人共同体奠定了空间基础。臻意雅创艺术工作室以其专业技术参与城市公共空间营造的实践向我们彰示，公共空间治理不仅仅是居委会、业委会和物业公司的事情，更是关乎每个社区居民切身利益的事情。与其他市政空间和市场空间的治理不同，城市公共空间，尤其是社区公共空间的治理需要社区居民的广泛参与。社区公共空间治理的成败，关键就在于居民的参与。社会组织的参与，为社区公共空间治理带来了专业化；社区居民的参与，为其带来了人民性，两者的结合可以避免空间治理的参与性不足和规划脱节问题，从而真正营造出具有孵化共同体精神的社区公共空间。

社会组织对城市公共空间的营造是第一步，其对城市公共空间的运营，也是构成社会组织参与城市空间治理的要件。社会组织参与城市公共空间治理，不仅表现在它们可以营造公共空间，而且表现在它们运营公共空间方面。城市公共空间的营造，仅是社会组织在"浅层次"上参与社会治理；城市公共空间运营，是社会组织对社会治理的"深层次"参与。前者只是"一次性参与式营造"，后者已具备"持久性深度参与治理"的意义，即超越单纯的营造层次，而在治理的层次上对城市公共空间进行主导式运营。

社会组织对城市公共空间的运营，是与解决镇管社区实践过程中遇到的社会治理公共议题结合在一起的。①在运营的过程中，市民参与、议题征集和解决、空间激活和可持续发展等议题成为一体化的社会治理事务，这是对社会组织参与社会治理的综合性考验。延吉第四睦邻中心和靖宇南路睦邻中心是由新途社区健康促进社负责运营的，这是社会组织运营城市公共空间的体现。它通过详尽的调查研究，以"屋"的概念划分空间和设置功能，建立了"互联网＋社区"综合服

---

① 参见 Sabine Lang, *NGOs, Civil Society, and the Public Sphere* (Cambridge: Cambridge University Press, 2012)。

务的"智慧屋",以便捷生活服务为主的"惠民屋",以家庭代际融合为主的"多代屋",以公益平台、青年聚集交流为主的"创客屋",并选拔居民领袖组建睦邻中心自治家园理事会,以民主议事的形式共同对中心的项目开展、空间使用等议题进行讨论和协商,建立了融合线上和线下为一体的贴近和满足居民需求的空间运营体系。①

一般来讲,社会组织参与的城市空间治理具有以下三个方面的特征(如图8-2所示)。

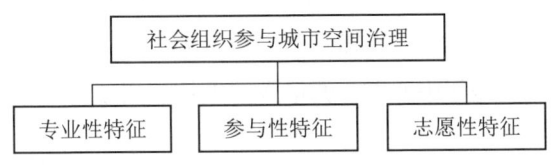

图 8-2 社会组织参与城市空间治理的特征

一是专业性。城市公共空间运营是一项专业化比较强的社会治理事务,它既需要空间功能的专业化设置,又需要空间运行的专业化安排。②例如,会议室在闲置时,可将可移动的座椅移开,作为居民活动之用;中等规模的阅览室可用作居民书画室;较小的房间在挂牌作为心理疏导室之用的同时,还可以作为居民矛盾调解室和律师咨询室之用。这些空间既可以专门化使用,又可以综合化运营,最大限度地发挥社区公共空间的功能。这需要社会组织做好空间使用的详细调研,以专业的空间功能设置技术做好空间运营。

二是参与性。在做好公共空间运营专业化的基础上,社会组织参与的城市空间治理必须要有居民参与,这便是参与性。③居民参与带来的参与性具有两个方面的特点:一个方面是征求居民对于公共空间

---

① 2019年7月19日,作者对杨浦睦邻中心的调研。
② John W. Ambassador McDonald et al., *NGOs at the Table: Strategies for Influencing Policy in Areas of Conflict*, ed. Mari Fitzduff and Cheyanne Church (Lanham, MD: Rowman & Littlefield Publishers, 2004), xi—xvii.
③ 卓健、孙源铎:《社区共治视角下公共空间更新的现实困境与路径》,《规划师》,2019年第3期。

使用的诉求，使空间使用具有民意基础，满足不同代际和群体的使用需求；另一方面是使空间使用具有制度化规则，以公共事务协商讨论的方式，解决空间使用的参与性议题，增加空间的"人气"，以免造成空间的空置和资源耗损。

三是志愿性。社会组织运营的公共空间与政府、市场运营的公共空间有质的区别，后两者一般是以全职员工的方式运作，前者由于受自身运作的人员规模和经费的约束，不可能完全依靠专职员工运营城市公共空间。[①]但是，社会组织拥有强大的志愿者力量，它们在运营城市公共空间时，是依靠志愿者的力量开展空间治理的。新途社区健康促进社在运营睦邻中心时，就最大限度地利用了100多位志愿者的力量。

三、量化分析：社会组织参与社区治理的现状、问题与对策

我们以上海A区的镇管社区具体实践为调研对象，对社会组织参与镇管社区的社会治理的现实状况、存在问题进行了量化研究，并提出了相应的对策。本研究以A区所有社会组织为调查母体，覆盖了社会团体、民办非企业单位、部分中介组织、社区活动团队，以及社区社会组织等在内的所有社会组织类型。采用随机抽样方法选取调查对象，保证了调查研究的科学性。A区的社会组织数量共有779家，这是调研对象的母体数量。我们的样本选取根据随机抽样原理，所抽取的样本保证调查母体中每一家社会组织具有被同等选取的机会。我们将全部母体779家社会组织打乱并编号，运用随机抽样数表进行随机抽样。因为我们的调研母体数量为779，我们选取3位数，编号是001—779。经充分混合后，使各样本编号均匀分布，符合"机会均等"的原则。我们选取的样本数量是总体数量的三分之一，即

[①] Ali Madanipour, ed., *Whose Public Space?: International Case Studies in Urban Design and Development* (London: Routledge, 2010), 107—110.

260 份。

调查问卷发放和回收,自 2018 年 5 月初开始,至 8 月 31 日结束。问卷调查采用线下和线上两种方式进行:一种是采取调查员当场发放问卷填写并回收的方法,以保证问卷的填写质量;另一种是由调查员发出邀请,被调查者完成线上问卷。问卷回收后,调查执行方先对问卷进行审核,再将有效问卷的数据录入计算机形成文档。调查结束,共收回问卷 235 份,回收率达到 90.4%,其中有效问卷共 205 份,有效率达到 87.2%,有效回收率 78.8%。

(一)社会组织参与社区治理的现状

在镇管社区的探索中,A 区着力围绕社会组织登记管理制度改革、人才队伍建设、政府购买服务等方面,一手抓积极培育扶持,一手抓严格监督管理,全区社会组织持续健康发展,成为提供社会服务,助推镇管社区实践顺利推进的重要社会力量。在镇管社区推进过程中,A 区社会组织数量呈现快速增长态势(如图 8-3 所示)。A 区共有社会组织 779 家,每万名户籍人口拥有社会组织数增长至目前的 8.2 家。群众活动备案团队有 1 696 家。按照社会组织的主要服务领域划分,社会服务类社会组织在整体结构中占比达到 42.47%,体现了社会治理的需求。

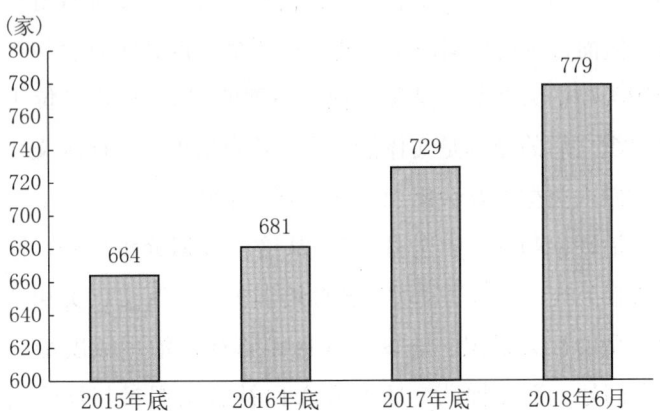

图 8-3　2015—2018 年社会组织增长

根据国家对社会组织的分类：社会团体、民办非企业和基金会，A区社会组织在参与社区治理的过程中，社会组织类型主要集中于社会团体和民办非企业两种类型；其中社团占到了139家，民非占到了640家，基金会的数量由于数据缺失，无法分析其参与社区治理的状况如何。如果按照社会组织的亚类型细分的话，我们可以发现社会组织的类型是多种多样的，它包括文体活动类、生活服务类、教育培训类、青少年看护类、公益慈善类、权益维护类、矛盾调解类、助力居民参与类、社区文化类、社会工作类、环保类、创意类、研究类、基金会类、投融资类、人力资源类、联合类、癌症患者康复服务类、协助市场监督管理局工作类、助残类、社区安全与社区健康类、创业服务类、社区建设平台类、党建文化类等25类。

A区社会组织的种类繁多，但并不是说这些社会组织参与社区治理的程度是整齐划一的。由我们的调研可知，这些社会组织参与社区治理的数量不等、质量不均、程度各异。由于此选项是多选题，会出现一个社会组织对自身综合身份、业务和功能的多项认知，由此，会出现一个社会组织对自身类型的多种认知现象。通过调研数据分析，我们可知，社会工作类社会组织是参与社区治理最普遍的社会组织，占到总体样本的36.1%；接下来是生活服务类社会组织，占据类型学中的第二位，约34.2%。虽然一个社会组织会出现多种身份认知和类型选择，然而，客观数据说明这两类社会组织占到所有参与社区治理社会组织类型的大多数，是参与社区治理的"主力军"。位于这两大类社会组织之后的分别是文体活动类、教育培训类、社区文化类和公益慈善类四大类型的社会组织，它们所占比例均超过20%，是名副其实的社区治理参与的"中坚力量"。从这一数据分析可知，社会工作类、生活服务类、文体活动类、教育培训类、社区文化类和公益慈善类六大类型的社会组织，是参与A区镇管社区治理频度最高的社会组织。它们处于第一梯队，是领军A区社会组织参与社区治理的社会组织。

在六大类社会组织之外,还有一些处于"参与萌芽状态"的社会组织,正在积极参与社区治理。助力居民参与类和矛盾调处类社会组织,虽然参与得比较少,但是均已超过10%,是正在兴起的参与社区治理的社会组织。相较于作为第一梯队主力军的30%,和第二梯队中坚力量的20%而言,这些社会组织名副其实是处于第三梯队的社会力量。第三梯队的社会组织是处于参与萌芽状态的社会组织,它们需要政府为主导的社会各界力量,从政策、资源上进行积极孵化和支持,为这些社会组织的发展及其参与的社区治理,提供宽松的政策环境和丰富的资源支撑。

除以上社会组织之外,还有一类社会组织刚刚嵌入镇管社区治理领域,具有零星的参与治理实践的经验。权益维护类、环保类、创意类、青少年看护类、研究类和基金会类社会组织的参与程度,均低于10%。这些类型的社会组织在A区的数量还比较少,它们对社区治理的参与必然会低。尤其是对于研究类社会组织而言,它对社区治理的参与更是弱于以上几类社会组织,其参与率低于5%。出现这种状况的原因,除它们的数量本身少之外,还与这类社会组织的性质与社区治理的关系不大有关。对于基金会类社会组织而言,因为调研数据中此类社会组织类型的缺失,本调研数据无法说明基金会为什么对社区治理的参与较低。从参与社区治理的梯队上来划分,毫无疑问这类社会组织对社区治理的参与度更低,处于参与社区治理的第四梯队。

社会组织在参与镇管社区治理的过程中,其成立的时间会影响其参与实践。在参与社区治理的社会组织当中,成立十年以上的社会组织占到总体社会组织数量的近33%;成立1—2年的社会组织占到近17%;成立时间处于中位数3—9年的社会组织数量占比超过50%。社会组织的发展呈中间大两头小的"橄榄型"结构。这种橄榄型结构说明,绝大多数社会组织已经超越了"3-3-3"法则,八成以上的社会组织已经过了生存期,向发展期迈进。在这个阶段的社会组织,其自身生存的威胁已经让位于其对社区治理参与的关注,它们会更有时间、机会、资源等来参与社区治理,成为城市基层治理的重要社会力量。

然而,我们对数据进行交叉分析之后看到的现象,并不能使我们更加乐观。在发展超过十年的社会组织中,第一梯队的社会组织当中的社会工作类社会组织占到榜首,但是仅占28%左右;接下来位于第二梯队的教育培训类社会组织占到第二位,比率与社会工作类社会组织相当。与社区治理非常相关的公益慈善类和文体活动类社会组织,占到了26%。这与我们对于参与社区治理的社会组织大都是"唱唱跳跳"的印象,既有吻合之处,也有偏离之处。文体活动类社会组织的存续时间长,参与社区治理的时间跨度也长,这是我们的常识,也被客观数据所证明。与此现象有所不同的是,在社区治理过程中也涌现出新的社会组织类型,社会工作类和公益慈善类社会组织,也逐渐成为长时间参与社区治理的重要力量。镇管社区治理的社会组织面向,正在发生变化,即从唱唱跳跳类向专业化的社会工作和社区居民服务的公益慈善类社会组织方向迈进。然而,值得注意的是,虽然上海市政府将生活垃圾分类列为上海的重要工作,但是环保类社会组织对社区治理的参与仍然较低,在各个时间段内均处于5%左右,这是需要各级政府部门引起重视的。助力居民参与类社会组织要强于环保类社会组织,其在各个发展时间段内对于社区治理的参与,均超过了10%,在3—9年的发展时间段内,达到近15%。相对来讲,社区治理所亟须的居民矛盾调处类社会组织,较少有能够活过10年期的,这个比率仅有7%左右,它们绝大部分集中在3—9年期间,而且比率也非常低,徘徊在15%上下。在位于第一、第二梯队的社会组织当中,社会工作类、文体活动类、生活服务类、教育培训类、社区文化类和公益慈善类六类社会组织,在各个发展时间段内对社区治理的参与分布都比较健康,要么呈现下小上大的倒"金字塔"型,要么呈现下小中粗上适中的形状。然而,对于其他类社会组织而言,在各个发展时间段上的社区治理参与均低于10%,甚至有的类型的社会组织的比率均低于5%。这与上述社会组织参与社区治理的总体比率状况相符，并没有太大的起伏。

促使社会组织成立的因素多种多样。从宏观来看，可以分为官方支持和非官方自发两个种类。对于两种类型的社会组织，其参与社区治理的深度、广度和精细度是不同的。对于前者来讲，其参与广度虽然比较高，但是参与深度和精细度要相对低；对于后者来讲，其参与广度虽然比较低一些，但是其参与深度和精细度，要高于前者。我们的数据显示，参与镇管社区治理过程的社会组织，大多数是政府部门主导成立的，这个比率占到了高达71.7%。在参与社区治理中的基于社会组织负责人个体专业能力成立的社会组织的比率，仅占到总体比例的25.8%。而且这些数据中还有两者的混合成分，可见仅是后者的比率会更低一些。如果参考社会组织的社区治理经验的维度，相较于前两者的比率，具有社区治理经验的人发起的社会组织的比率更低，仅占到总体比率的17%；如果考虑到多选题选项的混合性因素，这个比率会更低。

人力是社会组织最重要的资源，成员数量、成员的专业能力，直接决定社会组织参与社区治理的专业化程度。从社会组织中的全职人员数量来进行分析，我们可以发现社会组织参与社区治理的专业化能力和程度。在我们的调查结果中，全职人数在1—3人的占到35%，4—10人的占到近28%，10人以上的占到26%，没有全职人员的社会组织竟然也占到了11%。从这方面来讲，拥有10人以下的全职人员数量的社会组织总比率达到72%。在中间组（7—10人）的社会组织仅占6%。绝大多数社会组织拥有的全职人员数量都在1—6人，社会组织人员规模和专业性方面还有待提高。

社会组织参与社区治理的过程中，不仅需要自己的全职员工，而且需要以社区居民为主体的社区志愿者的参与。从这个方面讲，对社区志愿者动员多的社会组织，对社区治理的参与会更顺畅。基于我们的调查，社会组织拥有志愿者的数量呈现典型的哑铃型结构。在参与社区治理的社会组织当中，没有动员志愿者参与的比率达到了31%，而能够动员10人以上志愿者参与的社会组织的比率达到了40%，这明显呈现两极分化趋势。在动员志愿者参与社区治理方面，社会组织还需要进一步深化。

（二）社会组织参与社区治理存在的问题

在镇管社区实践推进中，社会组织参与社区治理方面还存在一定的问题。第一，社会组织结构不均衡，呈现"五多三少"现象。行业协会商会类、社会工作类、生活服务类、教育培训类、文体活动类多，尤其是文体活动类，近年来快速增加；而社会需求强烈，专业能力要求高的专业调处类、居民参与类、权益维护类社会组织明显偏少。在这几类社区社会组织中，专业调处类社会组织占比只有11%，居民参与类社会组织占比只有16%，权益维护类社会组织不足7%。如果考虑到一家社会组织的多元身份认同，这个比率还要低。这三类社会组织无论是总量还是占比都比较低，尚无法满足居民和社区治理的需要。

第二，初创期社会组织的发展动力与前景不容乐观。近年来，社会组织总量快速增长，大量的社会组织还处于初创阶段。初创期社会组织像新生的婴儿一样，需要倍加呵护。调研发现，有56%被调查的处于初创期的社会组织，处在资金规模小，甚至入不敷出，艰难维持的状态，初创期社会组织更加不容乐观。调研数据表明，优质的处于初创期的社会组织亟须政府在政策、资金等方面有力扶持。

第三，社会组织亟须供需对接平台，并优化供需对接机制。调研发现，在社会组织参与社区治理的途径中，有近81%的被调研的社会组织是通过政府购买服务的建制化方式，进入社区，与社区对接，呼应居民需求，并参与社区治理的。通过其他途径进入社区开展社区治理的概率均低于13%。由此可见，除政府的购买服务途径之外，社会组织参与社区治理的供需对接的渠道还不够畅通。在区级层面，亟须建立一个统一的社会公益项目供需对接平台，定期、不定期发布社会公益项目信息，完善供需对接机制。

第四，社会组织政策支持需求、专业人才队伍建设和资金支持亟须加强。调查数据显示，在参与社区治理的过程中，68%的社会组织面临着专业化人才短缺的困境，80%的社会组织希望从各方面得到参与治理的资金支持，近83%的社会组织需要政府的政策支持，以增强组织成立、发展和参与社区治理的合法化程度。与其他方面相比，这三大方面的迫切需求，已经成为悬在社会组织参与社区治理现实实践头上的"三大障碍"。

第五，社会组织亟须加强自身管理能力建设。社会组织自身管理能力建设，是社会组织参与社区治理的前提。基础不牢，地动山摇，如果自身管理能力比较弱，其参与社区治理也不可能有非常坚实的专业基础，也不会取得社区治理的良好效果。社会组织成员的专业能力、社会组织日常运作管理能力以及开发有偿运营项目的能力，是社会组织亟须提升的能力。尤其是开发有偿运营项目的能力，直接关系到其参与社区治理的项目运作能力和治理质量，更需社会组织予以着重加强。

第六，政府购买社会组织服务的项目设计和事中事后监管力度有待进一步完善。在调研访谈时，部分社会组织反映，街镇购买社会组织服务的项目设计立足于内部各办职能，缺乏整体思维和系统设计，导致项目小而散，无法形成块面效果。同时，社会组织事中事后监管力度有待进一步提升。根据相关文件要求，登记管理机关、业务主管单位、行业主管部门以及公安、物价、人社等部门要按照职能分工，加强对社会组织内部治理、业务活动的管理。目前，部分业务主管单位特别是行业主管部门对自身的监管职能存在认识不到位等现象，导致了监管还不够到位。

（三）提升社会组织参与社区治理的对策

基于上述问题，为进一步推进社会组织参与镇管社区治理的水平，镇管社区实践须从以下几个方面努力。

第一，坚持党建引领，发挥社会组织党组织政治核心作用，加强社会组织党建工作体系建设。党建引领是社会组织自身发展的"一根红线",更是社会组织参与镇管社区治理的"一根红线",要把"党建引领贯彻始终"。一是在章程中落实社会组织党组织政治核心地位。社会组织党组织基本功能定位列入章程,推动社会组织及时根据模板修订章程,明确党建工作基本职责,落实党组织在协会中的地位和政治核心作用。二是健全社会组织党建工作与登记、年检(年报)、评估"三同步"机制。进一步落实"三同步"机制,严格《社会组织党建情况调查表》等党建工作表格填写要求,作为新成立社会组织的必备程序之一,严格将社会组织党建情况纳入年检内容,对社会组织的党建情况进行摸底排查,进一步完善党组织组建情况等信息。三是落实"业务+党务"两手抓模式。在日常工作中,坚持一手抓业务工作,一手抓党建工作,激活社会组织党组织细胞,增强党组织基层力量,充分发挥党建工作对社会组织的引领、导向、激励和约束作用。四是探索社会组织党建工作新方式。积极探索社会组织党组织书记论坛和沙龙,创新党建工作方式,适应行业协会商会转型和发展。五是共建党建阵地,共享党建资源。联通社会组织党组织所在的枢纽型社会组织、街道党建服务中心、属地社区党建阵地,实现党建阵地的共建互联、党建资源的开放共享,切实保障社会组织党建活动形式多样,党建工作有机制支撑、阵地依靠、资源支持。

第二,注重政策引导,强化社会组织参与社区能力建设,优化引导、培育、扶持和发展环境。一是制度设计体现系统性。在项目推动方面,制定公益创投活动的实施办法、公益项目团队运营补贴的实施办法、最佳实践公益品牌项目评选的实施办法等政策;在平台建设方面,制定政府购买社会组织公共服务的系列文件和社会组织培育基地建设的实施办法等;在人才培养方面,实施加强社会组织人才队伍建设的意见和社会组织人才成长接力计划;在资金扶持方面,每年设立一定数额的专项扶持资金,出台社会组织发展专项资金管理办法及其配套实施办法,形成社会组织发展专项资金政策体系,进一步打造政策支持生态链。二是扶持方向体现导向性。突出对初创期社会组织的扶持，适度缓解草根、一线社会组织在人员、场地等方面的压力；突出对社会组织专业化的引导，促进社会组织在自身运营、人力培养等方面不断升级；突出对社会组织品牌化的激励，鼓励社会组织参与争先创优，扩大影响力。三是实施方法体现全面性。扶持资金的直接补贴与间接补贴相结合，扶持政策的稳定性与灵活性相结合，在区域范围内营造关心支持社会组织发展的良好氛围。

第三，强化平台支撑，创新参与社区治理模式，促进社会组织参与能力提升。建立资源链接网络，推动社会组织自我管理、自我服务、自我发展。一是建立孵化基地，优选优育社会组织。培育符合民生需求的初创型社会组织，探索以"政府建设与社会化营造"相结合和"组织入驻为主、项目化入驻为辅"的方式，优化"区级基地、社会基地、公益实践园"三级社会组织培育孵化网络，形成融服务、培育、管理、示范等功能为一体的可持续发展的社会组织生态园。二是依托社会组织服务中心，建立综合服务平台。致力于打造集能力发展、咨询服务、交流合作、品牌推介等多位一体的服务平台，充分发挥社会组织参与社会治理的积极作用。以社会公益开放日主题活动为契机，建立政社、社企、社社资源对接机制，形成政策、资金、场地、物资、人力等多元支持的供需网络。三是发挥联合联动作用，提升社会组织能力和对接社区能力。建立共同行动工作联盟，发挥党建引领、调查研究、反映诉求和管理协调等功能，以精细化的服务有效凝聚区域内社会组织，架起社会组织与党委、政府、企业及社会各界间的桥梁与纽带，凸显价值凝聚、组织凝聚和活动凝聚；发挥区和街道社会组织联合会的作用，举办社会组织运动会、社会组织公益节、社会组织社区相亲会等各类公益活动，提升社会组织自身整体能力，提高与社区需求的对接能力。

第四，重视项目推动，拓展社会组织参与社区治理的空间，建立政社合作治理机制。以项目推动为机制，提升社会组织的专业运作能力和发挥品牌社会组织的引领作用。一是政府购买服务促进政社合作。建立从项目立项到采购、监管、评估整套规范的工作流程，健全评选征集、跟踪督导、评估检查工作机制，引导区域社会组织向专业化、品牌化、社会化发展，"政社分开"与"政社合作"同步推进，建立和完善新型政社关系。二是以公益招投标为途径，优化社区服务。实施市、区、街镇三级社区公益服务项目招投标流程，形成福彩公益金、财政资金、社会资金共同资助公益服务项目的项目化运作机制，引导和带动社会组织参与基层社会治理，促进社区共治良性格局的形成。三是以公益创投项目为途径，激发社会活力。搭建公益平台，对接和回应民生需求，不断提升社会组织的项目开发和运作能力。通过每年设立公益创新品牌和优质社会组织等奖项，表彰对区域社会治理和社区治理做出重大贡献、专业化程度较高、具有品牌影响力的公益性社会组织和优秀项目，推广先进经验。

第五，加强队伍保障，推进社会组织可持续发展，建设参与社区治理的专业人才梯队。社会组织人才是社会组织自身发展的重要战略，立足"引进发现、培养提升、激励凝聚"三个环节，注重分层分类精细化培养，不断完善人才队伍建设的工作机制和政策措施。一是加大青年人才培养力度。举行社会组织人才招聘会，实施公益导师带教的培养模式，利用社会组织扶持经费，开展社会组织人才培养，不断激发社会组织活力。二是加强专业人才能力建设。建立由高等院校、党校、社会中介机构等构成，专业教育、入职教育、继续教育相衔接的社会组织人才培养网络体系。依托区社会工作者协会，通过建立社会工作实习、实训、实验基地，完善社会工作人才引进与培养相结合，形成社会组织、社区建设、社会工作"三社"联动的工作机制。三是发挥领军人才示范作用。在区党代会、人代会、政协中增加社会组织代表（领军人才）比例，不断加大其参政议政力度。四是弘扬志愿队伍公益精神。弘扬公益精神，引导志愿者队伍在服务社区居民、化解社会矛盾和提供社区服务等方面做出积极贡献。

四、案例研究:枢纽型社会组织的"双重治理"机制

作为枢纽型社会组织的工会,在镇管社区实践中发挥了重要作用。双重治理机制,是B市总工会在镇管社区实践中具有创新性的社区治理举措,并取得了良好社区治理成效。工会作为国家规定的枢纽型社会组织之一,是现代社会的重要组织形式,是社区治理的重要参与力量。工会主要有三种存在形式:社会性存在、国家性存在、国家与社会之间的存在。在西方发达资本主义国家,工会主要是社会性存在,在社区治理和社会治理场域作为社会性力量参与国家的政治活动;在计划经济时代的中国,工会主要是国家性存在,以群团组织身份作为国家治理力量而发挥重要的国家性功能;2011年以来工会开启其作为枢纽型社会组织的转型之路,在转型过程中以B市总工会为代表的地方工会在存在形式方面,开始从国家性存在,向国家与社会之间的存在转变,从而成为兼具国家治理与社会治理,尤其是社区治理的双重治理角色。B市总工会借助下设的WN基金会,通过体制性资源与公募的社会性资源开展公益项目,孵化社会组织,服务城市流动务工群体。工会同时服务于职工群体与非职工群体,成为位于国家与社会之间的具有双重治理机制的重要存在形式。

(一)国家与社会之间:枢纽型社会组织的存在方式

西方发达国家工会的基本角色和天然使命,由于工人运动的彻底性和根本性而得到了很充裕的发展。虽然就"工会的代表性而言,各国的情况不尽相同",甚至在20世纪80年代之后,由于工人对工会的认同度降低,团结互助的发展以及个人主义的兴起,工会在西方开始出现衰落的迹象。[①]但是,工会仍然作为一种社会组织存在于西方

---

① 丁骥千:《西方工会的现状和前景》,《国外理论动态》,2001年第5期。

世界，并发挥着重要的政治功能。而在我国，因为其特殊的发展历程，中国现代工会从产生之日起就与政党和国家有着密不可分的关系；虽然《中华人民共和国工会法》经过 2001 年、2009 年和 2021 年的三次修改，但其始终被定位为职工自愿结合的群众性组织，①继续在国家治理领域发挥着一定的作用。

从一定程度上讲，工会对于中国来讲是一个舶来品。中国的工会是在西方的工会实践与政治思潮的影响下结合中国的实际而产生、发展并转型的。中国的产业工人从鸦片战争之后才产生，到五四运动的时候现代意义上的工会产生。它至今不过一百年的时间。而中国共产党从其诞生的那天开始，作为中国工人阶级的先锋队便与工会结下不解之缘。有学者基于共产党不是一种群众党而是一种精英党，由一个阶级最先进的成员组成，理论上，共产党员在总人口中所占的比重很小，他们认为如此一个小规模的领导群体，必须依靠其他机构（即群众组织）来联系广大的群众，从而维持对社会的领导与控制。工会就是这样的一个群众组织：党与产业工人之间传送带的角色。②工会支持中国共产党发展，共产党也通过工会全面走入工人队伍，承担起先锋队的角色，并且在这个过程中发展和完善中国工会组织，并成为党的重要外围组织，这便是作为群团组织的工会的由来。从此，中国的工会经历了"工人的组织—社会的组织—国家的组织"的嬗变过程。③

在中国，工会主要是国家性存在，在国家治理领域发挥重要作用。虽然职工是其最直接的服务对象，群众性是其最直观的基本特征，但在中国现实政治实践之中，工会还是由国家支持和组织起来的准政治性组织，承担着国家权力赋予的国家治理和社会治理职

---

① 游正林：《60 年来中国工会的三次大改革》，《社会学研究》，2010 年第 4 期。
② Paul Harper, "The Party and the Unions in Communist China," *The China Quarterly* 37(March 1969):84—119.
③ 鲍静：《建国初期基层工会职能转变研究——以上海申新纺织厂为个案(1949—1956)》，华东师范大学硕士毕业论文，2010 年，第 65—67 页。

能。由此，工会在中国具有双重身份，它既是工人的组织，也是国家与政党的代理组织。在计划经济时代，这两种角色并不矛盾，工会组织作为国家体制内的组织之一，是国家全面控制和管理社会的重要载体。企事业单位是国家所有的，职工的福利是国家提供的，工会所扮演的角色就是协助企事业单位把国家提供的福利转交给工人。在这种条件下，工会不会也不可能组织工人与企业讨价还价，工会与工人、企业和国家、社会与单位三者的关系是一体的。这种关系导致工会逐渐成为附属性组织，而不是主体性组织。代表性、福利性成为工会典型的特点，①基本上不存在单位制工会代表职工、维护职工权益的问题。从这个意义上来讲，工会本质上是国家性存在，它主要作为国家治理的参与性力量而存在。改革开放之后，作为群团组织的工会虽然在寻求自身的转型之路，但是其国家性存在与国家治理的作用变化不大。随着工会作为枢纽型社会组织定位的确立与群团组织转型之路的开启，工会的存在形式开始从国家性存在向位于国家与社会之间，以及兼具国家与社会治理双重治理的方向转变。

由中西方的对比可知，工会的存在场域大概可以分为三种类型（如图8-4所示）：第一，工会主要作为一种国家性存在，处在国家治理场域，以群团组织的身份，主要活跃于国家治理领域，社会主义国家计划经济时期的工会为其主要表现形式；第二，工会主要作为国家性与社会性双重存在，处在国家与社会之间，以枢纽型社会组织的身份，在国家治理与社区治理领域发挥作用，兼具国家治理与社区治理双重治理角色，改革开放后中国的一些实践型工会（如B市总工会）为其主要表现形式；第三，工会主要作为一种社会性存在，处在社会治理场域，参与国家治理与政治活动，西方发达国家的工会为其主要表现形式。

---

① 汪仕凯：《工人阶级的形成：一个争议话题》，《社会学研究》，2013年第3期。

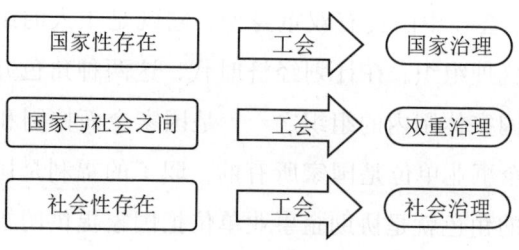

图 8-4　工会的三种存在场域

第二种形式是我们研究的对象。地方工会作为枢纽型社会组织的转型过程，正是其存在场域转型的过程，也是其治理角色转型的过程。这个过程是其作为重要治理力量从国家场域向社会场域的转型，在这个转型过程中，地方工会开始作为兼具国家治理与社会治理，尤其是社区治理的双重重要角色而存在。以 B 市总工会为例，计划经济时期，它作为典型群团组织，基本上处在国家治理场域，国家性、政治性、代表性与福利性是其主要特征。由此，它的服务对象主要是企事业单位职工，而且这些职工必须拥有 B 市户籍。然而，在被定位为枢纽型社会组织之后，B 市总工会开启了转型过程。在这个过程中，它利用其处在国家治理场域的独特优势，在拥有雄厚资源（人、财、物）的前提下（与纯粹的社会组织相比较而言），成立向社会公开募集资金的 WN 基金会。WN 基金会是使 B 市总工会向处于国家与社会之间的存在的转变，实现兼具国家性与社会性——群团组织与枢纽型社会组织——的双重身份，同时服务企事业单位职工与以城市外来务工人员为代表的"非职工"，从而具备双重治理的重要机制。

工会作为国家与社会之间的双重治理存在，主要表现在以下四个方面。第一，从资金方面来讲，工会通过 WN 基金会，已经既具有财政性又具有社会性。基金会以国家财政资金为种子资金，并向社会公开募集，从而重塑了自身的资源属性。第二，从身份属性方面来讲，工会通过 WN 基金会使自身属性兼具了国家性与社会性。基金会的职能是孵化社会组织，这就使作为群团组织的工会成为具有社会性功能的枢纽型社会组织，从而在国家性的基础上又具备了社会性。第三，从服务对象方面来讲，工会通过 WN 基金会既做好了原有户籍工会会员，即"职工"的国家性福利与权益维护工作，又拓展了外来务工人员等"非职工"的社会性救济、保障与发展工作。工会在坚持为城市企事业单位职工服务的同时，其孵化的社会组织的主要服务对象是作为非职工的外来务工人员，例如包括建筑工、家政工等在内的流动务工人群。第四，从治理属性方面来讲，工会通过 WN 基金会发挥了双重治理职能。工会作为群团组织既保障了原本存在的企事业单位职工的权益，发挥了巩固政党阶级基础的国家治理职能，又作为枢纽型社会组织拓展了城市外来务工人员等非职工的服务工作，发挥了巩固政党执政的社会基础的社会治理和社区治理职能。

（二）三大困境：撬动枢纽型社会组织双重治理角色转型

改革开放后，随着国有企业改革的推进以及各类民营经济组织的出现，"职工—工会—国家"这个三位一体的关系发生了根本性的转变，相对来讲各自成为具有独立利益诉求的主体。在推行市场化改革以后，中国工会二位一体的属性——既有国家属性，又有社团性质；既是国家治理的重要机制，又是工人的组织①，这两个属性之间发生了直接和尖锐的冲突。

计划经济到市场经济的转型，意味着工人在企业中的地位从原来的劳动者变为市场经济体制下的被雇用者。国家和企业的关系从原来的指令者与执行者关系变为征税者与纳税者的关系，从此国家的偏好更侧重于资本而非企业中的工人。②陆学艺在《当代中国社会阶层研究报告》中认为中国社会阶层发生着深刻变化，原来两个阶级一个阶层的社会结构已经向以十个社会阶层为特征的社会结构基本形态转变，而产业工人阶层和农业劳动者阶层排在第八位和第九位。产业工

---

① Feng Chen, "Between the State and Labour: The Conflict of Chinese Trade Unions' Double Identity in Market Reform," *The China Quarterly*, no.176(2003):1006—1028.

② 参见中国（海南）改革发展研究院编：《中国公共服务体制：中央与地方》，中国经济出版社，2006年版。

人阶层社会经济地位的明显下降，使得产业工人阶层的人员构成发生了根本性变化。①工人阶级一下子从"主人翁"变成了"打工仔"。而与此同时，进城的农民大批涌入产业工人阶层，他们成为产业工人阶层中的重要组成部分。现在工会所要面对的主体不单单是计划经济时期遗留下来的国企与事业单位的工会会员，更多的是非公企业中的工人，尤其是城市外来务工人员。大量涌入城市的流动务工人员与之前的中国工人阶级相比，由于客观的制度性缺陷（户籍带来的不同福利待遇）与主观的自身文化技能水平的不足，这类城市务工人员成为今天社会中最突出的一类弱势群体。城市流动务工群体的诉求更为迫切，利益更需工会保障，权利也更需要工会维护。但是，二元社会结构对他们的生活际遇与社会经济地位的影响，或者说户籍身份所导致的社会不平等，使得这些亟须工会关注的对象却无法得到其相应的平等对待。②

随着市场经济的逐步建立，计划经济体制下工会的组织和功能已经不能适应市场经济条件的要求。面对这一时代带来的巨大挑战，政党在国家治理的框架下，将工会的职能从代表性、福利性向功能性转变。因此，1988年工会"十一大"将工会职能确认为"四项基本职能"："维护职工具体利益""代表职工参与管理""开展群众性生产活动"与"帮助职工提高素质"。③然而，工会四项基本职能针对的对象是有局限性的，它无法覆盖到城市流动务工人群。从一定程度上说，在市场经济条件下，政党通过支持工会组织在企业中组建的方式，来维持与工人阶级的联系，然而组建的主要目的不在于其代表性而在于其功能性，即为了发挥四项基本职能，尤其是维护职工具体利益的职能。在新条件下，这种职能是政党通过开发工会的谈判和维权

---

① 陆学艺：《当代中国社会阶层报告》，社会科学文献出版社，2002年版，第83、319页。
② 李强、田丰、吴晓刚、Wu & Treiman 等学者均在各类学术期刊上表达了相类似的观点，认为农民工的权利是先天性缺失的，需要靠后天（组织、制度等）来进行制度弥补。
③ 冯同庆：《中国工人的命运——改革以来工人的社会行动》，社会科学文献出版社，2002年版，第49页。

功能,建立三方协商机制来协调新的劳动关系和平衡劳资之间的矛盾的方式而实现的。①由此,工会从政党联系其阶级基础的角色向协调劳资关系的重要平台的角色转变。显然,工会这种功能的转变具有自身很大的局限性,它只能在很小的范围内发挥四项基本职能,从而解决市场化的劳动纠纷问题,在专业化要求方面并不适合市场经济的环境,大部分的劳动纠纷还是上升到司法领域,利用国家力量处理。

所以,为应对以下三方面困境,B市总工会通过双重治理机制,开启了自身的转型。第一,城市流动务工群体的流动性困境。颇为吊诡的是,正是这些非工会会员正需要工会的帮助,反而得不到工会的帮助,例如农民工群体、没有户籍的外来打工群体。一方面这些群体的工作环境比较恶劣,劳动所得比较低,亟须社会的帮助与扶持;另一方面这些群体的流动性比较高,难以被纳入地方工会甚至基层工会的服务范围。这就导致了他们成为没有工会的工人。第二,工会服务的体制限制性。这一方面的困境来自工会自身,地方工会要服务这些城市流动务工群体只能通过一级一级的正式工会网络进行,资源自上而下的拨付机制使基层工会所能利用的资源要么是不敷使用,要么是使用的限制性很大,使其无法有效服务这一群体。同时,地方工会与基层工会的专业服务能力较弱,它们无法有效知悉这一群体的需求,也就无法有效对其进行服务。再者,这一群体的非会员身份导致工会如果开展服务,只能在这些群体中成立工会组织,然而这在现实中往往难以达成。这三方面加大了工会组织对这些群体的服务困难。第三,社会组织服务的局限性。社会组织在为城市流动务工群体的服务中发挥了巨大的作用,一方面它们的专业服务能力强,另一方面它们可以避开行政正式网络层级的限制,深入群体内部灵活地开展服务。但是,它们也面临着困境,由于这些社会组织都是一些比较小型的不以营利为目的的公益组织,它们的人力、财力、技能资源十分有限,

---

① 张静:《义乌外来工为什么愿意使用法律》,《江苏行政学院学报》,2010年第3期。

严重限制着它们的服务能力的发挥与服务范围的扩展。由此,享受到社会组织服务的城市流动务工群体的数量与范围只是很小的一部分。

(三) 双重治理转型的重要机制:孵化社会组织的基金会

在现有条件无法一揽子解决"城市流动务工群体的流动性""工会服务的体制限制性""社会组织服务的局限性"这三个方面的困境的时候,亟须一种机制能够将三个方面——工会具有资源,但是却受体制限制;社会组织具备专业服务技能,但是受发展条件的限制;城市流动务工群体具备工人身份,却不是工会会员——的优势与劣势达成互补。B市总工会通过实践探索,开启了双重治理机制转型的转型之路,推动了镇管社区实践的发展。

WN基金会,隶属于B市总工会,是经B市民政局批准的公募基金会。WN基金会立足工会,以职工为纽带,本着"职工帮助职工、家庭帮助家庭、企业帮助企业"的互助互济理念,围绕职工困难、职工发展设置公益项目,开展助医、助学、助困、助老、技能扶植、创业就业、心理辅导活动,服务职工家庭、企业和社区,努力打造以职工为核心、以职工家庭为基础的公益服务平台,带动社会广泛参与温暖事业。①

2012年之前,作为公募基金会的WN基金会具有较稳定、充足的资金来源,但受限于组织结构与规模,无法在实操层面开展更多的与关爱职工群体相关的项目,尤其是城市流动务工群体的项目。故在2012年,基金会扬长避短采取公开的公益项目招标的方式,希望借此发现并不断推动具有创意性、专业性及可持续性,同时具有社会效益的公益项目,加强职工文明、健康生活理念与方式的倡导、培养与普及,促进职工身心的全面发展。②基于此,B市总工会以公募基金会的形式,通过公益孵化项目招标的方式,资助、孵化社会组织,让其为以城市流动务工群体为主的工人群体提供专业化服务,参与到镇

---

① WN基金会:《WN基金会公益项目招标孵化指导手册》,2012年版,第2页。
② 同上书,第4页。

管社区的治理中,解决镇管社区最基层的流动人口服务和治理。它的具体机制如图8-5所示:

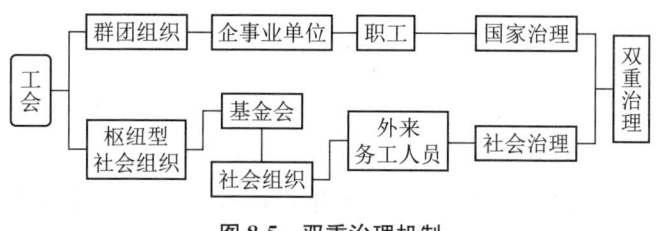

图 8-5 双重治理机制

WN基金会职工服务公益孵化项目[①],生发于B市总工会制定的《关于发挥工会枢纽型社会组织作用引导社会组织服务职工群众的工作方案》。在中央提出社会建设的政策方针后,B市总工会以此为契机,在社会建设的框架下积极发挥作为"枢纽型社会组织"的作用,在社工委的招标项目中投中5万元经费的项目。以此项目为基础,B市总工会权益部所属WN基金会斥资40万元开展职工服务公益孵化项目。此项目致力于外来务工人员的社区融入,主要关注为职工服务的社会组织,为它们提供支持并进行孵化。孵化项目运转两年来,第一年立项9个项目,第二年21个项目,共对30个项目提供了185万元的经费支持。[②]

B市总工会通过基金会孵化社会组织,并以购买服务的方式,使自身的服务范围拓展到了非户籍工人的城市流动务工群体。这标志着工会在坚守其为企事业单位工会会员服务的国家性治理角色的同时,又兼具了服务非户籍工人的社会治理和社区治理角色,实现了自身的国家与社会之间的存在形式。这种国家与社会之间的角色转型所依靠的机制,并不是通过直接在城市流动务工群体中建立基层工会的形式

---

① 虽然项目名称还冠以"职工"二字,但是2012年之后,它在实践过程中服务的对象已经远远超出本源意义上的"职工",而扩展到了"非职工",即城市流动务工群体。所以,从项目名称与具体实践的综合性来看,工会已经处于国家与社会之间,成为兼具国家治理与社会治理的双重治理角色。

② 来自笔者的访谈与调研。

进行，也不是通过工会直接服务城市流动务工群体的方式展开，更不是通过工会直接给予城市流动务工群体物质补助的方式实施，而是通过下设公募基金会的方式，公开进行孵化项目的招标，通过孵化、培育、支持专业化的社会组织的方式开展。这在一定程度上成功解决了上述三个方面的困境。B市总工会通过职工服务公益孵化项目，不仅支持并孵化了为城市最基层的流动务工人员服务的社会组织，而且在一定程度上实现了工会服务的扁平化发展①。这为传统群团组织的转型提供了与众不同的路径，进一步促进了治理角色、方式与机制的转型与治理绩效的提升，并在很大程度上有助于解决镇管社区的难题，促进社会治理的稳定发展。

（四）枢纽型社会组织双重治理的内涵与绩效

工会在既"关爱"原有应关爱的职工的情况下，又开拓了新的"关爱"对象，即"非职工"身份的城市流动务工群体，兼具了国家治理与社区治理为内涵的双重治理，实现了国家与社会之间的存在场域转型，具备了国家治理与社会治理的双重性。WN基金会职工服务公益孵化项目，虽然以工会组织、企事业单位、正式注册的公益组织或其他法人机构为对象，但是通过调研我们发现承接孵化项目的对象主要以社会组织为主体，即使不是社会组织，其他主体申报的项目也是以公益服务为导向的：（1）公益性，有明确的公益目标，脱离主要以功利为取舍的标准；（2）创新性，有创新，不是对他人或已有项目的机械模仿；（3）可行性，具备支持项目完成的条件，项目目标是可实现的且具有可操作性；（4）政策性，有政策意义和影响；（5）可推广性，能在更大范围推广复制；（6）社会效益，有直接或间接的社会效益，在既定的投入下，尽可能服务更多种类的群体，尤其是弱势群体的城市流动务工群体，或提供更深层的服务。②总体来讲，无论申

---

① 工会的领导也承认中国工会的国家性存在性质，他说："由于工会官僚化,这些工作和社会服务做得不好,不如社会组织。"来自笔者的访谈与调研。

② WN基金会：《WN基金会公益项目招标孵化指导手册》,2012年版,第11页。

请主体是不是社会组织，这些项目所产生的效果与发挥社会组织的社会服务职能是一致的。

B市总工会下设WN基金会的项目孵化并不是简单的拍脑袋决定，而是要经过科学的流程。孵化项目从招标到实施再到监督与评估，要经过一系列流程。具体的流程有项目申报、复选结果、资助及执行、项目展示，这些具体流程囊括在四大阶段中，即招投标阶段、项目评选阶段、资助执行阶段以及终期评估阶段（如图8-6所示）。①

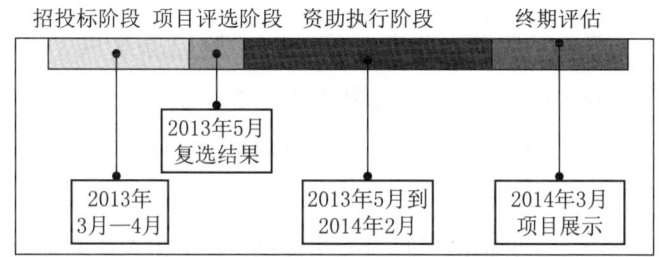

图8-6　孵化项目实施四阶段

如果再进行细分，所有的职工服务公益孵化项目都必须经过项目申报、项目初选、项目复评、项目资助和执行、项目跟踪与指导，以及项目评估六个紧密相连的环节（如图8-7所示）。

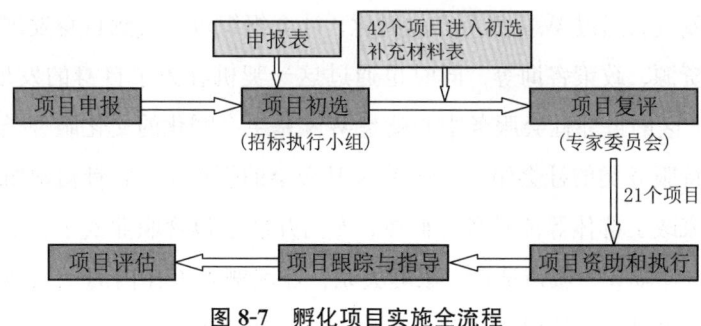

图8-7　孵化项目实施全流程

---

①　WN基金会：《WN基金会职工服务公益孵化项目材料汇编》，2013年版，第12页。

B 市总工会双重治理机制是通过 WN 基金会的职工服务公益孵化项目具体展开的。这一机制贯穿于整个阶段与流程之中。

第一，购买社会服务。WN 基金会不是亲自为城市流动务工群体提供社会服务，也不是直接为其提供物质资助与扶持，而是通过项目购买、项目补贴、项目奖励等方式，支持与孵化各类与城市流动务工群体相关的社会组织的发展，直接引导相关社会组织开展公共服务、便民服务和公益服务。B 市工友之家便是 WN 基金会购买社会服务的一个典型案例。在 2013 年 7 月 1 日到 7 月 31 日的一个月之间，WN 基金会向其购买的服务主要集中于四个领域：工友影院（放映 13 场次，参与受益 255 人次）；工友图书馆（每天为社区工友免费提供借阅服务，参与受益 775 人次）；工会活动日（共计 4 场次，参与受益 756 余人次）；工友骨干培训（共计 4 场次，参与受益 87 余人次）。[①] 通过购买服务，工会消除了自身无法提供，社会组织能够提供却无资源提供的困境。这就为城市流动务工群体提供了专业化的服务。

第二，孵化社会组织。通过探索建立社会组织孵化基地和扶持发展基金，此项目为社会组织提供初期孵化、政策咨询、能力建设、人员培训、项目指导等服务，形成符合工会特色的社会组织孵化与培育模式，促进一批职工服务类，尤其是针对城市流动务工群体的社会组织的发展。通过 WN 基金会的孵化，社会组织可以得到自身发展所需要的资源、政策咨询等，同时也通过这一契机壮大了自身的发展。B 市 CY 区的近邻社会服务中心就是 WN 基金会孵化的文化服务类和专业支持服务类的社会组织。在 WN 基金会的孵化下，它针对建筑工群体与家政工群体等流动务工群体，专门开展了包含职业安全、健康保健、法律知识、城市适应、家庭关系、社区融入等在内的工人教育与培训；提供了工地电影放映、家政工大家文艺小组培育、大型活动文化演出组织等形式的工人文化生活服务；同时还积极主动地推动两类

---

① WN 基金会：《WN 基金会职工服务公益孵化项目材料汇编》，2013 年版，第 484 页。

群体与本地市民之间的交流互动，增进彼此的认识，推动两类群体的城市适应水平和社区融入，对镇管社区治理实践的推动和发展发挥了重要作用。

第三，为社会组织提供稀缺资源。B市总工会的市、区、乡三级服务体系拥有丰富的文体活动场地资源，工会服务站和职工之家站点广泛，而这些丰富的资源却是社会组织所稀缺的。由此，工会为社会组织开展服务活动提供免费或优惠的场地，给社会组织提供它们发展所需要的稀缺性资源，促进它们的发展，为其提供更加专业化的社会服务构建了坚实的空间基础。

第四，建立信息共享的交流平台。WN基金会通过建立工会与社会组织的信息联系机制，采用召开座谈会、举办联谊活动、设立信息联络员等方式，掌握社会组织的人员数量、分布情况和工作开展情况等基本信息。以此为基础，建立基础数据库，实现动态掌握和联系，便于工会系统、准确购买社会组织的服务项目。WN基金会孵化恩友信息咨询有限公司，借助其NPM（借力信息化）系统的深入互动模式，①建立了基于财务自我监督与基金会外部监督的财务运行系统。另外，通过恩友公司第三方监督与支持的信息共享与交流平台，与社会组织之间建立了深度的相互合作关系，为今后基金会与社会组织之间的合作、社会组织与社会组织之间的交流合作，打下了良好的基础。

第五，在社会组织中建立工会组织。B市总工会在符合条件的社会组织中成立工会组织，或通过工会联合会、联合工会等方式，实现工会组织在社会组织中的覆盖，并纳入属地管理。2013年B市总工会尝试在工友之家②建立工会组织，即PC工友之家社区工会，更加方便地开展其社会购买服务。社会组织中的工会，既可以利用总工会资源促进社会组织自身的发展，又可以通过工会资源实现对"非职

---

① WN基金会：《WN基金会职工服务公益孵化项目材料汇编》，2013年版，第238页。
② 工友之家具有自身的特殊性，它自身的草根角色，以及与当地政府间的龃龉，令WN基金会的孵化项目与购买服务遇到很多困境，所以，基于其特殊性，WN基金会尝试在其内部建立工会组织，以更好地开展孵化项目与购买服务。来自笔者的访谈与调研。

工"人群的服务,大大促进了社区治理的持续进行。

B市总工会WN基金会职工服务公益孵化项目的最大创新之处,在于在现有体制的结构限制下,通过自身的主体行为选择,实现了治理角色的转型。B市总工会通过下设公募基金的间接方式,以职工服务孵化项目为主轴,孵化社会组织,购买社会组织的社会服务,服务城市流动务工群体,从而实现了服务"职工"与"非职工"的双重目的。由此,工会自身存在的场域也迁移到了国家与社会之间,兼具了国家治理与社会治理的双重角色。这种双重治理角色的主要特征体现在以下四个方面。

第一,以基金会为主体的运作方式。B市总工会并没有直接以自身的名义,对社会组织进行培育与孵化,而是以权益部下的WN基金会为主体,对社会组织进行支持与孵化。B市总工会将原来隶属于自身的B市职工WN基金会,提备B市民政局并经其批准成立公募性质的WN基金会,仍归B市总工会权益部管理。自成立以来,基金会以职工互助互济的精神为指导,面向社会筹集资金解决职工困难,已提供帮扶资金累计一亿余元,受众30余万户,已成为B市一支重要的社会公益与治理力量。[①]2013年开始,B市总工会以多元社会的劳动者多元化现象为背景,以基金会的方式,通过公益孵化项目的方式,孵育社会组织,向社会组织购买社会服务,为工会所无法覆盖到的外来务工人员提供从无到有、从有到优的社会服务。

第二,从直接服务到购买服务。工会是传统的群团组织,其职能在于服务自身内部的成员,即职工。工会传统上以三级服务体系为平台,向其会员直接提供服务。市级工会的职工服务中心面向工会职工提供职业介绍、文化服务为主的服务内容;区县工会服务中心与街乡楼宇工会服务站,向工会职工提供产业服务为主的服务内容。同时三级服务体系还面向制造、国防、交通运输、公务员、金融、教育等覆

---

① WN基金会:《WN基金会职工服务公益孵化项目材料汇编》,2013年版,第99页。

盖块上的企业,例如银行、钢铁企业等。这三级服务网络虽然覆盖面广阔,但是其提供服务的专业化水平与扎实度不够。随着社会多元化发展趋势加强,工会传统服务面临着直接提供服务的对象、方式、专业化方面的困境。以 B 市 CY 区 PC 村为例,其本地户籍居民 1 400 余人,而外地打工者有 2 万余人,人口严重倒挂。理论上讲,能够享受三级传统服务的只能是这 1 400 余人,而大多数务工人员(2 万人)却在覆盖范围之外。①基于此,B 市总工会探索新的方式,通过基金会的形式向社会组织购买服务,在一定程度上实现了服务对象、服务方式,以及服务手段方面的转型,为镇管社区难题的解决提供了社会力量。

第三,提供信息导向服务。B 市总工会利用工会系统门户网站、12351 职工服务平台,以及微博、微信等信息资源,为社会组织提供各方面的需求信息,同时为社会组织提供公共服务产品推介、信息发布、政策咨询、培训交流等信息导向服务。

第四,初步回归工会社会性存在的性质。工会本质上是工人的组织,是劳动力通过组织化方式维护自身权益的重要方式,它的本质是社会性存在。但是,建政初期的社会主义改造使工会成为带有政治性、代表性功能的提供福利的国家性群团组织。随着国企改革与民营企业的飞速发展,工会的传统国家性质受到挑战。基于此,B 市总工会通过 WN 基金会的职工服务公益孵化项目,支持并孵化社会组织,通过购买服务的方式,间接提供覆盖对象更加全面、服务方式更加专业化、服务手段更加多元化,以及服务绩效更加精细化的服务。这在一定程度上是对工会本身内在社会属性的初步回归。

工会双重治理最为明显的绩效是孵化了一批社会组织,实现了对"非职工"身份的城市流动务工人群的服务,使镇管社区的治理优势转化为治理效能。WN 基金会以全国前 20 强的实力,在短短的两年时间内斥资 40 万元开展职工服务公益孵化项目,迄今为止共提供了

---

① WN 基金会:《WN 基金会职工服务公益孵化项目材料汇编》,2013 年版,第 99 页。

185万元经费。第一年孵化包括工友之家社区工会、家政女工艺术团等在内的9个项目,第二年孵化包括CY区近邻社会服务中心、SJS区乐龄老年社会工作服务中心等在内的21个项目(如表8-1所示),共30个项目所涵盖的若干个社会组织,极大地促进了社会组织的发展,同时也实现了工会服务的社会化与专业化。

表8-1 WN基金会职工服务公益孵化项目(2013年)

序号	申报机构名称	申报项目名称	资助金额(万元)
1	红枫妇女心理咨询服务中心	流动人口家庭教育计划社区项目	8
2	心声影像工作室	外来职工子女社区融入	8
3	谷雨千千树教育咨询有限责任公司	外来务工家庭幼儿教育支持项目	4.8
4	富平学校	家政女工艺术团	6.315
5	职工书画协会	职工书画培训及展览活动	8
6	SJS区乐龄老年社会工作服务中心	贫困老年妇女互助项目二期	6
7	木兰花开文化发展中心	木兰社区女工文艺队	8
8	工友之家文化发展中心	工友之家	7.96
9	中国心理卫生协会妇女健康与发展专业委员会	社区工会项目	8
10	FT区乐助社会工作事务所	单亲母亲心港湾	6.6
11	亚运村立德社会工作事务所	"健康你我,快乐工作"外来务工人员职场安全与健康援助计划	6
12	B市CY区在行动社会工作事务所	"我也是主人"——外来务工人员社区融入	7.684
13	农民之子文化发展中心	CY区保洁保安人员心灵关爱计划	8
14	FT区中鼎社会工作事务所	学习圈	6.283 2
15	苗荟(B市)文化创意有限公司	书香传情——优乐奇儿童成长公益书屋	8

续表

序号	申报机构名称	申报项目名称	资助金额(万元)
16	一砖一瓦文化发展中心	传统手工艺文化创意产业扶贫项目	4.6
17	CY区近邻社会服务中心	建筑业农民工职业安全预防宣传与培训	8
18	FT区蓟翔社会工作事务所	流动人口社群城市融入与意识提升	5
19	中国青少年发展服务中心	工友联盟——FT区社区工作者支持项目	8
20	义联劳动法援助与研究中心	"我家的温暖生活"亲子系列活动	5.31
21	恩友信息咨询有限公司	构建立体化专业公益法律服务模式，化解工伤（职业病）职工法律与生活难题	6.6
	总计	21	145.152 2

工会双重治理所实现的治理绩效，具体体现在以下三个方面。

第一，建立了社会组织之间的横向联系。由于社会组织受到其服务对象、服务资源、服务领域，以及服务方式等方面的因素，加上信息收集、服务地域等因素的影响，即使在一些具有相近与相似服务职能的社会组织之间也缺乏信息交流与服务共享。B市总工会利用基金会所产生的双重治理机制，将总工会作为各社会组织的交流与共享平台，加强了社会组织之间的横向联系。例如PC工友之家与社区工会相距不过五六分钟的车程，但是在共同参与孵化项目之前互不相识，在共同参与这个孵化项目之后，在B市总工会的平台上相识，并展开项目信息与服务的共享、活动的共建以及人员之间的共同学习，[①]大大提升了两个社会组织之间的交流学习，为社会组织的发展提供了横向联系的有机纽带。

第二，支持了服务社会组织的发展。B市总工会通过WN基金会

---

① 来自笔者的访谈与调研。

的孵化项目孵化并发展社会组织的同时，也支持了服务社会组织的发展。公益正在日益受到广大群众关注，公益领域的很多风吹草动都会引发大规模的热议。其中，尤以财务问题为甚。2012 年在公益机构内部掀起了一轮透明化浪潮，有代表性的像 FTI 中基透明指数、《公益组织信息披露模板》等。恩友信息咨询有限公司便是为社会组织提供财务服务支撑的社会组织。它的主要职能是为社会组织提供财务管理支持，观察研究社会组织的财务状况，服务社会组织的财务工作。在 WN 基金会的孵化项目支持下，恩友信息咨询有限公司的 NPM 软件平台系统开始在 9 家社会组织试用，为其提供项目管理的规范服务，主要是预算、报销、查询（社会组织自身查询、监督查询）服务等，这大大支持了服务社会组织的发展，为社会组织的发展提供了更加坚实的外围服务。①

第三，探索了以工会为代表的群团组织的转型方式。以工会为代表的群团组织，在面临社会转型的时代挑战下，只有使自身发生转型才能够适应社会的发展，并求得自身的存在与发展。B 市总工会所实现的位于国家与社会之间的兼具国家与社会双重治理的转型，在一定程度上探索了一条工会从国家性存在逐步向社会性存在转变，并兼具两种存在形式与治理角色的路径，为以工会为代表的国家色彩比较浓厚的群团组织的转型提供了一条崭新的道路。虽然还在起步阶段，但是这种探索已经为群团组织的转型道路拉开了帷幕。

B 市总工会的双重治理是通过 WN 基金会这一机制设计为主轴的，这种机制设计还需进一步完善。这种双重治理取得了明显绩效；但随着项目的推进，其覆盖面逐步扩大，它需要进一步完善和深化。第一，支撑孵化项目的基金本身的可持续。WN 基金会虽然是公募基金，但是其自身的运作是靠 400 万本金的 40 万利息在运作。②如何实现基金的可持续发展是这一项目可持续发展的根本保证。第二，项目

---

① WN 基金会：《WN 基金会职工服务公益孵化项目材料汇编》，2013 年版，第 238 页。
② 来自笔者的访谈与调研。

孵化、评估机制的进一步完善。WN基金会不仅关注孵化成功的社会组织案例,也要进一步研究孵化失败的案例,在成败两方面的对比研究中,才能进一步为项目的孵化与评估机制提供更多的案例探索与思考。第三,社会组织孵化之后的可持续发展问题。公益孵化项目的目的在于为社会组织的初期发展提供初步支持,其最终目的着眼于社会组织自身的独立运行与发展。所以,孵化项目要结合社会组织的发展规律,以项目为支点创建一套旨在有利于社会组织持续发展的机制,例如经费支持的幅度、孵化的职能领域、社会组织人力资源的酬劳等方面,都需要进一步建立明晰的机制,而不是项目结束之后,社会组织也寿终正寝。第四,明晰工会或者政府与社会组织之间的界限。工会或政府与社会组织的身份、职能分界线必须得到明确的法律确定,否则两者的运作会受到各方面的困扰,导致工会或政府戒备社会组织,社会组织不相信政府的困局。

WN基金会职工服务公益孵化项目,以项目招标的方式,孵化以职工尤其是外来务工人员为主体的社会组织,取得了明显成效,实现了工会的双重治理,在一定程度上为以工会为代表的传统群团组织的转型探索了一条可以借鉴的路径。WN基金会职工服务公益孵化项目创建以基金会为机制的运作方式,使工会发生了从直接提供服务方到间接购买服务方的转型,在这个过程中同时向社会组织提供信息导向服务,初步回归工会社会性存在的性质。在这个过程中,它孵化了一批社会组织,建立了社会组织之间的横向联系,支持了服务社会组织的发展,从一定程度上为"工会具有资源,但是却受体制限制;社会组织具备专业服务技能,但是受发展条件的限制;城市流动务工群体具备工人身份,但是却不是工会会员"的三大困境,提出了比较具有创新性的治理方案与实践,探索了以工会为代表的群团组织兼具国家与社会治理,尤其是社区治理的双重治理机制的转型之路。虽然,这些探索与实践面临着支撑孵化项目的基金本身的可持续、项目孵化、评估机制的进一步完善,社会组织孵化之后的可持续发展问题,以及明晰工会或者政府与社会组织之间的界限等方面的进一步发展的困境。但是,这种创新性探索是使工会从国家性存在到位于国家与社会之间的存在,从而具备双重治理角色的一种有益尝试,任何的不足与遇到的进一步发展的困境,都无法否定 B 市总工会的探索是有勇气、有实践、有成效的,以工会为代表的群团组织坚守国家治理范畴的同时,还参与社会、社区治理的创新转型。

在镇管社区的实践中,不仅是工会,作为党的外围群团组织的共青团与妇联,也是枢纽型社会组织的重要组成部分,它们也在双重治理机制的道路上进行了有益探索。工青妇具有体制内的资源、政策与身份优势,它们在被定位为枢纽型社会组织之后,就具备了将体制内资源、政策与身份优势转变为社会性资源、政策与身份的正当性与可能性,由此,开启了兼具国家治理与社会治理,尤其是社区治理双重治理机制的转型探索之路。许多地方的群团组织正在实践这种双重治理机制,例如深圳与广州都在探索工青妇作为枢纽型社会组织孵化培育关爱工人、关注青年、关爱妇女儿童的社会组织,虽然它们没有基金会机制的支撑,但是从一定程度上也在突破原有体制约束与治理困境,并取得了一定成效。工青妇作为枢纽型社会组织的探索,虽然名称有别、形态各异,但是无一例外都在实践兼具国家治理与社会治理的双重治理机制,是推进镇管社区治理实践中不可或缺的社会力量。

第九章

产区、商区和社区联动治理：镇管社区的城市治理

镇管社区的城市治理实践本质上是人、空间和制度的互动。城市空间可以按照城市功能的不同分为生产空间、消费空间和生活空间三类；三类空间与城市人的互动产生了三种带有互动性的功能区域：以生产为目的产区，它的主要组成要素是工厂；以消费为目的商区，它的主要组成要素是市场；以生活为目的社区，它的主要组成要素是城市居民及其生活方式。镇管社区推动的城市治理就是应对人与制度在三种类型城市空间中的互动所产生的一系列综合效应的举措。

在大部分城市中，由于城市规划与城市发展的一体化，三种类型空间的功能分界比较清晰，由此产生的城市治理也就比较有条理。然而，在中国城市化迅猛发展的今天，许多中等城市或小城镇的发展，尤其是超大城市近郊地区的城市化速度，以超越城市规划的速度行进，由此造成城市规划和城市发展的分离现象，城市发展完全按照自然肌理行进，导致城市的生产、消费和生活空间犬牙交错，城市的产区、商区和社区治理交互重叠，且三类区域之间缺乏联动治理机制，各自为政，造成城市治理的巨大压力。政府、市场、社会和居民组成的多元治理主体在无法即刻产出有效的生产空间、消费空间和生活空间规划的前提下，为应对城市治理压力，在良性互动基础上，不断加强产区、商区和社区的独立治理，同时也在不断探索三者之间的联动治理机制，以期推动城市治理的有序发展。镇管社区推动的城市治理实践，便是因应上述问题的重要探索，其中 L 街道便是这方面的典型案例。

一、城市治理的生产、消费和生活空间：产区、商区和社区

L 街道城市治理面临人口高度集聚，年轻城市人口高度集中，户籍人口与流动人口严重倒挂，产区、商区和社区犬牙交错，产区、商区和社区治理交互重叠的复杂局面。这使得 L 街道区域的城市治理不能仅仅依靠单一主体的力量，而是必须依赖多元主体的共同治理，将产区、商区和社区治理协同起来，形成城市治理中的生产空间、消费空间和生活空间的良性互动，将三种空间建设成为有机联系的整体性结构，在以人为本的理念下实现治理结构的下移，公共服务的拓展，管理功能的提升，最终实现城市治理的协同效应。

城市治理的生产、市场和生活空间在 L 街道中高度重叠，形成产区、商区和社区治理的犬牙交错的现状。这是 L 街道不同于全国其他区域城市治理的独有特色和治理难题。

第一，城市产业发达，形成大规模产区，构成生产空间。L 街道在辖区内拥有规模以上工业企业近 3 300 家，其中中等规模以上工业企业 254 家，整个辖区就像一个大工厂，在大厂中存在"三小"场所（小档口、小作坊、小娱乐场所）20 000 多家，厂区数量多达 268 个，包括数家境内外上市企业。这些企业的生产领域涉及计算机、医疗器材、通信设备、机械制造等相对高端的产业。围绕这些企业，L 街道结合 FSH 集团的"中心效应"，积极推进该集团"一个基地五个中心"建设，引导以 FSH 为核心的电子信息产业链条下的近 200 家工业企业转变发展模式，形成以电子信息产业为优势的产业集群。这些产业集群奠定了 L 街道产区的重要基础，构成城市治理过程中的生产空间。

第二，城市商业发达，形成大规模商区，构成消费空间。L 街道商贸业繁荣，形成了"一核心多商圈"的商业布局体系，3 000 平方米以上的大型商业设施 20 家，各类店铺、小型企业 25 000 余家。这

为 L 街道成为极为重要的区域核心商圈打下了坚实的基础，是其商区得以繁荣发展的消费空间。

第三，外来年轻人口集聚，生活空间被年轻世代主导。L 街道辖区内具有超大数量的以劳动密集型低端加工为主的工厂，由此辖区范围既是厂区也是社区，既是生产空间也是生活空间，两者交错分布，相互影响。①据统计，该地区人口倒挂现象非常严重，外来人口大多属于年轻世代，②其中 18—35 岁青年劳动者占到 80%。他们平时主要以租房居住为主，仅有极少量人口居住在厂区所提供的宿舍内；加之，厂区所能提供的公共居住空间极为有限，所以，多达 32 万的外来年轻人口居住在 8 112 栋城中村房屋中，仅有不到 1 000 人居住在约 16 栋商品房内。③这种以年轻世代为主体的城市居住生活空间及其所受到的身份认同的排异，对城市治理的压力极大。④

第四，产区、商区和社区犬牙交错，社区建设相对滞后。L 街道是经过快速城市化发展过程，逐渐从乡村转化为街道的，它是 S 市城市化进程的一个典型缩影。在城市化过程中，随着工业企业的聚集，L 街道外来人口呈几何式的增长。该地区的每个社区中都存在若干产区或商区，产区、商区在社区中，这些社区绝大多数属于"城中村"或农民自建房，而非成熟的商品房社区。这些社区尚未成熟到足够支撑产区商区所产生的人口外溢效应。由此，虽然三区犬牙交错，生活在其中的都是同一批年轻世代，但是他们的身份却是分立的：社区建设相对滞后，导致居民身份无法融合产业工人身份和消费者身份。由此，在 L 街道的城市治理中一个大问题得以凸显：生活空间无法消化生产空间和消费空间产生的治理外溢效应。

---

① 钟奕纯、冯健：《城市迁移人口居住空间分异——对深圳市的实证研究》，《地理科学进展》，2017 年第 1 期。
② 李路路：《向城市移民：一个不可逆转的过程》，载李培林主编《农民工——中国进城农民工的经济社会分析》，社会科学文献出版社，2003 年版，第 116—133 页。
③ 笔者根据实际调研数据分析整理。
④ 郑永年：《中国如何避免城市化陷阱》，大公网，http://news.takungpao.com/opinion/highlights/2013-08/1809137.html，访问日期：2021 年 1 月 20 日。

二、困境：产区、商区和社区缺乏联动治理

从一定程度上讲，L街道城市治理的理念还停留在政府单一主体占据绝对优势的阶段。从城市人口构成方面来看，L街道属于年轻世代人口导入型的快速城市化社会，具有高流动性、年轻化、教育水平较低的特点。它是一个年轻化、复杂化的三区交错重叠的复杂城市空间，这种城市空间的治理需要多元主体的协同。但是，从城市治理现状来看，政府完全在第一线，政府的公权力治理网络覆盖了整个生产、消费和生活空间，市场自组织、社会自组织、居委会、党支部以及工会、青年组织、妇联等群众组织的治理作用被弱化。由此，政府一元的治理网络与多元的城市空间、城市功能区域、城市人口等直接面对面，这给政府造成巨大的城市治理压力，城市治理的进展也遇到巨大困境。

城市治理面临的困境主要表现在产区、商区和社区治理之间的联动机制不足。联动机制存在的不足主要体现在两个方面：一方面是两区联动治理机制不足，一方面是城市治理体制机制不足。就前者来讲，社区与产区、社区与商区的联动治理机制的构建，需要涉及三个区域的条线协调、规模、资源调配、权责安排、工作机制配置等方面的问题，这使联动治理机制的构建极为困难；对于后者来讲，现在运行的社区治理中的党组织、居委会、社区工作站等体制，限制了居委会自治功能的发挥，导致治理功能弱化。

同时，一线城市治理人手与经费短缺，导致城市治理中的维稳压力较大。L街道能够用于城市治理的工作人员比较少。城市治理涉及各个方面的工作，工作人员的数量、素质和治理能力等方面都有待提高。基层城市治理部门缺乏经费，有限的经费虽然都投入到社区工作站建设中，但是这却无法汇集到居民区的社区建设中来，形成真正的支撑城市治理的社区治理。L街道在城市治理中的维稳方面，涉及72

万人口（登记在案的有 80 万人）。这些人口以外来年轻人口占绝大多数，一线工人最多，文化水平不高，"80 后""90 后"增长快速，"90 后"增加的幅度更大。导入型、高流动性、年轻化、低学历的高密度人口，加之，治安方面警力有限（2 个派出所，1 个公交派出所，警力 130 人），①人口要素的复杂性、城市治理人力资源的短缺、素质和治理能力的严重不足，以及城市治理经费的短缺，为 L 街道城市治理带来了重重困难。

针对其城市治理困境，具体而言，L 街道亟须从以下三个方面予以提升。第一，L 街道亟须更新城市治理的理念。城市治理应该改变由政府织网的思维，转变为城市织网与社会织网。这要求 L 街道必须从理念上构建多元结构与服务空间，解决人们在发展过程中面临的压力与空间问题，树立"一元的生产，多元的消费和生活"的理念，因为多元是正面而非负面的。第二，进一步建立健全联动机制。L 街道一方面需要进一步建立社区与产区、社区与商区的联动机制，另一方面还需要让居委会、社区工作站的自治性与行政性机制安排得到比较合理的解决，这样才能促进城市治理的有序开展，优化城市治理结构，形成有序的城市治理格局。第三，L 街道仍然需要解决一些具体的人事、财政问题。面临城市治理的多重压力，L 街道需要进一步合理配置公务人员与财政分配，只有人力资源与财政资源得到合理配置，才能够较好地吸引具有较高治理能力的人力资源，从而促进治理资源向城市基层社区下沉，应对人口导入型城市空间的巨大治理压力。

三、协商：三区治理、两区联动

基于上述分析，镇管社区推动的 L 街道城市治理应当树立的核心理念是协商治理，即在以人为本的基础上，实现三区治理、两区联

---

① 笔者根据实际调研数据分析整理。

动,追求人的发展与社区发育、城市空间布局、社会发展的有机统一,这主要包含四个方面的内容。第一,治理结构。L 街道的治理结构包含"三区治理"——社区治理、产区治理与商业区治理——在内的所有治理层面,是围绕着以人的发展、城市空间合理布局、社区治理为核心的有机统一和有序展开。第二,发展核心。人的发展与城市空间合理布局、社区治理的核心是:以人的发展推进社区治理、以社区治理服务人的发展,以城市空间布局优化促进人的发展和社区治理的有机统一,这是追求人的发展与城市治理的有机统一的根本性措施。①第三,具体路径。L 街道完善治理的具体路径是要通过居民参与达成社区自治,通过公共服务创造有效治理,通过城市治理达到空间优化。②第四,网络结构。L 街道区域的"参与、自治、服务以及治理",需要通过群团组织和社会组织的"条治理"与三区自治的"块治理"的协商合作,形成有机的网格结构,从而达成协商治理的共治格局。

  城市治理的主要战略体现为三区治理、两区联动。从 FSH 的问题来看,L 街道城市治理中的治理困境,本质上是企业与政府基于生产领域的链条形成的内部分工导致的:政府作为企业管理的延伸部分而提供城市服务与社会关怀,这虽然是企业管理链条的一部分,但是政府作为城市治理的重要主体却要为企业分担风险。这种服务与关怀模式并不能解决以"FSH 问题"为代表的产区所带来的城市治理问题。基于此,L 街道必须以产区与社区两区联动的模式来解决这个系统性城市治理问题。同时,商区也是其重要的城市空间形式,所以要解决三种城市空间交错重叠造成的城市治理困境,必须坚持社区、产区、商区的三区自治和三区治理,社区、产区,以及商区与社区的两区联动的模式。这是镇管社区推动的 L 街道城市治理的战略规划,其

---

① 梁鹤年:《再谈"城市人"——以人为本的城镇化》,《城市规划》,2014 年第 9 期。
② 刘涛、曹广忠:《城市规模的空间聚散与中心城市影响力——基于中国 637 个城市空间自相关的实证》,《地理研究》,2012 年第 7 期。

本质就是以人为核心安排生活、生产与消费空间，达成三种空间的和谐并存。①

城市治理需要通过"条"的治理与"块"的治理形成的有机统一网格结构达成。"条"的治理，不是通过传统的政府职能管理部门的"条"达成，而是通过党团组织、工会、妇联，以及社会组织等的"条"，深入到产区内各种人群的"块"结构中从而达成产区治理；"块"的治理形成的不是行政管理的"块"，而是通过社区自治的"块治理"，带动三区治理的联动效应。"条块治理"结构的职能主要体现在四个方面：多居民主体的参与、党组织的核心领导功能、政府体制的治理效能引导、社会组织的力量支撑。L 街道城市治理的"条""块"治理，必须坚持以人为本，发挥党组织、政府治理结构、社会的作用，以居民为代表的"人的作用"、以党团组织为代表的"党的作用"、以管理体制为代表的"结构的作用"，以及社会组织等为代表的"社会的作用"。这四大主体的作用应该在 L 街道城市治理的实践过程中得到充分的发挥，只有在这四种主体作用的有机互动的过程中，才能创造 L 街道城市治理三区治理、两区联动、空间优化的整体治理效应。在这四种主体作用中，人的作用是最首要的，党的作用是最关键的，社会服务的作用是最核心的，自治的作用是最根本的，自治是"人、政党、社会"得以发挥作用的载体和平台。

四、体系：产区治理、商区治理和社区治理的有机整合

L 街道城市治理的"三区治理、两区联动"的枢纽依托是现有的社区工作站。以此为中心展开互动的治理枢纽是："块治理"的居委会与"条治理"的党团组织、工会、妇联组织。以此设置，党在社区

---

① 参见[美]马克·戈特迪纳、[美]雷·哈奇森：《新城市社会学》，黄怡译，上海译文出版社，2011 年版。

工作站中扮演着领导角色，同时社会组织、居委会以及政府相关职能部门也在工作站中良性运行。由此，社区工作站必须提高自身的专业化与职业管理水平，从而形成开放的枢纽式结构。

(一) 产区治理

产区治理，是通过外在的社会组织的"条"深入到产区工人群体当中来实现，也就是说通过党组织、工会、青年团，以及妇联形成的人群治理网络，与企业厂区的管理制度形成呼应，以此实现产区治理（如图9-1所示）。

它的落脚点有三方面：权利维护、管理执法和人的发展。这三个方面的落脚点是从产业治理的角度出发，帮助企业实现高质量的治理，从而实现企业的可持续发展。但因为以FSK为代表的大产区治理的重点，落脚在大量的企业年轻职工，所以这种治理网络必须发挥共青团在工人群体中的组织作用，从而在一个大型人口聚集的产区内部，形成一个产区结构内的党团组织、工会，以及妇联组织，从而将产区治理结构与政府治理结构达成产区内部的匹配，而不是直接将政府治理结构硬性植入产区内部，替代产区治理。这些内部的产区组织与外部的政府管理部门相对应，功能相吻合，从而通过政府对应组织的转动，来带动产区内部组织的转动。

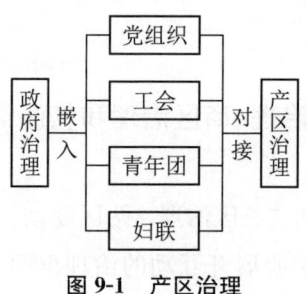

图 9-1 产区治理

因此，这种对应治理的关键点在于，政府外部对应组织带动产区内部对应组织的转动。从这个意义上讲，不是人为地从企业内部建构组织，也不是硬性将政府条线治理植入产区治理，因为这样政府就会替代企业成为产区治理的主体，产区治理的成功并非企业的成功而是政府的成功，产区治理的失败并非企业的失败而是政府的失败，产区治理的外溢效应全部由政府托底，不仅影响产区治理的良性运行，而且会损害政府的公信力。①基于此，政府是通过外部的设计使社会性的组织深入到产区人群当中，从而实现产区治理、政府治理和城市治理的结合。政府作为外部治理组织，从关怀企业职工的身心、技能、事业发展的角度切入进去，将产区内部的关心工人的组织与政府外围的工、青、妇组织匹配起来，而不是将政府行政职能部门植入产区，从而实现产区治理质量的改善与提高。这种内部匹配的重点在于，产区原有的治理结构不动，而是围绕着工人的发展，将产区的内部组织与外部的政府外围群团组织进行匹配而非替代，在社会治理的层面上实现政府与企业的双赢。

（二）社区治理

L街道社区治理需要从外来产业工人居住的楼宇空间开始，打造社区治理的基础。社区治理要成立以居住人群为主体的"楼宇委员会"，它的基本构成主体是"业主"与"租客"。楼宇委员会要形成支撑整个社区治理体系的力量，其功能相当于成熟社区的"居民小组""楼组自治小组"等自组织，发挥"自我管理、自我服务和自我监督"的作用。在此基础上，根据地域范围与人口分布，合理划分并配置区域内的居委会分布和数量，从而将产区无法容纳的大量年轻世代人口，以社区治理的形式予以合理容纳。这样既可以达到城市治理维稳的目标，又可以促进企业良性发展，既可以使工人在产区高效工作，又可以提升工人在社区作为居民的温暖的社区生活品质，从而形成社区与产区良性联动和有效治理（如图9-2所示）。

---

① Linda Wong and Bernard Poon, "From Serving Neighbors to Recontrolling Urban Society: The Transformation of China's Community Policy," *China Information* 19, no.3 (November 2005):413—442.

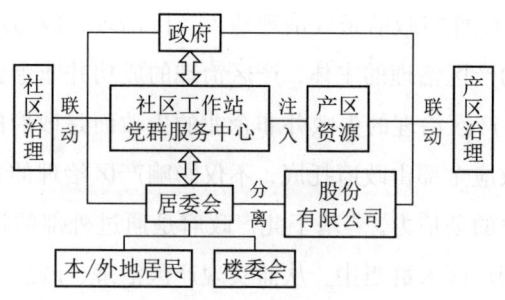

图 9-2　社区治理

因此，社区治理的总体理念是"服务拓展，治理下移"。服务指的是行政服务，以及社区工作站提供的服务；社会服务是指社会力量与社团提供的服务；专门服务是指根据不同地区的特点提供个性化的专门服务；网格服务是指居委会提供的网格化服务。这些服务可以通过社区工作站的行政资源，社会组织的社会资源，社区服务中心的社工资源，以及居委会的网格化服务资源的下移与整合来实现。基于此，社区工作站的职能类似于街道的职能管理部门，其功能主要在于管理，而不是服务，与社区服务中心相对应，完全与股份公司脱离。居委会主要做居民自治与关怀的工作，两者良性分工，相互配合。这样在社区中居住的居民，在社区治理中就达成了两种身份——居民和工人——的融合，这种融合是建立在社区与产区联动治理的基础上的。

（三）商区治理

L街道的商区治理主要通过建立"商业协会"的形式，形成自治的组织业态而达成。这种自治形态的达成，需要考虑机制的重新调配，即要求所有的社区工作站、居委会都必须与股份公司脱钩，实现各自的独立运作。在独立运作的前提下，商区按照片区划分，参照社区工作站的布局结构，根据社区工作站布局划分商业区。在此基础上成立商业协会，将社区工作站转变为开展管理活动并为自身提供服务的中心。这样就可以实现社区与商区的良性联动（如图9-3所示）。

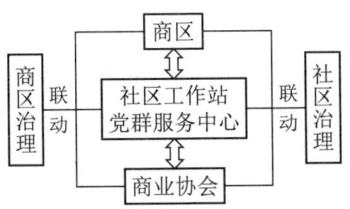

图 9-3　商区治理

同时，居委会、社团组织、工青妇等组织都可以在社区工作站中互动与活动。以社区工作站为中心而形成的商业协会布局，以及其中的居委会、社团组织、工青妇等组织，通过各自活动、良性互动与协同治理，①实现商业区的治理下移、服务拓展、功能提升。换言之，商区和产区提供的物质、人力资源，可以弥补社区治理的资源不足，"从公众利益出发，调动市场力量，引导利益集团参与宜居城市的建设"。社区治理可以为商区和产区治理提供安居的托底保障，"在新的大都会背景下营造共同的意象，重塑公共空间"。②同时使具备工人和消费者身份的外来务工人员，真正融入社区从而具备居民身份，真正融合到 S 市中成为 S 市人，从而达成城市治理中的三区一体、三位一体。

综上所述，L 街道城市治理的镇管社区实践，是对快速城市化地区遇到的治理困境的探索。该治理实践的核心是以党团为核心，在社区与产区之间建立治理结构、工作轴和对接机制，通过街道党工委有战略性、目的性的党建引领，带动产区内部治理与城市治理的联动，实现三区治理的良性互动。

第一，通过管理带自治，管理带治理的举措，建立治理结构、工作轴和对接机制。L 街道城市治理结构、工作轴和对接机制的建立，都是在原本存在的政治体系中建构起来的，而非另起炉灶打翻重来。这样可以保存现有结构体系的有效延续，实现结构功能的提升的最终

---

① 参见刘建军：《居民自治指导手册》，格致出版社、上海人民出版社，2016 年版。
② [美]曼努埃尔·卡斯特利斯：《流的空间和场所空间：信息时代的城市理论素材》，载[美]理查德·T. 勒盖茨等：《城市读本（中文版）》，中国建筑工业出版社，2013 年版，第 596—597 页。

目的。具体来讲，L街道城市治理结构、工作轴和对接机制分为三大类：第一类是通过街道的管理大结构带动社区的自治大结构，以这两种结构为基础，带动产区的治理结构形成，实现产区与社区的有效联动；第二类是通过街道的管理大结构带动产区的治理小结构，通过党团组织和社会组织，带动产业内的产业工人群体实现在厂区企业化管理之上的社会发展的多元需求，实现多种力量联合的大社区联动，把产业的管理与社区治理进行有效结合；第三类是通过产区与商区的资源治理结构反馈社区的生活治理结构，以产区和商区的优势物质资源和年轻人力资源，弥补社区治理资源匮乏的现状，实现产区、商区治理促社区治理，社区治理为产区、商区治理提供生活空间保障的良性循环。

第二，通过合理布局，理顺运作，发挥职能的举措，做实居委会。居委会是宪法规定的居民自治的法定组织，具有法定性与自治性的特点。因此，居委会建设是L街道城市治理工作体系的关键，是三区治理的基础与主体。居委会建设的途径包含三个部分。首先，将居委会布局合理化。居委会是L城市治理过程中，从"村居"过渡到"社区"的产物，因此，其布局必须根据人口的分布来实现，形成一个工作站容纳多个居委会的"一站多居"的格局和状态。其次，理顺居委会的运作。居委会以居民区党支部为核心，居委会成员必须打破户籍界限，由本地原住民与外来务工人员共同构成，这样才能通过居民区聚集所有的本地与外来党员、居民领袖和义工，形成跨界别、户籍、职业、年龄的综合体，形成党支部为核心的运转格局。党支部书记可以兼任居委会主任，党支部书记实现职业化任职，其选举需要打破户籍界限。同时，党支部书记也可以通过上级党委外派来实现人员的职业化任职。具体路径是先成立居民区党支部，党支部书记先任职，然后再去竞选居民区居委会主任。这样居民区的党支部书记、主任可以实现通过街道来协调配置的结构。最后，发挥居委会的职能。居委会职能发挥与自治的基础，建立在楼委会和楼组自治小组上面。居委会的职能分为四个方面：协调社区的基本关系、创造社区的社会连接、恢复社区的治理功能，以及创造居民的自治平台。这四方面职能的发挥，通过三种路径实现：一是通过创造网格化的治理与服务解决产区治理与社区治理在社区工作站中的联动问题，这是网格化治理最根本的所在；二是通过安全体系的网格化创造平安社区，这涉及社区治安系统、治理系统、租客管理系统与信息管理系统的统筹协调；三是通过服务网格化构建行政服务与社区服务的网格化体系，根据特殊的社会需求形成服务体系，最终促成产区工人与社区居民在社区生活空间的身份融合。

第三，通过建枢纽、借力量、构平台的措施，完善社区工作站。社区工作站是L街道城市治理的枢纽与服务主体。以社区工作站为枢纽与服务主体，形成"治理下移、服务拓展、功能提升"的城市整体治理体系。首先，L街道的城市治理通过社区工作站形成"三区治理"与"两区联动"的枢纽，其治理与联动通过服务而非管理来完成。社区工作站与服务中心相结合，成为产区工人与社区居民的生活空间、活动空间、学习空间、民主协商空间。社区工作站将社区服务中心的功能，从仅仅开展活动的空间转变为培育社会服务和社区关怀的载体。其次，社区工作站可以借助政府的力量、社会组织的专业运营以及居民的力量，将"政府的意图、社会的需求、市场的可能、居民的诉求"整合起来，成为"创造社区社会服务"的中心，而不仅仅是"提供服务"的中心。最后，社区工作站是最重要的城市治理主体与平台，而不是简单地采用取消或者加强的做法将其做大做强。它除了创造多元的"一门式服务"之外，不再简单地发挥政府的管理职能，而是发挥工青妇组织和居民自组织的功能，成为社会组织发展的平台、工青妇组织对接的平台和居民自治的平台。"三区治理"的寄托空间便以社区工作站为最重要平台，也就是说，社区工作站成为大网格治理的主要体现空间，成为党建引领的政治平台，枢纽式社会组织的培育平台，社区居民自治的承载平台，产区工人社区融入的制度平台，它从一个传统的管控主体，成为一个以创造服务为核心的治理主体。

第十章

活力社区：镇管社区的治理形态

习近平总书记在十九大报告中指出:"保障和改善民生要抓住人民最关心最直接最现实的利益问题,既尽力而为,又量力而行,一件事情接着一件事情办,一年接着一年干。坚持人人尽责、人人享有,坚守底线、突出重点、完善制度、引导预期,完善公共服务体系,保障群众基本生活,不断满足人民日益增长的美好生活需要,不断促进社会公平正义,形成有效的社会治理、良好的社会秩序,使人民获得感、幸福感、安全感更加充实、更有保障、更可持续。"在打造共建共治共享的社会治理格局时,要求"加强社区治理体系建设,推动社会治理重心向基层下移,发挥社会组织作用,实现政府治理和社会调节、居民自治良性互动"。

2018年11月,习近平总书记在上海考察时强调,"社区是党委和政府联系群众、服务群众的神经末梢,要及时感知社区居民的操心事、烦心事、揪心事,一件一件加以解决","加强社区治理,既要发挥基层党组织的领导作用,也要发挥居民自治功能,把社区居民积极性、主动性调动起来,做到人人参与、人人负责、人人奉献、人人共享"。[①]

在上海近郊镇管社区的实践探索中,社区是党和政府联系群众的第一线。要将社区治理工作做好,赢得群众的交口称赞,不仅需要加强社区三驾马车的能力提升,而且需要激发居民及其自组织的活力、积极性和主动性。对于基层社区治理来说,如何构建有效的社区公共参与机制,激发社区活力,推动社区治理体系的完善是社

---

① 《习近平在上海考察时强调 坚定改革开放再出发信心和决心 加快提升城市能级和核心竞争力》,《人民日报》,2018年11月8日,第1版。

区治理创新的关键。换言之，激发社区活力，建设具有活力和生命力的社区，提高社区治理水平，是夯实党的基层执政基础的有力举措。

一、社区活力指数界定

中国迅猛发展的城市化进程，彻底改善了人们的居住条件和生活方式，以商品房为主体的城市居住模式，对人与人之间的交流带来了极大的消极影响。以上海为例，以 3 000 户为平均人口居住规模的社区，虽然平时人来人往，但是居民之间的交往频率和交往氛围却比较缺乏，这使得社区离我们理想意义上的"共同体"相距甚远。在城市化的社区中，在人际交往中占据重要位置的邻里关系，在钢筋混凝土的独立居住环境中变得日益淡薄与冷漠，人们日常生活中缺少相互关心、相互帮助，年轻人没有足够的兴趣、时间和精力参与社区活动，关心自己生活其中的社区的变化；随着老龄化率的升高，老年人的赡养和照顾成为社区关注的重要方面；参与社区活动的大多是白发苍苍的退休老龄群体；社区中应有的温馨安逸的"家"的氛围日益缺失，社区活力下降。在镇管社区层面，急速推进的城市化速度和急剧涌入的大规模人口，使上述问题更加严重。面对这一紧迫的城市化进程和现实的挑战，研究社区活力指数，开展社区活力调研，建构活力社区显得极为紧迫。

社区活力（或有活力的社区）的重要性在于，它可以在一定程度上使陌生人社会向熟人社会过渡。城市与乡村相比，其最大特点便是高密度人群造成的陌生化和疏离感，是滕尼斯意义上的社会而非共同体，在这种情况下，城市中的人与人之间关系比较淡漠。加之，封闭隔离的社区居住结构与相对独立和私密的住房结构，使人与人之间缺乏相互交流的机会，这加强了个体的原子化状态，导致具有高密度和大规模人口的相对集中的地域空间缺乏"活力"，呈现"相见不相识"的恶性循环。社区活力的重要功能便是激发潜存于社区高密度人群中的人与人之间的交往欲望，构建基于人与人之间最朴素的情感和相对集中的公共空间中的公共事务的参与行动，使天然存在的物理空间共同体向交往共同体、生活体验共同体和文化记忆共同体转型，最终形成具有人情味的"有活力的社区"。

综上，我们将那种在社区中能够减少或者缓解城市陌生人生活的匿名性、疏离感，增强人与人之间的熟悉度和亲近感，建构人在集体中的生命意义并增进邻里关系，恢复急剧城市化区域社会关系的力量，称之为社区活力。从公共服务方面来讲，社区活力可以促使社区公共服务的质量实现提升，令社区居民的幸福感得到加强；从居民参与积极性上来讲，社区活力既是居民参与行动的积极呈现，也是居民参与能够保持持续和强劲势头的整体性推动力量；从社区治理方面来讲，社区活力是衡量社区治理的一个指标，它可以体现社区整体治理的居民参与、多元主体协作和社区自组织发展的程度。

那如何衡量社区活力呢？我们将衡量社区活力的量化指标称为社区活力指数。通过大量的既有文献研究和前期对实践工作人员、居民的深度访谈，我们将衡量社区活力的指标分为五个基本方面：社区安全、社区环境、公共服务、居民文明和居民参与。指标的制定建立在科学的社区治理评价体系之上，是为了以 W 街道各社区的治理和发展状况为深度案例，更好地研究镇管社区体制下社区治理的特征、程度，存在的问题和未来发展方向。由此，在指标制定导向上，我们不仅注重了"自下而上的居民感受"要素，也注重了"自上而下的政府投入"要素，做到了两大社区治理主体的双向结合。

第一，社区安全是社区活力最为基础的衡量指标。安全是社区居民的第一需求，也是社区居民最为基本的需求，这是决定社区活力的最为基础的要素。如果没有社区安全，更高层级的社区活力便无从谈起。我们从110报案率、主观安全感、楼宇门禁管理、保安管理、火灾发生率、土客矛盾、12345矛盾调解率七个最为基本和常见的方面,来呈现社区安全指标。

第二,社区环境是社区活力最为直观的衡量指标。干净卫生的,或上海市民口中的"清清爽爽"的社区,是每个社区居民乐于并希望得到的社区治理效果。这也是激发居民热爱自己生活的社区的最为直观的呈现。干净卫生的社区是激发社区活力的"硬件保障"。我们从物业管理满意度、停车问题、绿化问题、社区活动室、违建问题、保安保洁保绿工作、整体环境满意度七个最为基本和常见的方面,来呈现社区环境指标。

第三,公共服务是社区活力的物质保障。如果没有政府和自治组织等主体提供的最为基本的社区服务公共产品,那么社区的活力也难以激发。只有在社区的公共服务供给水平满足了社区居民的基本需求的基础上,社区活力才能进一步被激发和培育出来。从这个方面我们可以说,公共服务产品的供给是社区活力的物质基础。我们从主观感受、可否找到居委会人员、实事工程知晓率、对居委会满意度、对物业满意度、对业委会满意度、对政府其他工作的满意度七个方面,来呈现社区公共服务指标。

第四,居民文明代表了社区活力的"软实力"。社区活力并不是说这个社区的居民想做什么便做什么而不受约束,而是在居民公约和法律规范内的活力呈现,从这个意义上讲,居民文明便是社区活力以有素质的居民主体为载体,所呈现出来的社区治理的"软实力"。我们从垃圾分类、居民公约、文明养宠、楼道堆物、邻里关系、文明楼组、志愿者精神七个方面,来呈现居民文明指标。

第五,居民参与是社区活力最为直接的衡量标准。社区是居民的社区,社区活力最为直接的体现便是居民参与的频率、深度和领域等方面,居民作为社区治理的重要参与方和直接受益方,在运行居委会与业委会制度并参与社区治理的同时,也积极通过楼组自治的方式,深化了社区治理的邻里链条，使社区治理的制度与空间深深打上了居民参与化的烙印。城市政治精英与居民也无一例外地将邻里社区看作政治参与的最小单元。我们从社区内自组织数量、社区内自组织类型、居民是否参与自组织、居委会改选参与率、实事工程参与形式、居民对社区重大项目和活动的知晓率、居民对社区的归属感七个方面，来呈现居民参与指标。

二、社区活力指数的实证研究过程

社区活力指数研究课题组耗时数月，针对 W 街道 27 个居委会，开展了大规模的实地调查研究。课题组采用分类抽样和概率抽样相结合的方法，以 W 街道人口总数为母体，选取调研对象。在定量的基础上根据 27 个居委的人口数量在街道人口数量中所占比例，对抽样人员进行不同比例分配，同时再根据不同的社区类型对每个居委会选取不同数量的访谈对象。

我们按照科学的社会调查方法编制问卷并展开调研。问卷和访谈结合社区共治、居民自治，从社区、组织、居民个体三个层次，从点到面交错展开，再加上横向变量，深入对比剖析活力社区。访谈和问卷填写工作的开展，主要针对社区生活，关注居民在社区中的具体生活及公共服务，关注社区发展的未来面向，主要关心基层民主与社区自组织的培育，其最终目标是关注居民的主观感受和生活满意度。

在调研期间，我们严格按照定量样本数进行问卷填写。问卷采用纸质问卷，以调查人员边询问边填写的方式完成。为了寻找到符合要求的被调查对象，调研组采取不同的方式：居委协助、小区活动室、小区内拦截、社区公共区域（社区事务受理中心、社区学校、社区文化中心、社区公园等）、上门入户式，进行严格的科学调研。根据设计好的调研方案，调研小组按照时间节点，开展调研走访工作，在完成调研问卷、调研访谈后，进行问卷整理、数据录入与数据整理分析工作。

调研小组人员每两周进行一次调研小组会议，由指导小组成员听取调研进度及情况。对于调研中发生的可能会对调研结果产生影响的问题及其对调研方案的影响，进行及时修正。我们通过 SPSS 22.0 软件，将回收问卷信息进行输入和处理，在对数据进行分析的基础上，结合对社区自治团队、文体团队、楼组长、党员、业委会、物业、社区共建单位、社会组织开展小组座谈或访谈，分析多元主体参与社区治理的基本情况，挖掘社区活力相关的指标因素和影响因子，最终形成活力指数。

三、社区活力指数评价体系构建

随着"互联网＋"、大数据、新一代人工智能、数字转型等国家战略的实施，信息化在社会治理中的作用日益突出，其发展水平必将成为提升社区治理水平的重要标志。新时代的社区治理应利用好信息化的工具，对社区活力进行科学评估。对社区活力的研究和评估，最直观的方法就是构建评价社区活力指数的指标体系，通过评价体系的建构、基础性数据的调研，利用智能化工具将基础性数据量化为可直观比较的数值，既能宏观把握街区整体的社区活力指数，亦可对具体的每个社区治理实践进行评估和排序，通过优劣比较，找出社区治理之间的差距和不足，在后续的社区治理过程中有针对性地改进和发展。

我们引入"社区活力指数"（Community Vitality Index，简称 CVI）作为评估社区活力高低的指标，即结合社区治理的实际，评估在社区中能够减少或者缓解城市陌生人生活的匿名性、疏离感，增强人与人之间的熟悉度和亲近感，建构人在集体中的生命意义并增进邻里关系的力量。社区活力指数的量化数据，利于进行横向或纵向的比较：通过横向比较，社区活力指数可以反映不同社区成员交往以及社区治理的发展现状；通过纵向比较，社区活力指数能够反映同一社区的社区活力的演变进程。因此，我们的研究要解决的关键问题是，建构社区活力指数的指标体系的原则、依据、多层指标的分类和选择，以及评价方法的选择和评价体系的架构等问题，最终形成一个一般化的社区活力指数评价方程。

（一）评价方法的确定

评价社区活力指数，首先要建立评价指标体系，构建指标体系首要确定评价方法。社区活力水平评价的客观性与公平性，在很大程度上取决于评价方法的科学性。因此，选取科学、客观的评价方法至关重要。社区活力受多种不同类型的因素影响，因此在构建社区活力指数的指标体系时，我们选择层次分析-模糊综合评价法（即AHP-模糊综合评价法）。层次分析-模糊综合评价法实质上是将分层分析法和模糊评价法进行系统的结合，适用于对多变量影响且由主观判断确定的指标体系的评价。

层次分析-模糊综合评价法是首先把复杂问题分为若干有序的层次，然后根据对一定客观现实的判断，就每一层次各元素的相对重要性给出定量数值，构造判断矩阵，通过求解判断矩阵的最大特征根所对应的标准化特征向量，计算出每一层次元素相对重要性的权重值，进而利用加权算术平均法算出最终结果，[①]最后基于科学的数学原理和精确的数学计算实现对模糊事物的评价。这种方法在用于对社区活力这一带有较强主观色彩的指标进行评价时，既能体现定量评价的科学性，也能体现综合评价的合理性。社区活力指数评价体系构建方法，具体见图10-1。

---

① 辛岭等：《我国农业现代化发展水平评价指标体系的构建和测算》，《农业现代化研究》，2010年第6期。

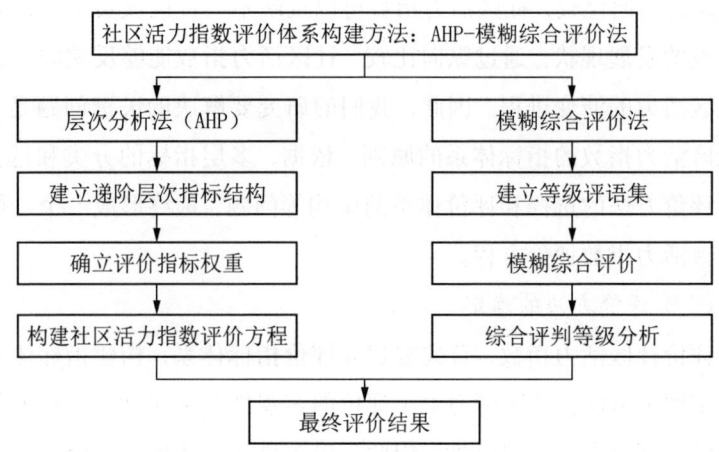

图 10-1　社区活力指数评价体系构建方法：AHP-模糊综合评价法

（注：参见邹晴晴,《城市安置社区公共空间活力评价研究——以苏州为例》,苏州科技大学硕士学位论文,2017年）

（二）评价指标的分类及选取

1. 评价指标选取的主要原则

科学选择评价指标是社区活力指数评价体系建构的基础，它很大程度上影响着评价结果的公平公正性和实效性。因此，评价指标的选取以及评价体系的构建要遵循以下规则。

一是指标的系统性。要全面考虑社区活力所涉及的各个方面及其内在联系，通过指标的综合，全面体现社区活力的发展水平。

二是指标的科学性。充分了解社区活力的概念、特点，以及现有的评价指标体系，并科学地选择指标，做到准确、全面，确保评价结果的科学性。

三是指标的可操作性。可操作性要求指标属性的界定应简洁明了，易于普遍理解与接受，且在调研数据中容易获得，以便城市社区活力调查工作的顺利开展，保证社区活力调查数据的有效性。

四是指标的代表性。选取能够反映社区活力发展水平的内容。

五是指标的可比性。指标设置既要符合各社区的实际，又有一定可比性。①

2.评价指标的整理和分类

依据前文对社区活力的影响因素的分析，我们将衡量社区活力的一级量化指标分为：社区安全、社区环境、公共服务、居民文明和居民参与。在访谈和问卷调研过程中逐步将五个基本方面的指标进一步细化，逐步确定了层级分明的评价指标。

第一，社区安全方面的二级细化指标分别是：社区治安情况、独自夜行安全情况、楼宇门禁管理、门卫安保、消防事故发生率，共五个细化指标。

第二，社区环境的二级细化指标为：物业服务满意度、停车便利度、绿化状况、公共卫生维护、整体社区环境，共计五个细化指标。

第三，公共服务的二级细化指标为：生活服务便利度、交通出行便利度、就医便利度、居委会工作满意度、业委会工作满意度，共计五个细化指标。

第四，居民文明的二级细化指标为：垃圾分类实施率、"居民公约"遵守程度、邻里关系和谐度、志愿服务精神、居民的文明素质程度，共计五个细化指标。

第五，居民参与的二级细化指标为：社区活动参与度、社区公共事务及会议参与度、志愿活动参与积极性、社区发展预期、社区居住感知满意度，共计五个细化指标。

社区活力指数指标分类及层级图详见图10-2。

（三）评价指标的层次结构及权重的确定

对社区活力指数的相关计量指标进行筛选和分类之后，接下来要进行的是指标的分层和权重配比，并在此基础上对每一项计量指标进行梯度赋值。

---

① 参见邹晴晴：《城市安置社区公共空间活力评价研究——以苏州为例》，苏州科技大学硕士学位论文，2017年。

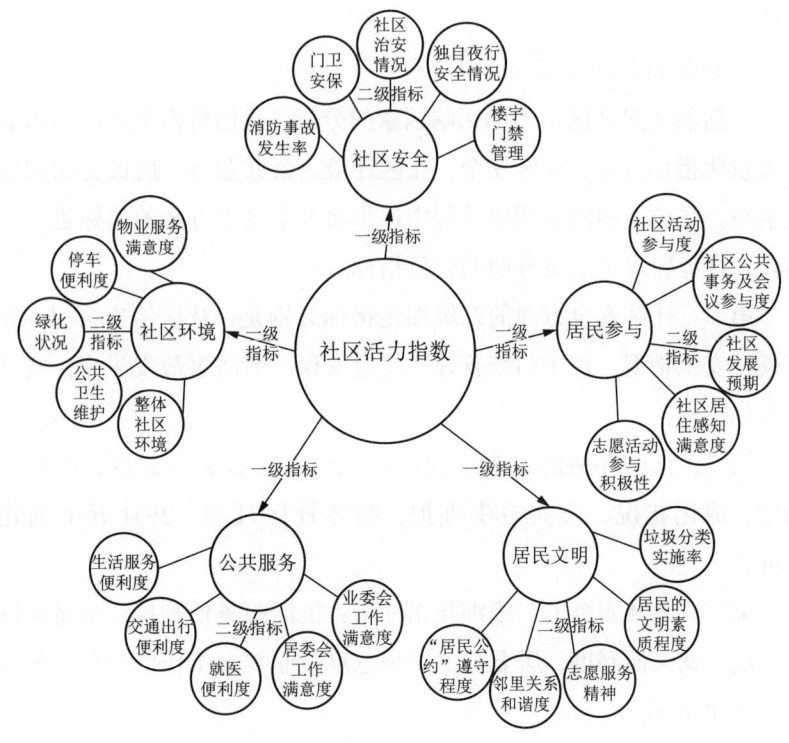

图 10-2　社区活力指数评价指标分层图

1. 指标体系的构建及层级划分

为了便于社区活力指数计量和考核,首先将对所选取的影响社区活力指数的五个一级指标,以及一级指标下的各二级指标,进行体系建构和层级划分。为了便于后续社区活力指数方程的直观展现,我们后续在进行权重配比、赋值和建模过程中,将各层级指标用英文字母表示,目标指数为社区活力指数(Community Vitality Index),用其英文缩写 CVI 表示,一级指标社区安全(community safety)、社区环境(community environment)、公共服务(public service)、居民文明(resident civilization)和居民参与(resident participation),分别用其英文缩写表示:CS、CE、PS、RC、RP,下属二级指标则用带下标的英文缩写表示:CS_i、CE_i、PS_i、RC_i、RP_i。社区活力指数指标体系建构和层级划分将直观地展现在表 10-1。

表 10-1 社区活力指数指标层级划分及体系建构表

目标	一级指标	二级指标	符号
社区活力指数（CVI）	社区安全（CS）	社区治安情况	CS_1
		独自夜行安全情况	CS_2
		楼宇门禁管理	CS_3
		门卫安保	CS_4
		消防事故发生率	CS_5
	社区环境（CE）	物业服务满意度	CE_1
		停车便利度	CE_2
		绿化状况	CE_3
		公共卫生维护	CE_4
		整体社区环境	CE_5
	公共服务（PS）	生活服务便利度	PS_1
		交通出行便利度	PS_2
		就医便利度	PS_3
		居委会工作满意度	PS_4
		业委会工作满意度	PS_5
	居民文明（RC）	垃圾分类实施率	RC_1
		"居民公约"遵守程度	RC_2
		邻里关系和谐度	RC_3
		志愿服务精神	RC_4
		居民的文明素质程度	RC_5
	居民参与（RP）	社区活动参与度	RP_1
		社区公共事务及会议参与度	RP_2
		志愿活动参与积极性	RP_3
		社区发展预期	RP_4
		社区居住感知满意度	RP_5

2. 评价指标权重配比

在对各层级的评价指标进行权重配比时，首先是对一级指标的权重配比。五个一级指标的权重分别用 R_{CS}、R_{CE}、R_{PS}、R_{RC}、R_{RP} 表示，考虑到社区安全、社区环境、公共服务、居民文明和居民参与在社区活力的衡量和对比过程中所起的效用基本等同,而且在调研和计量过程中很难衡量五个一级指标在影响社区活力指数时的优先等级,此外需要满足 $R_{CS}+R_{CE}+R_{PS}+R_{RC}+R_{RP}=1$。因此,在本书中对一级指标分配相同的权重,即 $R_{CS}=R_{CE}=R_{PS}=R_{RC}=R_{RP}=0.2$。

在对一级计量指标权重配比的基础上,还需要对每个一级指标下属的各二级计量指标进行权重配比。首先是二级指标的权重系数表示,我们将社区安全、社区环境、公共服务、居民文明和居民参与下属各二级计量指标分别用 X_j、Y_j、Z_j、P_j、Q_j 表示。同样,考虑到每个二级指标对相应一级指标的影响作用大致相同,且现实中很难衡量其间的差距,因此对一级指标下属各二级计量指标配比相等权重值,且五组二级指标的权重综合分别都为1,即

$$\sum_{j=1}^{5} X_j = 1, \sum_{j=1}^{5} Y_j = 1, \sum_{j=1}^{5} Z_j = 1, \sum_{j=1}^{5} P_j = 1, \sum_{j=1}^{5} Q_j = 1$$

由此得出二级指标的权重配比分别为 $X_j=Y_j=Z_j=P_j=Q_j=0.2$。具体情况见表10-2。

表10-2 社区活力指数各层级评价指标权重配比表

一级指标	一级指标权重配比	二级指标	二级指标权重配比
社区安全 (CS)	$R_{CS}=0.2$	社区治安情况	$X_1=0.2$
		独自夜行安全情况	$X_2=0.2$
		楼宇门禁管理	$X_3=0.2$
		门卫安保	$X_4=0.2$
		消防事故发生率	$X_5=0.2$
社区环境 (CE)	$R_{CE}=0.2$	物业服务满意度	$Y_1=0.2$
		停车便利度	$Y_2=0.2$
		绿化状况	$Y_3=0.2$
		公共卫生维护	$Y_4=0.2$
		整体社区环境	$Y_5=0.2$

续表

一级指标	一级指标权重配比	二级指标	二级指标权重配比
公共服务（PS）	$R_{PS}=0.2$	生活服务便利度	$Z_1=0.2$
		交通出行便利度	$Z_2=0.2$
		就医便利度	$Z_3=0.2$
		居委会工作满意度	$Z_4=0.2$
		业委会工作满意度	$Z_5=0.2$
居民文明（RC）	$R_{RC}=0.2$	垃圾分类实施率	$P_1=0.2$
		"居民公约"遵守程度	$P_2=0.2$
		邻里关系和谐度	$P_3=0.2$
		志愿服务精神	$P_4=0.2$
		居民的文明素质程度	$P_5=0.2$
居民参与（RP）	$R_{RP}=0.2$	社区活动参与度	$Q_1=0.2$
		社区公共事务及会议参与度	$Q_2=0.2$
		志愿活动参与积极性	$Q_3=0.2$
		社区发展预期	$Q_4=0.2$
		社区居住感知满意度	$Q_5=0.2$

3. 评价指标梯度赋值

对二级评价指标的梯度赋值，是结合问卷设计和调研进行的，完整的评价体系共涉及 25 个二级指标。每个指标在具体的调研过程中分档不尽相同，为了便于计量统计，结合前期的问卷设计，在满分为 100 分的前提限制下，我们发现存在三种类型的梯度赋值情况。

第一种梯度赋值情况为：考核结果分为五档（第一档为 100 分，第二档为 95 分，第三档为 90 分，第四档为 85 分，第五档为 80 分）；第二种梯度赋值情况为：考核结果分为四档（第一档为 100 分，第二档为 90 分，第三档为 80 分，第四档为 70 分）；第三种梯度赋值情况为：考核结果分为四档（第一档为 100 分，第二档为 85 分，第三档为 70 分，第四档为 55 分）。

在对二级指标进行梯度赋值后，经过对问卷数据的计量统计，在上文对二级指标的权重配比基础上，即可计算出计量指标的分数，一级计量指标的满分为 100 分。我们以同样的方法可以计量得出社区活力指数的分数，社区活力指数的满分亦是 100 分。

（四）社区活力指数评价模型

1. 社区活力指数的评价模型

本书以 27 个社区的居民生活状况与社区活力调查为依托，数据来源主要是 27 个社区的实地调研数据。因此，结合上述社区活力指数的指标建构基础，我们最终得出社区活力的评价模型为：

$$CVI_n = R_{CS}\sum_{j=1,\,i=1}^{5} X_j \cdot CS_i + R_{CE}\sum_{j=1,\,i=1}^{5} Y_j \cdot CE_i + R_{PS}\sum_{j=1,\,i=1}^{5} Z_j \cdot PS_i + R_{RC}\sum_{j=1,\,i=1}^{5} P_j \cdot RC_i + R_{RP}\sum_{j=1,\,i=1}^{5} Q_j \cdot RP_i$$

模型中 CVI_n 为第 n 个社区的社区活力指数；R 代表一级指标的权重系数，下标代表对应的一级指标；X_j、Y_j、Z_j、P_j、Q_j 为对应的第 j 个二级指标的权重系数；CS_i、CE_i、PS_i、RC_i、RP_i 代表五个一级指标下属的第 i 个二级指标的大小。

2. 评价结果的等级划分

我们利用已经建构起来的社区活力指数评价模型，带入调研数据可以得出 W 街道 27 个社区的社区活力指数。在社区活力指数实际得分基础上，利用模糊综合评价的方法，可以进一步得到 W 街道 27 个社区的社区活力指数的等级划分，运用等级可对 27 个社区的社区活力进行科学、合理、有效的分析。本书通过相关理论的研究，结合实际情况，将社区活力指数得分按照以下标准进行评判：

① 当 $CVI \geqslant 95$ 时，说明社区公共空间活力良好；
② 当 $90 \leqslant CVI < 95$ 时，说明社区公共空间活力较高；
③ 当 $CVI < 90$ 时，说明社区公共空间活力一般。

四、社区活力五大指标实证分析

（一）居民基本信息分析

通过利用 SPSS 22.0 软件，对本次问卷收集的数据进行分析，汇总得出表10-3的结果。

表10-3 社区居民基本信息

题目	类别	百分比
性别	男	42.4
	女	57.6
	总计	100.0
年龄	16—25岁	5.6
	26—35岁	10.0
	36—45岁	14.4
	46—55岁	13.3
	56—65岁	16.7
	66岁及以上	40.0
	合计	100.0
受教育程度	小学	2.2
	初中	18.9
	高中	24.4
	大专或本科	42.2
	本科以上	12.3
	合计	100.0
职业	企事业组织高级管理人员	4.4
	各类专业技术人员	10.0
	普通职员或工人	30.0
	离退休人员	46.7
	下岗或待业人员	1.1
	私营业主或个体户	2.2
	在校学生	5.6
	合计	100.0
月收入	3 000元以下	17.0
	3 001—5 000元	44.3
	5 001—7 500元	17.0
	7 501—10 000元	6.8
	10 001—14 000元	5.7
	14 001—20 000元	4.7
	20 001元以上	4.5
	合计	100.0

续表

题　目	类　别	百分比
政治面貌	中共党员	38.2
	群众	58.4
	民主党派人士	1.1
	共青团员	2.3
	合计	100.0
居住时长	1年以下	1.1
	1—3年	3.4
	3—5年内	3.4
	5年以上	92.1
	合计	100.0
房屋类型	自有	95.3
	租赁	4.7
	合计	100.0

从中我们可知，参与此次问卷调查的居民中，在性别方面，男性占比42.4%，女性占比57.6%。在年龄阶段方面，16—25岁的居民占比5.6%；26—35岁的居民占比10.0%；36—45岁的居民占比14.4%；46—55岁的居民占比13.3%；56—65岁的居民占比16.7%；66岁及以上的居民占比40.0%，居民中退休人员占了四成，在职人员占了六成，其中35岁以下人员，即青年居民占比15.6%，社区老龄化程度较高。

在受教育程度方面，小学学历的居民占比2.2%；初中学历的居民占比18.9%；高中学历的居民占比24.4%；大专或本科学历的居民占比42.2%；本科以上学历的居民占比12.2%；由此可见，绝大多数受访居民学历水平较高。

在职业方面，企事业组织高级管理人员占比4.4%；各类专业技术人员占比10%；普通职员或工人占比30%；离退休人员，占比46.7%；下岗或待业人员占比1.1%；私营业主或个体户占比2.2%；在校学生占比5.6%。

在可支配的月收入方面，工资在 3 000 元以下的被访居民占比 17%；工资在 3 001—5 000 元的占比 44.3%；工资在 5 001—7 500 元的占比 17%；工资在 7 501—10 000 元的占比 6.8%；工资在 10 001—14 000 元占比 5.7%；工资在 14 001—20 000 元的占比 4.5%；工资在 20 001 元以上的占比 4.5%。

在政治面貌方面，中共党员占比 38.2%；群众占比 58.4%；民主党派人士占比 1.1%；共青团员占比 2.2%。关于居住时长方面，在受访的对象中，居住时长在 1 年以下占比 1.1%；居住了 1—3 年的占比 3.4%；居住了 3—5 年内的占比 3.4%；居住了 5 年以上的占比 92.1%；由此可知，绝大部分受访居民在本社区居住年限在 5 年以上，居住时间较长，基本上对社区情况比较熟悉和了解。

最后，关于居住的房屋类型方面，被访居民居住的房屋是自有住房的占比 95.3%；在此租赁居住的占比 4.7%；可见，绝大多数居民拥有自主房屋，这为居民热爱本社区，参与社区治理，激发社区活力，推动社区治理水平提升，提供了最基本的物质条件。

(二) 社区安全指标

对于社区安全指标，我们在问卷中以 5 个问题来衡量。其中前两题是从居民主观感受上来测度社区安全程度和状况，后三题是从客观实际情况的角度，来测度社区安全情况。

从主观上来讲，当问及"小区治安情况如何？"时，如图 10-3 所示，50% 的被访居民认为小区治安很好，近三成的人认为小区治安较好，近两成的人认为小区治安一般，只有 3.4% 的人认为小区治安不太好或很差。总体上来讲，近 80% 的被访居民认为自己所居住的社区治安状况理想，这是居民从主观感知上，对社区安全状况的综合评判。

如表 10-4 所示，当被问及"你觉得自己或家人，半夜 12 点以后独自在小区行走是否安全？"时，认为半夜 12 点以后独自在小区行走是很安全的居民占比 48.3%；认为半夜 12 点以后独自在小区行走比

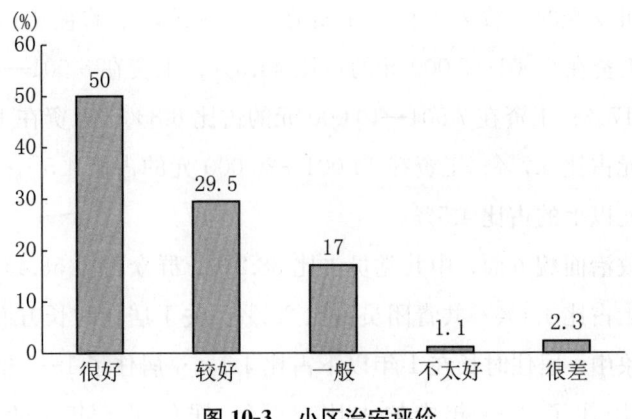

图 10-3　小区治安评价

较安全的居民占比 47.2%；这两部分居民所占比例高达 95.5%，并且并没有被访居民从主观感受上感觉到凌晨后在小区行走"很不安全"。这说明居民从主观感受上给予小区安全以很高的评价。

表 10-4　小区夜间安全评价

	百分比	有效百分比	累积百分比
很安全	47.8	48.3	48.3
比较安全	46.7	47.2	95.5
不太安全	4.4	4.5	100.0
合　计	98.9	100.0	

从客观上讲，居民从自己观察到的小区安全实际情况出发，他们表达了对自己居住小区的安全状况的高度肯定。如表 10-5 所示，当问及"过去一年中，您所居住的楼宇门禁是什么情况？"，表示居住的楼宇门禁能够正常使用的居民比例高达 85.2%，仅有 13.6% 的人表示自己居住的楼宇门禁经常敞开、不起作用，认为居住的楼宇门禁已损坏、不能使用的仅占比 1.2%。从这方面的调研数据来讲，小区楼栋安全指数是非常高的，门禁系统代表的物防安全措施，基本上保证了社区的空间安全，提升了楼栋安全系数。

表 10-5　小区楼宇门禁情况

	百分比	有效百分比	累积百分比
正常使用	83.3	85.2	85.2
经常敞开，不起作用	13.3	13.6	98.8
已损坏、不能使用	1.1	1.2	100.0
合　　计	97.7	100.0	

如表 10-6 所示，为了进一步从客观上确认社区安全情况，我们从"过去一年中，您所在的小区门卫保安是否有离岗现象"问题上切入，重新验证居民对社区安全状况的客观感知。其中表示小区门卫保安从未离岗的居民占到了五成以上，达到 56.8%，表示偶尔发生的居民占比 18.2%，这两类人群占到了总体调研人数的四分之三（75%），仅有四分之一的被调研居民观察到，经常发现小区保安离岗的现象。这说明从居民客观感知上来讲，社区安全状况非常好。

表 10-6　小区门卫保安离岗现象

	百分比	有效百分比	累积百分比
经常发生	24.4	25.0	25.0
偶尔发生	17.8	18.2	43.2
从未发生	55.6	56.8	100.0
合　　计	97.8	100.0	

为了更加贴近社区治理的具体事项，调查居民对于与自己息息相关的社区治理日常实践的客观实际工作的直观观察，本调查问卷特意设计了居民对于社区安全的七项最为熟知事项的客观观察程度，它们分别是装修扰民、邻里纠纷、高空抛物、楼道堆物、商家扰民、火灾事故、财物失窃，如表 10-7 所示。

表 10-7　居民对社区安全七项事项的观察

	装修扰民	邻里纠纷	高空抛物	楼道堆物	商家扰民	火灾事故	财物失窃
	百分比	百分比	百分比	百分比	百分比	百分比	百分比
经常发生	12.9	1.2	6.0	11.9	1.3	0.0	3.7
偶尔发生	69.4	50.0	41.7	59.5	26.9	10.1	22.2
没有发生	10.6	34.1	44.0	22.6	59.0	83.5	53.1
不清楚	7.1	14.7	8.3	6.0	12.8	6.4	21.0
合　计	100.0	100.0	100.0	100.0	100.0	100.0	100.0

第一，装修扰民方面。认为其经常发生的被访居民仅占比12.9%，属于少数居民。这类居民之所以认为装修扰民频率发生较高，是因为他们居住期间正好碰到了多起房屋频繁交易的"小概率事件"。对此事项表示不清楚的居民占比7.1%。认为偶尔发生和没有发生的居民占到了绝大多数，即80%。从这个方面来讲，我们可以判断出：社区装修基本是按照上海市的规定进行的，居民对社区安全观察所得的客观感受程度是非常高的。

第二，邻里纠纷方面。认为没有发生和偶尔发生的被访居民占比84.1%，占到了居民中的绝大多数；认为经常发生的仅占1.2%，表示不清楚的占比14.7%。由此可见，居民对自身居住社区的人际关系和谐状况的感知度是非常高的，不仅小区在物理"硬环境"上是安全的，在人际关系的"软环境"上，也是非常安全的。

第三，高空抛物方面。认为经常发生的被访居民仅占比6%，表示不清楚的居民占比8.3%，认为偶尔发生的居民占比41.7%，高达44%的居民认为从来没有发生过，后两项总体占比达到近86%。高空抛物基本上不存在反映出居民对社区安全的客观感知程度非常高。

第四，楼道堆物方面。认为经常发生的被访居民占11.9%，表示偶尔发生的居民占比59.5%，表示没有发生的居民占比22.6%。由后两项数据加总可知，82.1%的居民对自己的居住楼栋的公共区域的安全还是非常认可的。

第五，商家扰民方面。仅有1.3%的被访居民认为商家扰民行为经常发生，12.8%的居民对此种事项表示不清楚，剩下的85.9%的居民认为商家扰民行为仅是偶尔发生（26.9%）或从未发生过（59%）。这表示认为此种现象从未发生过的居民，占到了总体居民比例的近六成，从这个方面来讲，居民对于本社区的环境是比较满意的。

第六，火灾事故方面。火灾事故是影响社区安全的重大事故和隐患。对本社区而言，表示从未观察到此事故的被访居民占到了总体居民的83.5%，占总体比例的八成以上；认为偶尔发生的居民占比10.1%。这说明社区在防范火灾重大事故和安全防范方面非常成功，极大程度上保证了居民的生命财产安全。

第七，财物失窃方面。仅有3.7%的被访居民表示社区财务失窃事件经常发生，表示偶尔发生的居民占比22.2%；认为没有发生的居民占比53.1%，是居民总体中的绝大多数；21%的居民对此事件表示不清楚。从这方面的数据分析可知，与上述六个方面相一致，居民对自身财物安全感知度很高。

概而言之，根据对以上数据进行的综合分析，我们可知，80%—90%的社区居民无论是从主观感受上，还是从客观观察到的社区安全现象和行为上，都认为社区安全指数是相当高的。只不过，我们认为从具体数据分析上，社区居民认为自己居住的以邻里为单位的楼栋的安全程度，要高于作为整体群体居住的以小区为单位的社区的安全程度而已，这恰恰说明了居民所居住社区的安全指数是非常高的。

（三）社区环境指标

对于社区环境指标的考察，我们围绕社区物业环境、物理环境、卫生环境，以及社区居民公共活动开展的空间环境、社区整体环境感受度等，进行了详尽细致的问卷设计。我们在问卷中用六个问题来衡量社区环境。其中前三题是从居民主观感受上来测度社区环境的感受度，后三题是从客观实际情况的角度，来测度社区环境的实际状况。两方面相结合共同得出社区环境指数。

就居民对社区环境的感受而言，表 10-8 呈现了四方面的数据。

表 10-8 居民对社区四项环境的感受

| | 小区绿化状况 | 公共卫生维护 | 物业保修服务 | 整体社区环境 |
	百分比	百分比	百分比	百分比
很好	28.9	25.6	22.2	26.7
较好	40.0	42.2	45.6	41.1
一般	20.0	21.1	16.7	24.4
较差	8.9	8.9	12.2	6.7
很差	2.2	2.2	3.3	1.1
合计	100.0	100.0	100.0	100.0

第一，小区绿化状况。认为很好的被访居民占比 28.9%；表示较好的占比 40%；认为一般的居民占比 20%；认为较差的居民占比 8.9%；认为很差的居民占比 2.2%。总体来看，被调研居民中认为小区绿化环境在一般水平及以上的比率，高达 88.9%，这说明小区居民对小区物理空间的绿化状况是高度满意的。

第二，公共卫生维护状况。25.6% 的被访居民认为小区公共卫生状况维护得很好，42.2% 的居民认为小区公共卫生状况维护得较好；21.1% 的居民认为小区公共卫生状况维护得一般；认为较差（8.9%）和很差（2.2%）档次的居民占比 11.1%。虽然部分居民认为小区公共卫生维护状况较差，但是，绝大多数居民（88.9%）对小区公共卫生维护状况是高度赞赏的，这说明社区整体公共卫生维护状况质量很高。

第三，物业保修服务状况。22.2% 的居民认为物业保修服务很好，45.6% 的居民认为物业保修服务较好，16.7% 的居民认为物业保修服务一般，具有此三项主观感受态度的居民占比为 84.5%，略低于物业公司提供的上述绿化和卫生维护服务 4—5 个百分点，15.5% 的居民认为物业保修服务较差和很差。但是，总体来讲，居民对物业保修服务的提供还是感到比较满意的。

第四，整体社区环境状况。对于社区环境的整体状况而言，26.7% 的受访居民认为整体社区环境很好，41.1% 的居民认为整体社区环境较好，24.4% 的居民认为整体社区环境一般；具有此三项主观感受态度的居民占比高达 92.2%；仅有 7.8% 的居民认为整体社区环境较差或很差。这从一定意义上说明，整体社区环境维护的质量很高。

为验证居民的这种主观感受，我们设计了两道客观标准的调查题目，以测度居民在客观上对于社区环境的直接观察。

如图 10-4 所示，当问及"过去一年中，您是否看到过小区中乱堆建筑垃圾的情况"时，70% 的居民表示很少看到，表示经常看到的居民的占比仅为 15%。从这个方面我们可以推断，上述对于社区环境感受度非常高的数据分析是符合社区环境的真实状况的。

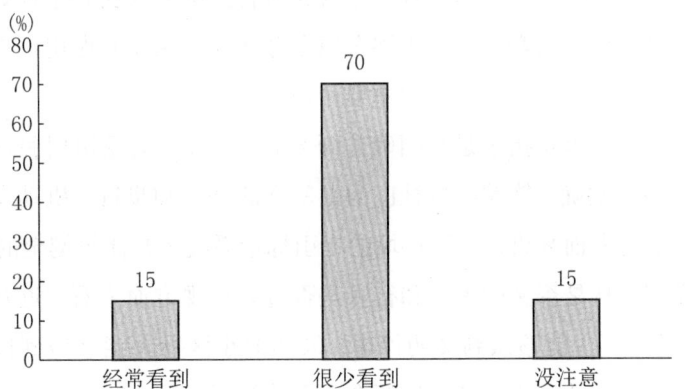

图 10-4　小区乱堆建筑垃圾现象

除了以影响小区环境的乱堆物现象为测量对象，我们还对当下普遍存在的影响小区环境的不文明停车现象进行了测量，如表 10-9 所示。

表 10-9　小区不文明停车现象

	车位划线清晰	保安主动引导	道路指示明确	停车收费合理	车主文明停车	行人遵守交规
	百分比	百分比	百分比	百分比	百分比	百分比
很符合	48.8	21.2	40.7	44.6	38.4	47.1
比较符合	33.3	51.8	36.0	41.0	40.7	45.9
不太符合	13.1	17.6	15.1	4.8	17.4	3.5
完全不符合	4.8	9.4	8.2	9.6	3.5	3.5
合　计	100.0	100.0	100.0	100.0	100.0	100.0

第一，从上表的整体数据分布来看，绝大多数的受访居民（82.1%）认为，所住小区的车位划线比较清晰，仅有不到两成的居民认为不够清晰，这说明小区车位治理是非常到位的。这种良好状况，也从85.6%的居民认为停车收费比较合理的数据上反映出来。

第二，从保安主动引导方面来看，73%的受访居民认为小区保安能够主导引导机动车的停放，为社区整体行车环境和秩序的营造，发挥了积极作用；然而，仍然有超过两成的居民认为保安并未很好发挥引导机动车停放的功能。与上述车位划分相比，保安的作用仍需进行规范，发挥其维护社区秩序的重要作用。

第三，从道路指示是否明确方面来看，76.7%的受访居民认为小区道路指示明确，能够维持社区的最基本的秩序和步行、机动车行驶系统。从这方面来讲，小区环境的指引标示系统还是比较健全的。

第四，从是否文明停车和行人是否遵守交规方面来看，近八成的车主（79.1%）能够做到文明停车，93%的小区行人能够做到按照交通规章制度在小区中行走。这两个方面的数据，再次证明社区居民遵守社区的基本规范和制度，维护社区基本的行车和步行秩序，这是社区环境质量在人文意义上的重要体现。

社区公共空间环境的舒适与否，或好坏，直接影响居民前往这些公共空间的意愿、行为和频率。如表10-10所示，当问及"您去过哪些社区公共空间?"时,81.1%的居民表示去过居委会,67.4%的居民表示去过小区活动室,62.2%的居民表示去过小区健身点,66.7%的居民表示去过小区花园;然而,仅有10%的居民表示去过楼组睦邻点,九成居民表示没去过楼组睦邻点,从这个方面来讲,楼组睦邻点还需要加大宣传力度,并且改善自身服务与环境,吸引更多居民前往。

表10-10 社区公共空间的使用情况

		百分比	有效百分比	累积百分比
居委会 (家门口服务站)	去过	81.1	81.1	81.1
	没去过	18.9	18.9	100.0
	合计	100.0	100.0	
小区活动室	去过	66.7	67.4	67.4
	没去过	32.2	32.6	100.0
	合计	98.9	100.0	
小区健身点	去过	62.2	62.2	62.2
	没去过	37.8	37.8	100.0
	合计	100.0	100.0	
小区花园	去过	66.7	66.7	66.7
	没去过	33.3	33.3	100.0
	合计	100.0	100.0	
楼组睦邻点	去过	10.0	10.0	10.0
	没去过	90.0	90.0	100.0
	合计	100.0	100.0	

总之,对于社区环境指标而言,第一题、第四题是对社区物理环境,例如卫生、绿化环境的考察;第二题、第三题是对社区物业服务和管理的考察,这直接影响到社区环境的管理;第五题是对社区居民人文环境的考察,这是物理环境在居民素质上的体现;最后一题是对社区公共空间环境和服务的考察,它直接体现社区公共空间环境和服

务的质量。四个大方面的数据,基本上反映了社区环境达到了70%—80%的居民满意度。从这个方面讲,它虽然略低于社区安全指标,但是,W街道的社会环境质量水平处于上游。

通过数据分析挖掘社区环境指标低于社区安全指标的主要因素,我们可知,其最重要的影响变量是社区物业管理服务的质量。

如图10-5所示,虽然绝大多数被调查居民(91%)认为物业收费处于正常水平,但是这并不代表物业服务质量与其收费水平是成正比的。社区环境质量好坏的直接相关要素是物业服务的质量,而不是物业服务收费的高低。

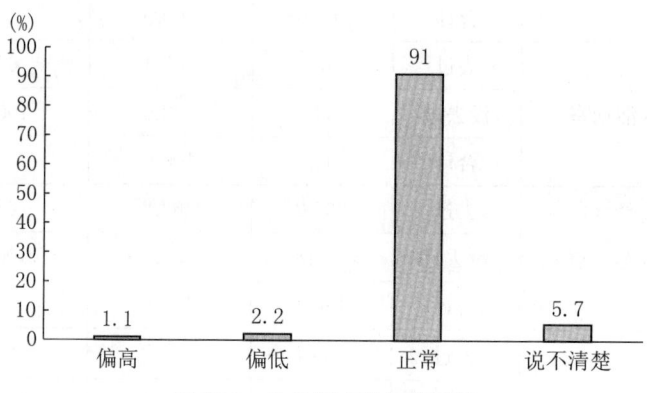

图10-5 物业管理服务的质量

如图10-6所示,对于社区环境比较不满意(感受度为较差或很差)的居民来讲,造成此种状况的主要原因是物业管理不到位,选择此种原因的居民的比例占到了67.9%。其次是认为房屋设施较老的缘故,占比14.3%。认为居民素质较差、无法自觉维护的占比10.7%。而认为业委会不作为、居委会发挥作用不够的居民占比不到一成,仅为7.2%。从这方面的调研数据我们可以得出,社区物业管理是社区环境好坏的直接影响变量,社区物业公司的作为与否,直接影响社区环境的好坏,直接关乎居民主观上对社区环境状况的感知;由此,加强社区物业管理是提升社区环境的最为重要的方面。

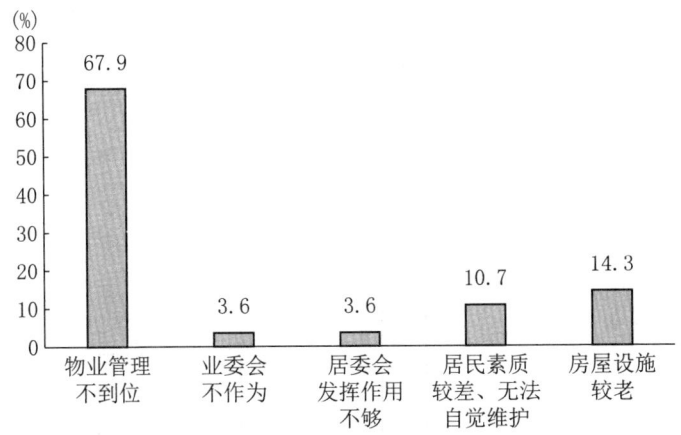

图 10-6　造成物业管理不到位的原因

（四）公共服务指标

公共服务指标是体现社区活力指数的重要指标之一，良好的社区公共服务是高水平的社区活力的物质基础。我们的调查问卷，在本部分的考察中，以 11 道选择题，围绕居委会为主体的自治组织提供的公共服务，政府提供的小区周边的公共产品的便利程度，以及居民的主观满意度等，展开对公共服务指标的调查研究。

如图 10-7 所示，当问及"您或您的家人是否主动求助过居委会"时，5.6%的受访居民表示经常去，31.5%的人表示偶尔求助，43.8%的人表示很少求助，19.1%的人表示从未求助过。汇总经常和偶尔求助的人的总比例，我们可知，37.1%的居民对居委会比较熟悉，对居委会作为社区自治组织的服务存在一定的需求，故在遇到相关事项的情况下，他们会去主动求助居委会。然而，接近半数的居民，很少主动求助居委会；结合我们的深度个案访谈，我们发现此种现象背后的原因是：居民虽然知道居委会的存在，但是自身的生活并不需要主动求助居委会办理各项事务，故很少求助居委会。然而，还有接近两成的居民，从未求助过居委会。这存在三个方面的主要原因：第一，他们不知道居委会的存在；第二，知晓居委会的存在，但是对居委会的功能缺乏了解；第三，对居委会的功能也比较了解，但是自己的各项事务要么通过市场化手段，要么通过社会化和个体手段解决，并不需要居委会，故从未求助过居委会。

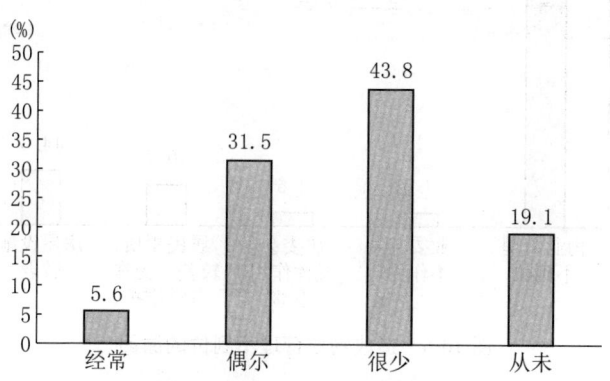

图 10-7　居民求助居委会情况

如图 10-8 所示，对于"在居委会工作时间，你是否能方便地联络到居委会工作人员"的问题，49.55% 的受访居民表示很方便，29.33% 的人表示比较方便，19% 的人表示方便程度一般，只有约 2.12% 的人认为较难找到居委会的工作人员。从总体数据上可以看出，大概接近 80% 的被访居民认为自己在遇到与社区事务相关事项的时候，可以比较方便地联系到居委会的工作人员。从这个方面看，作为社区自治组织的居委会能做到最为基本的可达性，这是其提供自治性公共服务的最基本的条件。

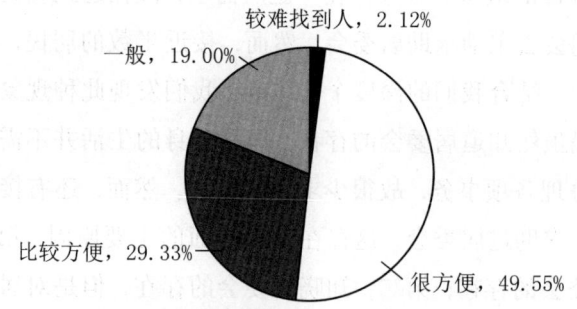

图 10-8　居民联络居委会工作人员情况

根据表 10-11 可知，居民认为"居委会工作人员热情接待，并及时回复我的问题"（包括很符合和比较符合，下同）占到调研总体居民比例的 96.6%，这一数字非常高；认为"居委会工作人员走访过我家，我或我家人认识其中某些工作人员"虽比上一项略低，但是也高达 93%；居民认为"居委会工作人员与居民关系和谐、能主动帮助居民解决困难"占比 94.3%，略高于其前一项的数字；在居民中表达了"居委会工作人员能力较强，较好地解决了我的问题"这种感受的人，占比高于总体被访居民数量的九成，即 90.8%；表达"我经常看到居委会工作人员开展各种活动"这种感受的被访居民比例，高于上一项，占比高达 93.3%。此题目从各个方面，对居委会提供公共服务的主观态度到提供公共服务的客观能力，进行了详尽细致的考察和研究。从数据分析上，我们发现居民对居委会提供公共服务时的服务态度的评价最高，接近所有被访居民总数的 100%，同时，居民对居委会工作人员的日常工作能力，工作人员对居民及其事务的熟悉度，工作人员解决社区纠纷、矛盾，以及和谐邻里关系的能力，都做出了高度评价，基本上九成以上的居民对居委会提供公共服务的态度和能力，做出了极高的评价。

表 10-11 居委会工作情况评价

	居委会工作人员热情接待,并及时回复我的问题	居委会工作人员走访过我家,我或我家人认识其中某些工作人员	居委会工作人员与居民关系和谐、能主动帮助居民解决困难	居委会工作人员能力较强,较好地解决了我的问题	我经常看到居委会工作人员开展各种活动
	百分比	百分比	百分比	百分比	百分比
很符合	73.9	65.1	71.3	71.3	75.3
比较符合	22.7	27.9	23.0	19.5	18.0
不太符合	1.1	4.7	3.4	8.0	4.5
完全不符合	2.3	2.3	2.3	1.2	2.2
合　　计	100.0	100.0	100.0	100.0	100.0

如图 10-9 所示，综合更新工作是街道开展的重要的为民服务事项，是社区公共服务的重要组成部分。当问及"过去的三年内，您的小区是否开展过综合整新？"时，76%的人表示小区开展过综合整新，这说明近八成的居民对综合整新工作代表的公共服务知晓。

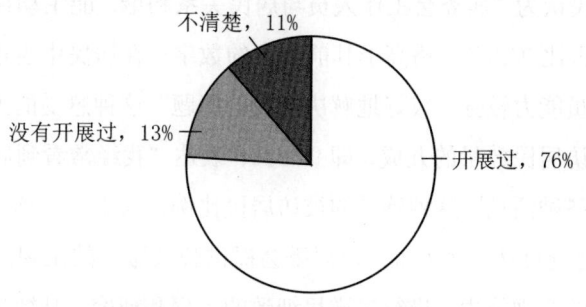

图 10-9　小区是否开展过综合整新

总体来讲，绝大多数居民对于小区开展的综合更新工程的评价是很高的。如图 10-10 所示，关于小区综合整新的说法，超过七成的居民认为综合整新极大地改变了小区面貌，方便了居民生活；18.4%的居民认为综合整新工程实施期间虽然给居民生活带来了不便，但结果比较好；综合此两项所占比例，我们可知近九成的居民对小区综合整新工程持很高的肯定态度，认为此项公共服务较好地改善了小区面貌，提高了居民的出行便利度。

我们对七项具有代表性的社区公共服务工程也进行了重点调研。如表 10-12 所示，关于小区开展过的综合整新工作中，71.4%的居民知道小区开展过雨污水改造，一半的居民知道小区开展过外立面修补工作，42.9%的居民知道小区开展过小区道路改造工程，48.6%的居民知道小区开展过绿化整治工程，44.3%的居民知道小区开展过小区花园改造工程，占小区半数的居民知道小区开展过停车位拓展工程，31.4%的居民知道小区开展过楼顶平改坡工程，相对其他几项而言，平改坡工程知晓度相对较低，这与平改坡工程开展的时间离现在比较久有关。综合上述几项数据分析可知，对于小区几项代表性公共服务

第十章 活力社区：镇管社区的治理形态 / 233

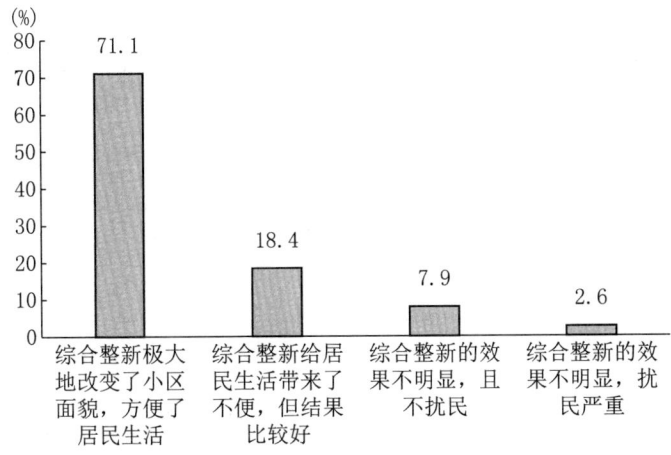

图 10-10 小区综合整新效果

工程而言，占小区半数的居民都对其有所知晓与了解，这说明社区公共服务的知晓度和实施呈现度还是比较高的。

表 10-12 七项社区公共服务工程及其他

		百分比	有效百分比	累积百分比
雨污水改造	是	55.6	71.4	71.4
	否	22.2	28.6	100.0
	合计	77.8	100.0	
外立面修补	是	38.9	50.0	50.0
	否	38.9	50.0	100.0
	合计	77.8	100.0	
小区道路改造	是	33.3	42.9	42.9
	否	44.4	57.1	100.0
	合计	77.7	100.0	
绿化整治	是	37.8	48.6	48.6
	否	40.0	51.4	100.0
	合计	77.8	100.0	

续表

		百分比	有效百分比	累积百分比
小区花园改造	是	34.4	44.3	44.3
	否	43.3	55.7	100.0
	合计	77.7	100.0	
停车位拓展	是	38.9	50.0	50.0
	否	38.9	50.0	100.0
	合计	77.8	100.0	
楼顶平改坡	是	24.4	31.4	31.4
	否	53.3	68.6	100.0
	合计	77.7	100.0	
其他	是	3.3	4.3	4.3
	否	74.4	95.7	100.0
	合计	77.7	100.0	

以下几个方面，是我们对街区范围内的，政府提供的生活、交通和医疗等方面的公共产品进行的调研。

如表10-13所示，对于生活服务的公共服务，94.3%的居民认为所住小区买菜购物比较方便（包括很方便和比较方便两个程度性测量，下同）；对于交通出行方面，97.7%的居民认为所住小区周边具有完善的公共交通基础设施，居民交通出行比较方便；对于公共医疗服务方面，98.9%的居民认为所住小区周边的医疗资源比较丰富，具有比较方便的看病就医服务。总体而言，以三个方面的公共服务代表而言，接近所有被调研居民对自己所住小区的公共服务表示非常满意。

表 10-13 政府提供的公共产品的便捷度

	买菜购物是否方便？	交通出行是否便利？	看病就医是否方便？
	百分比	百分比	百分比
很方便	54.5	64.0	62.5
比较方便	39.8	33.7	36.4
不太方便	5.7	2.3	1.1
合　计	100.0	100.0	100.0

除了公共服务外，居民对提供公共服务的主体组织或机构，也具有出于自身体验的评价。

如表 10-14 所示，当问及"您或您的家人去过以下哪些机构？"时，超过九成的居民都去过居委会，可见居委会在社区公共服务提供中的重要地位和作用。作为自治组织的居委会在社区公共服务中，例如矛盾纠纷解决、居民活动组织等方面，发挥了不可替代的作用。物业公司作为与小区居民日常生活环境紧密相关的主体，其对社区卫生环境的维护、公共安全的维持，以及其他各项社区公共服务的提供，与居民须臾不可分割。但从数据上我们也可以看出，远低于居民对居委会的依赖度，只有超过六成的居民去找过物业公司。结合我们的深度个案访谈，其中的原因是许多事项的解决居民一般优先找居委会而非物业公司，这就使物业公司与居民的联系度低于居委会。相比于居委会而言，作为业主自治机构的业委会，在这方面发挥的作用较低，仅有不到两成的居民在社区生活过程中去找寻业委会反映诉求，并求助其解决问题。街道作为区级政府派出机构，是最为基层的政府机关，由于属地问题属地解决的原则，许多社区事项一般在社区中便得到比较顺利的解决，由此，能够上诉到街道的社区公共服务事项比较少，故仅有不到两成的居民去找过街道办事处。

表 10-14　居民对提供公共服务的机构的评价

		百分比	有效百分比	累积百分比
居委会	去过	87.8	91.9	91.9
	没去过	7.8	8.1	100.0
	合计	95.6	100.0	
业委会	去过	16.7	17.2	17.2
	没去过	80.0	82.8	100.0
	合计	96.7	100.0	
物业	去过	58.9	60.9	60.9
	没去过	37.8	39.1	100.0
	合计	96.7	100.0	
街道办事处	去过	14.4	14.9	14.9
	没去过	82.2	85.1	100.0
	合计	96.6	100.0	

居委会是居民自治组织，业委会是业主自治组织，物业公司是市场化企业，三者虽然是社区治理和公共服务供给的"三驾马车"，但是，居民对三者的满意度却是各异的。如表 10-15 所示，居民对居委会的满意度最高，超过七成的居民对居委会工作很满意，近两成的居民对居委会工作比较满意，此两项的人数已经达到居民总数的近九成。由此可知，居委会的公共服务功能发挥得非常好。对业委会和物业公司而言，对其工作很满意的居民仅为三四成，低于居委会此项比例的一倍以上，对其服务比较满意的居民与对其很满意的居民人数相差无几，分别为 36% 和 34.5%；对两者持一般满意态度的居民较多，约为两成。由此数据分析可知，在社区公共服务供给过程中，居委会发挥了非常重要的作用，而且 90% 的居民对其公共服务功能的发挥，做出了极高的评价。但是相对于社区公共服务中的另外"两驾马车"而言，业委会的公共服务职能的发挥与公共服务供给的质量和水平，都应得到进一步提高，因为仅有 70% 左右的居民对其供给的公共服

务持满意的态度(对物业公司而言,仅有 67.4% 的居民对其感到满意)。

表 10-15 居民对"三驾马车"的评价

	居委会 百分比	物业公司 百分比	业委会 百分比
很满意	70.8	31.4	36.9
比较满意	19.1	36.0	34.5
一般	6.7	17.4	21.4
不太满意	1.1	7.0	3.6
很不满意	2.3	8.2	3.6
合　　计	100.0	100.0	100.0

(五)居民文明指标

居民文明是衡量社区活力的重要指标。居民素质如何,直接影响到社区治理质量的好坏和社区治理的顺畅度,它是社区活力的指向标,是社区活力的"软实力"。从这个方面讲,居民是否文明,是否配合社区治理各项活动的开展,是否主动遵循社区居民公约,并积极参与建构和谐的邻里关系,直接关系到社区活力的高低。对居民文明的考察,我们在本部分,是通过一系列题目的形式,围绕居民文明的表现形式、体现现象和主观感受,进行了详尽细致的考察。

生活垃圾分类现在是上海市所有社区都在推行的一项环境友好型全民举措,这项举措不仅是政府行为,更是一项体现居民文明的个体自觉行为,所以,主动配合政府举措进行垃圾分类,这是体现居民文明的重要指标。如图 10-11 所示,当问及"您能否配合小区要求主动进行垃圾分类"时,20% 的居民表示基本能够做到垃圾分类,80% 的居民表示每天都能做到垃圾分类,并且数据显示没有一个居民做不到垃圾分类。由此可以看出,100% 居民的主动的垃圾分类行为,体现了高水平的居民文明。

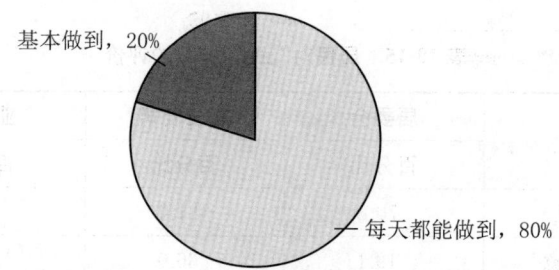

图 10-11　居民参与生活垃圾分类情况

除了生活垃圾分类外,还有一系列能够体现居民文明水平的个体行为。因为垃圾分类毕竟带有"强制性""运动性""压力性"特征,由此,为了全面考察居民文明,我们对损毁绿化、乱扔垃圾、不文明养宠、不在指定区域晾晒衣物、乱拉电线为电瓶车充电、乱停自行车或电瓶车等不文明行为也进行了详尽调研。

如表 10-16 所示,我们可以看出,六种损害居民文明的行为,经常发生的概率都非常低,均低于 10% 这个基点。偶尔发生的不文明行为,最低的当属损毁绿化和不在指定区域晾晒衣物两种,而其余四种不文明行为的偶尔发生率达到或超过五成,而乱扔垃圾这项不文明行为则超过了 60%,偶尔发生的概率最高。可见,在垃圾分类过程中,需要对此项不文明行为加大监督力度。对于不文明行为从未发生过的比率来看,损毁绿化和不在指定区域晾晒衣物的行为概率最高,两者约为五成,这与上面分析的数据相一致;乱扔垃圾和不文明养宠的行为相对最差,其从未发生的比率均未超过 25%;乱拉电线为电瓶车充电、乱停自行车或电瓶车两种不文明行为,从未发生过的比率虽然稍高于前两者,但是也均未超过 30%。由此可知,从此六项居民不文明行为发生概率的数据分析来看,我们还需推出进一步的措施,针对上述六项不文明行为对症下药,进一步提升社区文明水平。

表 10-16 小区不文明行为发生情况

	损毁绿化	乱扔垃圾	不文明养宠	不在指定区域晾晒衣物	乱拉电线进行电瓶车充电	乱停自行车、电瓶车
	百分比	百分比	百分比	百分比	百分比	百分比
经常发生	8.5	8.5	9.6	2.5	9.5	9.4
偶尔发生	34.1	61.0	55.4	30.0	50.0	52.9
没有发生	48.8	24.4	24.1	55.0	29.8	29.4
不清楚	8.6	6.1	10.9	12.5	10.7	8.3
合 计	100.0	100.0	100.0	100.0	100.0	100.0

居民公约是经过居民同意的"社区规章",由此,每个居民都应遵守全体居民通过的居民公约,这是社区文明在居民遵纪守规方面的重要体现。如图 10-12 所示,当问及"您能否遵守居民公约的内容"时,表示肯定会遵守居民公约的居民高达 94%,剩余 6% 的居民也表示可能会遵守居民公约,没有居民公然反对遵守居民公约。从这方面来讲,居民的遵纪守规意识很强,具有强烈的社区文明感觉。

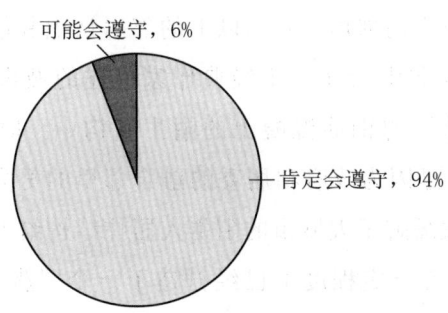

图 10-12 居民遵守居民公约的情况

如表 10-17 所示,当问及"您或您的家人是否认识所在楼道的楼组长"时,87.2% 的居民表示认识楼组长,而且超过 87% 的居民在过去一年内,因小区公共事务与楼组长打过交道。由此可见,楼组长作为楼组自治的领头人,可以有效地与居民进行沟通,做到小事不出楼道,做好邻里空间的治理。

表 10-17 对楼组长的熟悉度

		百分比	有效百分比	累积百分比
您或您的家人是否认识所在楼道的"楼组长"	认识	83.3	87.2	87.2
	不认识	8.9	9.3	96.5
	我或我的家人是楼组长	3.3	3.5	100.0
	合计	95.5	100.0	
过去一年内,您或您的家人是否与"楼组长"因小区的公共事务打过交道	有过	82.2	87.1	87.1
	没有	12.2	12.9	100.0
	合计	94.4	100.0	

对于邻里关系亲疏的衡量,我们是以居民认识的邻居的数量来衡量的。如图 10-13 所示,当问及"您或您的家人,在小区中认识几家邻居"时,59.3%的人表示认识 10 家及以上的邻居,24.4%的人表示认识 5—9 家邻居,表示认识 4 家及以下的邻居的人占比 14%;仅有 2.3%的人表示不认识任何邻居。从这个比例来看,超过八成的社区居民认识 5 家以上的邻居,97%以上的邻居认识其他邻居,这说明绝大多数居民并非生活在一个经典作家描述的城市生活的纯粹的"老死不相往来"的钢筋混凝土的陌生结构中。根据深度个案访谈,我们可知,是因为政府和居委的融合邻里的努力,使小区的邻里关系已经有效缓解了大城市的陌生人居住结构给人们造成的疏离感、匿名性,这在一定程度上已经打造了一个"熟人共同体"。这种人与人之间相互熟悉的熟人共同体,是居民文明素质提升的群体基础。

认识邻居,仅仅是邻里关系比较融洽的表现;邻里之间的互帮互助,才是"远亲不如近邻"中透露出的邻里关系的精髓。如图 10-14 所示,我们发现 42%的居民曾经向邻居求助过,希望其帮助自己共同解决社区生活中遇到的问题。

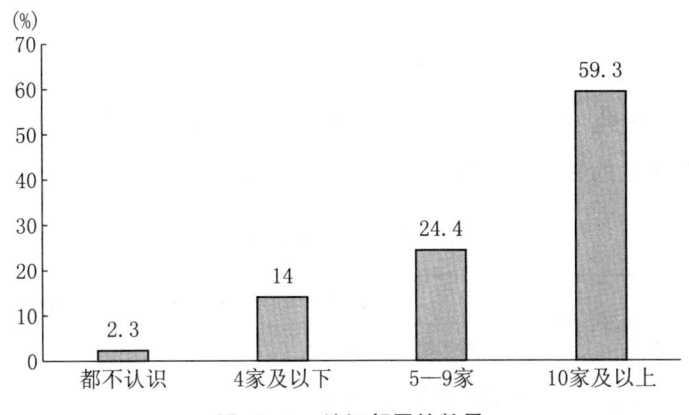

图 10-13　认识邻居的数量

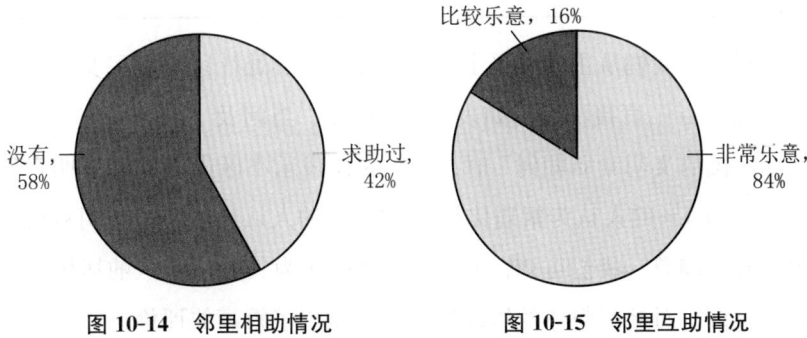

图 10-14　邻里相助情况　　　图 10-15　邻里互助情况

求助是一回事，乐于助人是另外一回事，只有这两个条件同时存在，才能造就健康和善的邻里关系。如图 10-15 所示，当问及"如果邻居需要帮助，在力所能及的情况下您是否愿意施以援手"时，84%的人表示非常乐意，16%的人表示比较乐意。两个数据的加总是100%，这说明根据我们的抽样调查，在整个社区居住的所有受访居民，都乐于向遇到困难的邻居伸出援手。邻里互助氛围在整个社区是非常热烈的，互帮互助的邻里关系在居民的主观意愿上是积极的，它充分体现了整体的社区居民的高水平的文明素质。

对小区邻里和谐程度，居民主观上都有自我评判。如表 10-18 所示，当问及"您觉得您所在小区，邻里之间的关系如何"时，51.8%

的人认为邻里关系很和谐，40%的人表示邻里关系比较和谐，8.2%的认为邻里关系一般，没有任何居民表示其所住小区的邻里关系是不和谐的。由此可见，客观上的数据展示的和谐邻里关系，与居民主观上对其所处的邻里关系的评价是一致的。

表 10-18 邻里关系状况

		百分比	有效百分比	累积百分比
您觉得您所在小区，邻里之间的关系如何	很和谐	48.9	51.8	51.8
	比较和谐	37.8	40.0	91.8
	一般	7.8	8.2	100.0
	合计	94.5	100.0	

最后，我们从主观感受上，对居民对其所处社区的居民文明素质的程度进行了直接测量。如表 10-19 所示，当问及"您觉得您所在小区，居民的文明素质如何"时，40%的人表示小区内居民的文明素质很好，49.4%的人认为素质比较好，9.4%的人认为居民的文明素质一般；通过加总，我们可知，98.8%的居民认为其所住小区的居民文明素质良好，对社区整体的居民文明素质做出了较高的评价。

表 10-19 居民文明素质状况

		百分比	有效百分比	累积百分比
您觉得您所在小区，居民的文明素质如何	很好	37.8	40.0	40.0
	比较好	46.7	49.4	89.4
	一般	8.9	9.4	98.8
	很差	1.1	1.2	100.0
	合计	94.5	100.0	

总而言之，根据上述数据分析和调研，我们可知：第一，从体现居民文明的行为角度来讲，80%以上的居民，能够做到避免例如乱扔垃圾、随意损毁绿化、不文明养宠等为代表的社区不文明行为；第

二，从体现居民文明的个体居民的主观感受来讲，100%的居民都能够从主观上自觉遵守小区居民公约，做到遵纪守规，并能够在主观意愿上表达积极帮助邻里的"善心善意"。虽然居民文明素质在主观意愿上的体现，要远远高于在行动上的落实，但是具备较高的文明意愿，并不代表就会自觉将这些文明意愿付诸社区治理行动。基于此，激发社区活力，还需要多从社区居民的实实在在的行动上着手。

（六）居民参与指标

居民是社区治理的天然参与主体，如果居民参与性低，社区治理便存在天然的缺陷，社区活力也就变成了无本之木。由此，社区治理在具备了物质硬指标后，还要具备软指标。社区治理中的居民参与动员具有一定的优先顺序。首先是社区党员，他们是具有高参与性的社区人群，并且社区党员对社区治理的参与具有一定的带动作用，是撬动社区治理的重要支点。其次是社区治理骨干。除了社区党员以外，社区治理过程中还具有一批非常重要的参与人群，我们称之为社区治理骨干。社区治理骨干一般由居民参与领袖和社区能人组成，他们对社区治理公共事务的参与使社区公共议题得以有效解决。再次是社区治理团队。无论是社区党员还是社区治理骨干，他们对社区治理的参与基本上是以个体化形式进行的，虽然他们能够从一定程度上解决社区治理的一些问题，但是却无法应对涉及众多社区人群的具有普遍意义的公众议题。基于此，社区治理团队便成为居委会、业委会和物业公司依赖的社区治理的组织化力量，这些团队可以形成巨大的参与效应以应对个体参与者无法解决的共同化难题，例如社区安全巡逻等。最后，动员一般居民走出家庭，走进社区，参与社区公共事务。在居委会、社区领袖与社区团队的活化下，整个居民区从陌生的城市空间走向温暖的熟人共同体，社区一般居民就可以从自己的小家庭里走出来，走进楼组，走进社区，参与社区大家庭的公共事务治理。

居民对社区活动参与的频率，是衡量居民对社区事务关心的重要指标，也是社区活力的最为重要的外在体现之一。如图10-16所示，当问及"过去一年内,您或您的家人是否参与过社区内各种类型的活动"时,69.8%的人表示参加过3次及以上各种类型的社区活动,26.7%的人表示参加过1—2次社区活动,仅有3.5%的人表示从未参加过社区活动。以上数据说明,96.5%的居民参加过一次以上社区内的各种类型的活动。社区居民的参与行为是非常活跃的,这证明社区活力指数较高。

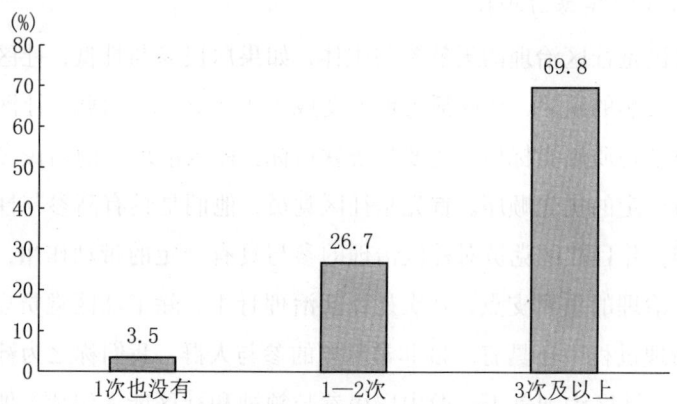

图10-16 居民参与社区活动频率

参加过社区活动,体现了社区居民参与的广度;参与的活动的类型,更能体现社区居民参与的深度;对不同类型的社区活动而言,居民参与活动的类型不同,其参与的深度也不同。

根据表10-20的数据可知,居民对不同类型的活动的参与是不一样的:68.3%的人参加过社区举办的节庆活动,61.4%的人参加过社区举办的各种讲座活动;47%的人参加过社区团队为代表的社区自组织,60.2%的人参加过志愿服务活动。对于前两种活动,居民的参与率均高于60%,这两种活动只需要居民出席即可,带有服务居民、娱乐居民的目的,这对于锻炼居民的参与技能,提高居民的参与水平,成效一般,其主要功能在于提高社区居民精神生活的水平和质量。对比而言,居民对于后两种活动的参与率较低,而且社区志愿服务活动的参与率明显高于参与社区团队的比率,这说明在参与深度和质量上，社区居民参与还需提升。

表 10-20　居民参与社区活动的类型

		百分比	有效百分比	累积百分比
节庆活动	是	62.2	68.3	68.3
	否	28.9	31.7	100.0
	合计	91.1	100.0	
社区讲座	是	56.7	61.4	61.4
	否	35.6	38.6	100.0
	合计	92.3	100.0	
社区团队	是	43.3	47.0	47.0
	否	48.9	53.0	100.0
	合计	92.2	100.0	
志愿服务	是	55.6	60.2	60.2
	否	36.7	39.8	100.0
	合计	92.3	100.0	

为分析参加社区活动的目的，我们询问居民为何参加这些社区活动。如表10-21所示，75%的人回答是为了丰富业余文化生活，53%的人回答是为了为社区建设出份力，45.8%的人回答是为了提高个人文化素质，49.4%的人回答是为了结交朋友扩大交往。

表 10-21　居民参与社区活动的目的

		百分比	有效百分比	累积百分比
丰富业余文化生活	是	70.0	75.0	75.0
	否	23.3	25.0	100.0
	合计	93.3	100.0	
为社区建设出份力	是	48.9	53.0	53.0
	否	43.3	47.0	100.0
	合计	92.2	100.0	

续表

		百分比	有效百分比	累积百分比
提高个人文化素质	是	42.2	45.8	45.8
	否	50.0	54.2	100.0
	合计	92.2	100.0	
结交朋友扩大交往	是	45.6	49.4	49.4
	否	46.7	50.6	100.0
	合计	92.3	100.0	

居民参加不同类型活动的目的是不同的。活动的类型不同，带给他们的参与体验也不同，有的活动带来的参与体验是"自利型"的，有的活动带来的体验是"利他型"的。

"自利型"参与的目的在于丰富自身的文化生活、提高个人的文化素养，以及提升结交朋友的概率以扩大交往范围；而"利他型"参与的目的在于为社区建设出力，提升社区整体的治理水平。基于此，我们有必要分析活动类型与参加活动目的之间的相关性。为了分析哪些活动的类型与参加活动的目的相匹配，我们做了相关性分析，如表 10-22 所示。

由相关性分析可知，大部分居民参与的社区活动与其丰富自身业余文化生活的相关性更高，而与整体性社区治理的相关性较弱。由此，还需要继续增强社区活动的设计和类型，促进居民参与，并提升其与社区治理整体状况之间的相关性。

表 10-22　活动类型与目的间的相关性

		相关性		
		丰富业余文化生活	提高个人文化素质	为社区建设出份力
过去一年内，您或您的家人是否参与过社区内各种类型的活动	节庆活动	.572	.668	.659
	文体活动	.682	.595	.574
	志愿服务	.693	.640	.651
	团队活动	.682	.595	.574

第一，志愿服务和团队活动所需的居民参与，是实质性居民参与，而非上述社区节庆、讲座活动代表的非实质性参与，其对居民参与的要求较高。这种活动不是为居民提供服务，而是要求居民为其他居民和社区代表的整体公共利益，付出自身的努力和提供自身的服务，带有较强的"利他主义"意涵，由此，其参与率均低于"自利型"社区活动。正因为如此，该种类型的社区活动更能够锻炼社区居民的参与技能，提高其参与水平，增强其对社区的归属感，提高其社区主人翁意识。归根结底，这种参与是真正的社区活力的表现，是社区居民以自己的所长对社区的自我治理、自我教育和自我服务，是真正的社区活力发挥的基础。

第二，参与社区志愿服务活动所体现的"个体性社区活力"是表层的实质性参与。社区志愿服务，主要是围绕社区居民自身拥有的基本的人力资源，是对个体参与的最为基本的要求。从这个方面来讲，虽然居民在社区志愿服务活动中能够为社区做出自己力所能及的贡献，但是这种参与并未带来更大规模的团体效应，仅仅是代表居民个体的参与意愿、行为，属于"个体性社区活力"范畴。

第三，参与社区团队所体现的"团体性社区活力"是深层次的实质性参与。社区团队是社区自组织的重要组成部分，社区中拥有社区团队的数量，直接决定了社区活力的水平，以及社区治理的水平。它与志愿服务不同，居民不仅在社区团队中学会团队协作能力，而且能够以团队的力量，参与到社区公共事务的治理过程中，避免了个体参与的不足和局限，为社区治理供给更多的群体的力量，这是真正的自治和协商的表达，是社区活力最为重要的衡量标准。如前文所述，居民对社区团队的参与仅为47%，由此，我们需要加强社区自治团队的建设，进一步提高"团体性社区活力"。

根据对居民对这些活动信息获知渠道的调研，如表10-23所示，我们从高到低对这些渠道的利用度进行了排列：从社区宣传栏或黑板报等途径知道社区近期的工作或活动情况的居民，占比73.5%；通过小区张贴的活动通知获悉信息的居民，占比 62.4%；通过微信公众号获知信息的居民，占比 43.5%；通过社区电子屏知道社区工作或活动的居民，占比 42.4%；通过邻里转告获知信息的居民，占比 41.2%；通过送到信箱或家中的宣传资料等获知信息的居民，占比 31.8%。由此可知，线上线下渠道的结合，是居民获取信息的重要渠道，但是相对于线上渠道，居民通过线下物理渠道获取信息的方式更加普遍。这一数据偏差与社区的老龄化程度直接相关，社区老龄化程度越高，其对线下获取信息的渠道依赖越强。

表 10-23 获得活动信息的渠道

		百分比	有效百分比	累积百分比
社区宣传栏或黑板报	是	67.8	73.5	73.5
	否	24.4	26.5	100.0
	合计	92.2	100.0	
小区张贴的活动通知	是	58.9	62.4	62.4
	否	35.6	37.6	100.0
	合计	94.5	100.0	
微信公众号	是	41.1	43.5	43.5
	否	53.3	56.5	100.0
	合计	94.4	100.0	
社区电子屏	是	40.0	42.4	42.4
	否	54.4	57.6	100.0
	合计	94.4	100.0	
邻里转告	是	38.9	41.2	41.2
	否	55.6	58.8	100.0
	合计	94.5	100.0	
送到信箱或家中的宣传资料	是	30.0	31.8	31.8
	否	64.4	68.2	100.0
	合计	94.4	100.0	

对于居民的社区活动参与需求，我们做了比较详尽的调研。在表10-24所示活动类型中，65.9%的居民愿意参加志愿服务；62.4%的居民愿意参加健康讲座；55.3%的居民愿意参加文体活动；41.2%的居民愿意参加法律咨询活动；32.9%的居民愿意参加亲子活动；21.2%的居民愿意参加心理咨询。上述数据分析展示了居民对志愿服务活动、健康讲座的需求最高，文体活动和法律咨询活动次之，亲子活动其次，心理咨询活动需求最低。社区可以根据居民的需求，进行社区活动的统筹和开展，避免普惠式活动，增强活动的精准性。

表 10-24 活动参与需求

		百分比	有效百分比	累积百分比
文体活动	是	52.2	55.3	55.3
	否	42.2	44.7	100.0
	合计	94.4	100.0	
志愿服务	是	62.2	65.9	65.9
	否	32.2	34.1	100.0
	合计	94.4	100.0	
健康讲座	是	58.9	62.4	62.4
	否	35.6	37.6	100.0
	合计	94.5	100.0	
心理咨询	是	20.0	21.2	21.2
	否	74.4	78.8	100.0
	合计	94.4	100.0	
亲子活动	是	31.1	32.9	32.9
	否	63.3	67.1	100.0
	合计	94.4	100.0	
法律咨询	是	38.9	41.2	41.2
	否	55.6	58.8	100.0
	合计	94.5	100.0	

续表

		百分比	有效百分比	累积百分比
其他	是	2.2	2.4	2.4
	否	92.2	97.6	100.0
	合计	94.4	100.0	

同样，我们对居民参加社区活动的时间也进行了摸底。从表10-25可知，超过一半的居民（51.9%），更希望在工作日的白天参加社区活动，最不希望在工作日晚上和周末晚上参加社区活动。

表10-25 居民参与社区活动的时间

		百分比	有效百分比	累积百分比
工作日白天	是	46.7	51.9	51.9
	否	43.3	48.1	100.0
	合计	90.0	100.0	
工作日晚上	是	21.1	23.5	23.5
	否	67.8	76.5	100
	合计	88.9	100	
周末白天	是	34.4	38.3	38.3
	否	55.6	61.7	100.0
	合计	90.0	100.0	
周末晚上	是	14.4	16.0	16.0
	否	75.6	84.0	100.0
	合计	90.0	100.0	

为解释上述数据背后的原因，我们对年龄与参加社区活动的时间进行了相关性分析（表10-26），我们发现两者之间存在显著的正相关关系，年龄越大对参加社区活动的时间越符合上述描述。由此，我们可知参加社区活动的人群基本上都是退休人群，其白天有时间参加社区活动，而周末和晚上需要照顾家庭，故会产生上述现象。

表 10-26　年龄与参加社区活动的时间之间的相关性分析

		年龄	工作日白天
年龄	Pearson 相关性	1	.184*
	显著性（单侧）		.042

* 在 0.05 水平(单侧)上显著相关。

综上所述，年龄段、是否退休等，都是社区开展活动的重要指向标。这为我们开展社区活动的类型、实践和针对居民群体等，提供了科学上的指导。

如图 10-17 所示，当问及"您是否愿意参加社区内的志愿活动"时，超过一半的居民表示很愿意参加，近四成的居民表示比较愿意参加，两者所占百分比高达 90.5%。与上面对志愿活动进行的分析相结合，我们可知志愿服务活动在居民社区活动中占了非常重要的地位。

为进一步加强对志愿活动的分析，我们将一些社区常见的志愿服务活动进行了罗列，并调查了居民对这些志愿服务活动的偏好程度（表 10-27）。

非常愿意参加美化社区环境的被访居民，占比 67.1%；非常愿意帮助社区困难群体的居民，占比 59.5%；非常愿意参加丰富社区文化

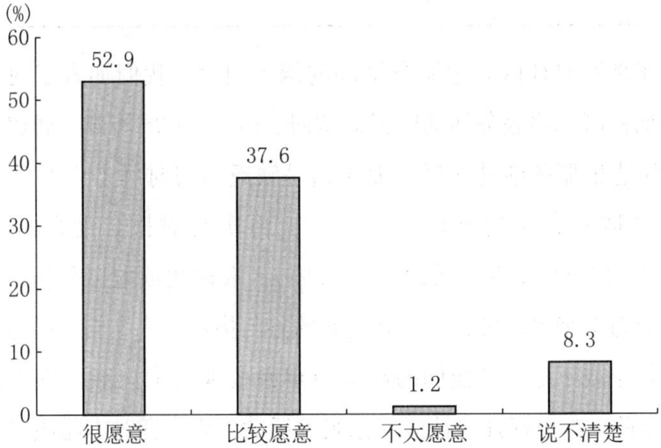

图 10-17　居民参加社区志愿活动的意愿

生活的居民，占比 53%；非常愿意协助社区进行平安建设的居民，占比 52.8%；非常愿意结合自身，提供专业服务，如健康、教育、法律咨询等的居民，占比 51.5%。对以上活动具有强烈参与意愿的居民都达到了半数以上，如果加上"比较愿意"的居民比例数，愿意参加上述活动的居民比例基本上达到了 80%—90%，参与美化社区环境的居民比例甚至超过 90%。上述数据告诉我们，居民对以上社区活动的需求都比较强烈，社区有关组织可以根据上述活动，来促进居民参与，增强社区活力。

表 10-27　居民参加社区五项志愿活动的意愿

	美化社区环境，如指导居民进行垃圾分类	帮助社区困难群体，如独居老人、残疾人	丰富社区文化生活，如协助组织唱歌、书法、亲子活动	协助社区进行平安建设，如志愿者巡逻	结合自身，提供专业服务，如健康、教育、法律咨询
	百分比	百分比	百分比	百分比	百分比
很愿意	67.1	59.5	53.0	52.8	51.5
比较愿意	25.0	28.4	36.4	33.3	35.3
不太愿意	3.9	4.1	0.0	5.6	4.4
说不清楚	4.0	8.0	10.6	8.3	8.8
合　　计	100.0	100.0	100.0	100.0	100.0

为了增强对社区志愿服务活动的深入研究，我们加入了对居民不愿意参加社区志愿服务活动原因的调研。由表 10-28 可知，居民不愿意参加社区志愿服务活动的最主要原因是缺乏参与时间（32.1%），其次是没有合适有意义的项目（14.3%），再次是对报名途径缺乏了解（7.1%），以及自身能力较缺乏（7.1%）。根据此项数据分析，从主观意愿和能力上来讲，居民对社区活动的参与抱持较高期望，但是客观条件上的缺乏或不足，使他们的高参与意愿在现实中只能表现为低参与行为。由此，为更好开展社区志愿服务活动，须认真对志愿服务活动的开展时间、发布渠道、活动给居民能够带来的收获等，进行对策研究，

以开展好大部分居民愿意参与的社区志愿服务活动，使居民在为社区做贡献的同时，使自身得到相应的收获和个体技能的提升。

表 10-28　居民不愿意参加社区志愿服务活动的原因

		百分比	有效百分比	累积百分比
没有合适有意义的项目	是	4.4	14.3	14.3
	否	26.7	85.7	100.0
	合计	31.1	100.0	
没人组织	是	1.1	3.4	3.4
	否	31.1	96.6	100.0
	合计	32.2	100.0	
不知道报名的途径	是	2.2	7.1	7.1
	否	28.9	92.9	100.0
	合计	31.1	100.0	
没有时间	是	10.0	32.1	32.1
	否	21.1	67.9	100.0
	合计	31.1	100.0	
觉得自己做不了什么	是	2.2	7.1	7.1
	否	28.9	92.9	100.0
	合计	31.1	100.0	

参与社区召开的各类会议，不仅是居民表达自身诉求的体现，也是居民实行自我治理的体现，更是居民积极参与社区公共事务的重要体现。如图 10-18 所示，当问及"在本小区的居住时间内，您是否参加过社区公共事务讨论的各种会议"时，82%的居民表示其参加过社区公共事务讨论的各种类型的会议，仅有 18%的居民表示没有参加过。从这个方面我们可知，社区居民对公共事务的参与水平是比较高的。

社区公共事务会议包括两类：一是社区选举事务，例如居委、业委改选会议，对于此类公共事务居民主要以投票的方式参与；二是社区公共事务，例如小区重大事项意见征询会、居民代表大会、居委会

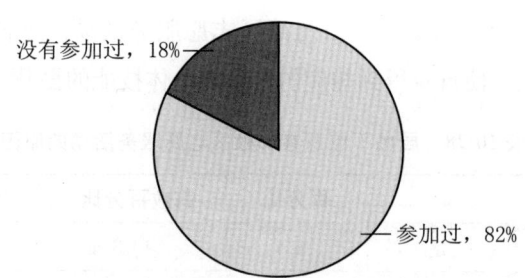

图 10-18　居民参加社区会议情况

各种评议会、物业评议会等，对于此类公共事务居民主要以参会讨论的方式参与。

由表 10-29 可知，参加过居委会改选的居民，占比 70.1%；参加过业委会改选的居民，占比 51.9%；参加过小区重大事项意见征询会的居民，占比 51.9%；参加过居委会组织的公共事务协商会的居民，占比 31.2%；参加过居民代表大会的居民，占比 53.2%；参加过居委会各种评议会的居民，占比 40.3%；参加过物业评议会的居民，占比 24.7%。参与社区选举事务的居民平均参与率是 61%，参与社区公共事务的居民平均参与率为 40.26%，前者略高于后者，因为法律对前者的参与要求和标准高于后者；这说明居民对社区事务的参与是比较积极的。

表 10-29　居民参加社区选举和公共事务情况

			百分比	有效百分比	累积百分比
社区选举事务	居委会改选	是	60.0	70.1	70.1
		否	25.6	29.9	100.0
		合计	85.6	100.0	
	业委会改选	是	44.4	51.9	51.9
		否	41.1	48.1	100.0
		合计	85.5	100.0	

续表

			百分比	有效百分比	累积百分比
社区公共事务	小区重大事项意见征询会	是	44.4	51.9	51.9
		否	41.1	48.1	100.0
		合计	85.5	100.0	
	居委会组织的公共事务协商会	是	26.7	31.2	31.2
		否	58.9	68.8	100.0
		合计	85.6	100.0	
	居民代表大会	是	45.6	53.2	53.2
		否	40.0	46.8	100.0
		合计	85.6	100.0	
	居委会各种评议会	是	34.4	40.3	40.3
		否	51.1	59.7	100.0
		合计	85.5	100.0	
	物业评议会	是	21.1	24.7	24.7
		否	64.4	75.3	100.0
		合计	85.5	100.0	

（七）小结

对于 W 街道总体社区活力的五个指标，在上文中我们做出了基于调研和数据分析的理论和实证研究，80％及以上的居民对以上五个指标都做出了比较满意（包含非常满意）及以上的高度评价。

表 10-30 各项三级指标是对社区安全、环境、公共服务、居民文明和居民参与的具有代表性的衡量。根据"居民对社区对我们的生活重要性的评价"，可以得出居民对社区安全重要性的评价，可见 100％的居民对社区安全的重要性具有认识。根据"居民对居委会工作人员素质重要性的评价"，可以得出居民对社区公共服务提供人员能力的评价，可见 98.8％的居民认为此项指标很重要。根据"居民对自身要有自我管理和服务的意识能力的评价"，可以得出居民对自我

社区公共环境维护能力的评价,可见98.8%的居民认为此项指标很重要。根据"居民对邻居之间应该守望相助的重要性的评价",可以得出居民对居民文明素质的评价,可见98.8%的居民认为此项指标很重要。根据"居民对自身有权力了解社区事务的评价",可以得出居民对参与社区公共管理能力的评价,可见98.8%的居民认为此项指标很重要。总而言之,对于以上五个指标,居民对其重要性都做出了很高的认知和评价。

表10-30 居民满意度

	社区对我们的生活很重要	居委会工作人员的素质很重要	居民要有自我管理和服务的意识	邻居之间应该守望相助	居民有权力了解社区事务
	百分比	百分比	百分比	百分比	百分比
很认同	83.5	81.2	75.3	75.0	85.9
比较认同	16.5	17.6	23.5	23.8	12.9
不太认同	0.0	1.2	1.2	1.2	1.2
很不认同	0.0	0.0	0.0	0.0	0.0
合计	100.0	100.0	100.0	100.0	100.0

那么,居民对五个指标所体现的整体上的社区活力的态度和评价如何呢?

如图10-19所示,当我们问及您对近几年来小区发展的总体评价如何时,77.6%的居民表示其所居住小区的发展越来越好,10.6%的居民认为小区的发展不容乐观,还有11.8%的居民认为小区的发展基本没有变化。从数据上可知,对小区发展持肯定评价的人数占绝大多数,但是,仍有超过一成的居民分别认为社区发展不容乐观或没有变化;虽然,社区活力和社区治理无法让每一个居民满意,但是社区活力提升措施不能稍有松懈,我们仍需以精细化的举措,针对居民的评价,进一步做到社区活力水平和社区治理水平的提升。

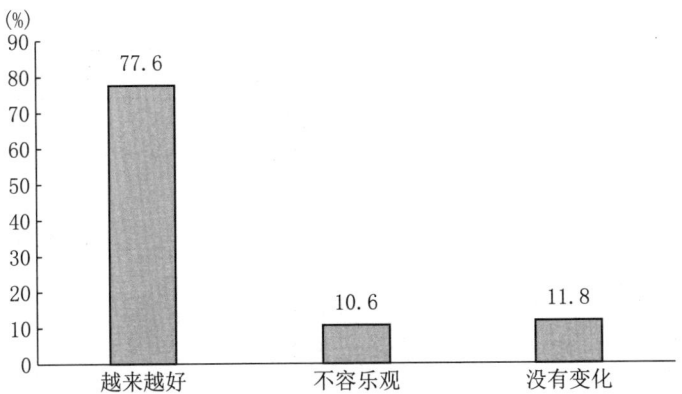

图 10-19　居民社区活力评价

五、活力社区总体评价

在 27 个社区活力指数实际得分的基础上，利用模糊综合评价的方法，我们进一步分析研究并得出 W 街道 27 个社区的社区活力指数的等级划分。我们根据 27 个社区的社区活力指数，将其分为三个等级：活跃社区、一般活跃社区、相对活跃社区。

下面将社区活力指数得分按照以三个等级标准进行评判：

① 当 CVI≥95 时，说明社区公共空间活力良好，为活跃社区；

② 当 90≤CVI＜95 时，说明社区公共空间活力一般，为一般活跃社区；

③ 当 CVI＜90 时，说明社区公共空间活力存在一定的不足，为相对活跃社区。

最终得出 27 个社区活力指数及等级排序，如表 10-31 所示。

表 10-31　社区活力指数与等级

序号	社区	社区活力指数	等级划分
1	ZY1	97.328 0	
2	ZY2	97.204 0	活跃社区
3	SC2	96.704 0	

续表

序号	社区	社区活力指数	等级划分
4	JC	96.652 2	
5	WJZ	96.304 0	
6	SC	96.104 3	
7	BC	96.040 0	活跃社区
8	SC1	95.840 0	
9	FC	95.554 2	
10	YC	95.178 3	
11	ZJB	94.960 0	
12	YZ	94.860 9	
13	XXL	94.795 7	
14	YJD	94.396 0	
15	SC3	94.295 7	
16	EC	94.152 2	
17	LQC	94.034 8	
18	ZJT	93.464 0	一般活跃社区
19	WC	93.084 0	
20	LD	92.724 0	
21	DN	92.076 0	
22	ZN	91.533 3	
23	QD1	90.876 0	
24	SMBJ	90.488 0	
25	QD2	89.952 0	
26	CJZ	89.892 0	相对活跃社区
27	XJZ	89.772 0	

对于 W 街道总体社区活力指数的实证研究，是在社区活力指数评价模型的基础上进行的，结合对 W 街道社区活力指数的问卷调查以及各层级指标的梯度赋值和权重配比，将调研数据带入计量模型计算得出分数。

首先，是将基础的调研数据统计计算得出 W 街道总体社区活力指数的二级指标的得分。具体得分如表 10-32 所示。

表 10-32　二级指标与得分

一级指标	二级指标		得分
社区安全（CS）	社区治安情况	CS_1	96.2
	独自夜行安全情况	CS_2	94.4
	楼宇门禁管理	CS_3	96.1
	门卫安保	CS_4	80.2
	消防事故发生率	CS_5	97.3
社区环境（CE）	物业服务满意度	CE_1	93.4
	停车便利度	CE_2	91.4
	绿化状况	CE_3	94.0
	公共卫生维护	CE_4	94.1
	整体社区环境	CE_5	94.4
公共服务（PS）	生活服务便利度	PS_1	94.9
	交通出行便利度	PS_2	96.2
	就医便利度	PS_3	96.1
	居委会工作满意度	PS_4	97.8
	业委会工作满意度	PS_5	94.9
居民文明（RC）	垃圾分类实施率	RC_1	98.0
	"居民公约"遵守程度	RC_2	99.4
	邻里关系和谐度	RC_3	96.0
	志愿服务精神	RC_4	98.4
	居民的文明素质程度	RC_5	96.4
居民参与（RP）	社区活动参与度	RP_1	95.0
	社区公共事务及会议参与度	RP_2	96.5
	志愿活动参与积极性	RP_3	94.0
	社区发展预期	RP_4	95.0
	社区居住感知满意度	RP_5	96.4

将二级指标得分代入方程：

$$CVI_n = R_{CS}\sum_{j=1,\ i=1}^{5} X_j \cdot CS_i + R_{CE}\sum_{j=1,\ i=1}^{5} Y_j \cdot CE_i + R_{PS}\sum_{j=1,\ i=1}^{5} Z_j \cdot PS_i + R_{RC}\sum_{j=1,\ i=1}^{5} P_j \cdot RC_i + R_{RP}\sum_{j=1,\ i=1}^{5} Q_j \cdot RP_i$$

得出 W 街道总体社区活力指数为：

$$CVI_{W街道} = 95.06$$

根据上述得分，我们可知 W 街道总体社区活力指数表明，其总体的社区活力等级是活跃社区。

第十一章 向人民城市迈进：镇管社区的未来方向

工业革命之后，人类的城市化进程以突飞猛进的速度发展，城市与国家之间的关系更加紧密，城市成为承载现代国家建设和治理的战略空间。城市及其治理不仅关乎城市自身的发展，也关乎国家治理体系和治理能力现代化。人民城市不同于其他性质的城市，它回答了城市的本质属性问题。人民城市强调城市是人民的城市，城市发展依靠人民，城市治理为了人民，城市发展和治理成果由人民共享。人民城市及其治理是中国国家治理现代化实践在城市维度的集中体现，具有重要的理论意义与实践意义。

一、人民城市与国家治理现代化：中国之治的城市维度

城市与国家两者都是人类主观能动性加诸客观世界的产物，是人类社会的伟大创造。虽然2000多年前亚里士多德研究的政治学的核心关注点在城邦，但是在此后漫长的人类历史时期内，学者们对两者之间关系的关注并不热衷。就像拉奎因（Laquian）所说的，在我们能够回溯的时代范围内，虽然新的民族国家不断产生，城市生活方式逐渐普遍并流行，但是政治学对两者的研究却是分立的。[1]学界研究虽少，但这并不意味着城市与国家之间的关系不重要。事实上，城市伴随着国家的发展而发展，同时推动着国家治理向新的形态迈进。自治城市、商贸城市、工业城市、金融城市与全球城市，这些城市形态

---

[1] Aprodicio A. Laquian, *The City in Nation-Building: Politics and Administration in Metropolitan Manila* (Manila: School of Public Administration, University of the Philippines, 1966), 11.

与人类社会的封建国家、绝对主义国家、现代民族国家,以及"地球村"等国家形态,形影不离,相互作用。不同类型的城市治理机制,也在不断推动国家治理向更加现代化的方向迈进。我们可以说,城市及其治理是推动国家治理现代化的不可或缺的重要因素。

城市与国家治理之间的关系密不可分。世界上任何一个民族只有具有了创造城市,推动城市发展,实现城市善治的能力时,才能建构更加完善的国家并推动国家治理体系和治理能力现代化。①这就是马克思所说的:"随着城市的出现,必然要有行政机关、警察、赋税,等等,一句话,必然要有公共的政治机构,从而也必然要有一般政治。"②从最一般化的意义上来讲,城市及其治理是国家运行与治理的逻辑前提。换言之,国家只有掌握了城市,创造更加有效的城乡治理体系,才能更加良性地运行并提高自身的治理能力,最终产出优良的治理效能。在这个意义上,我们可以借鉴雅各布斯对城市的评价:伟大的城市创造伟大的国家,优良的城市治理创造优良的国家治理。③

在前现代,城市与国家的关系并不紧密。城市与国家的关系更多地确立在人与社会的组织和治理之上,其在不同地区和时期所表现出的形态不同,这是由不同地区和时期的经济和社会生产方式决定的。在前现代,"社会一天天成长,越来越超出氏族制度的范围,即使是最严重的坏事在它眼前发生,它也既不阻止又不能铲除了。但在这时,国家已经不知不觉地发展起来了。最初在城市和乡村间,然后在各种城市劳动部门间实行的分工所造成的新集团,创立了新的机关保护自己的利益,各种官职都设置起来了"。④不同的国家形态、不同的城市分工、不同的城乡关系、不同的新集团,这些差异并没有从根本上改变前现代的城市与国家关系的实质,即城市只不过是国家组织

---

① 参见宋道雷:《城市力量:中国城市化的政治学考察》,上海人民出版社,2016年版。
② 《马克思恩格斯全集》(第3卷),人民出版社,1960年版,第57页。
③ 参见[加拿大]简·雅各布斯:《美国大城市的死与生》,金衡山译,译林出版社,2006年版。
④ 《马克思恩格斯全集》(第21卷),人民出版社,1965年版,第130页。

和治理社会的政治空间。即使在商贸最发达的地区,城市也只不过是"分裂的合作体,它们缺乏自治,亦没有政治主权"①。也就是说,在前现代,国家不会也始终没有把城市作为提升治理水平创造社会进步的根本力量。

西欧的例子是最好的证明。中世纪西欧的城市是封建主义向资本主义转型研究中一个引人注目的分析单位。②城市凭借雄厚的财力,成为对抗国家的重要力量,"那些最大的城市财政规模甚至超过了某些欧洲大国,城市能够供养起军队,以对抗常常压倒由国王和贵族阶层控制的军事力量。较小和较少财富的城市则从其上级领主那里买到了更多但有限的自由"③。城市拥有巨大的谈判能力,赢得了自治,成为抗衡民族国家形成的重要势力。根据蒂利的研究,城市与国家的关系是对立的,它以资本的逻辑抗衡强制的逻辑,"城市主要通过作为资本的容纳者和分配者来决定国家的命运","有无城市群落对某一地区的社会生活有着深刻的影响,而且极大地影响了国家形成的可能性"④。用艾森斯塔德的话来说,城市丛生之处,恰恰是国家荒芜之所。⑤布罗代尔认为,即使到了16世纪国家越来越掌握国民收入的集中和再分配的情况下,国家与城市的关系也是对立的,所以他称这个时期的国家是"城市国家,或者说,为城市国家开辟道路的、以城市为主的国家"。城市仅代表城市,城市并非在国家体制之内而是外在于国家。这与我们所熟悉的以城市为主要动力的现代国家迥然相异,

---

① [美]汉克·V.萨维奇、保罗·康特:《国际市场中的城市:北美和西欧城市发展的政治经济学》,叶林译,格致出版社,2013年版,第36页。
② [英]艾伦·哈丁、[英]泰尔加·布劳克兰德:《城市理论:对21世纪权力、城市和城市主义的批判性介绍》,王岩译,社会科学文献出版社,2016年版,第54页。
③ [美]理查德·拉克曼:《不由自主的资产阶级:近代早期欧洲的经营斗争与经济转型》,郦菁、维舟、徐丹译,复旦大学出版社,2013年版,第64页。
④ [美]查尔斯·蒂利:《强制、资本和欧洲国家(公元990—1992年)》,魏洪钟译,上海人民出版社,2007年版,第53、56页。
⑤ Stein Rokkan, "Cities, States, and Nations: A Dimensional Model for the Study of Contrasts in Development," in *Building States and Nations: Methods and Data Resources*, ed. S.N. Eisenstadt and S. Rokkan, vol. 1 (Newbury Park, CA: SAGE Publications Ltd, 1973), 84—85.

因为城市内在于国家的那种"领土国家"形态还要等相当长的时间才会出现。①在这个意义上，城市作为一种"异化"了的力量统治了国家，而非国家统治了城市，更谈不上推动国家治理向前发展。

当人类迈入现代社会后，城市与国家尤其是与国家治理体系和治理能力现代化之间的关系，发生了翻天覆地的变化。领土国家，即现代民族国家的建立，以及工业资本主义的发展，使城市与国家之间的关系发生了革命性变革。在与城市的博弈过程中，"民族国家之所以获胜，是因为16世纪其军队力量和税收能力已经极大地压倒了城邦"②。从此国家再也不是臣服于城市的奴仆，而成为统治城市的主人。城市自治状态的消逝与民族国家的发展、治理的集中化和国家化是同一过程的两个面向，③城市从国家的对抗性力量，成为国家的建设性力量。工业革命和资本主义发展引发的城市化，更使城市成为支撑国家建设，乃至推动国家治理现代化的建设性力量。工业革命引发的城市化，"使乡村屈服于城市的统治，它创立了规模巨大的城市，使城市人口比农村人口大大地增加起来，因而使很大一部分居民脱离了乡村生活的愚昧状态"④。从此，城市成为推动国家治理现代化的战略性空间，这也是城市在国家治理历史上第一次从幕后走上台前。工业革命使"城镇的相对增长和职业结构将资本主义发展与城市系统的运作联系起来。政府机关和非营利机构，也根据规模功能和系统角色来安排其活动和就业岗位。城市形成了一个行政等级，拥有专业大学、驻军基地，并且成为早期跨国机构首选的城市驻地"⑤。工业城市使人与国家的关系发生了彻底改变，它将人从土地上剥离，使之从

---

① [法]费尔南·布罗代尔：《菲利普二世时代的地中海和地中海世界 第一卷》，唐家龙、曾培耿等译，商务印书馆，1996年版，第642页。
② [美]理查德·拉克曼：《不由自主的资产阶级：近代早期欧洲的经营斗争与经济转型》，郦菁、维舟、徐丹译，复旦大学出版社，2013年版，第65页。
③ 参见 Patrick Le Galès, *European Cities: Social Conflicts and Governance*, European Societies(Oxford: Oxford University Press, 2002)。
④ 《马克思恩格斯全集》（第4卷），人民出版社，1958年版，第470页。
⑤ [美]保罗·M.霍恩伯格、[美]林恩·霍伦·利斯：《都市欧洲的形成 1000—1994年》，阮岳湘译，商务印书馆，2009年版，第167页。

属于国家统治下的城市，同时将人从温情脉脉的共同体中抽离，使之从属于更大的民族国家，城市人成为国民，城市彻底取代乡村成为国家建设、治理和发展的战略性空间。①

从前现代到现代，城市与国家及其治理的关系发生革命性转变，并通过一系列机制推动国家治理迈向现代化。正如葛兆光先生观察到的，"从近代历史上看，可以肯定地说，当传统的乡村向现代的城市发展，现代城市越来越大、改变了人们政治、文化和生活的时候，这就是一个国家逐渐现代化的过程。在现代化过程中，城市代表了新方向"。②城市及其生活方式成为国家改造个体行为的重要机制。城市空间和生活方式使前现代的特殊化关系和多元角色，逐渐向普遍性关系和专业化行为转变，使乡村人成为城市人和国家的公民；城市社会的运行逻辑，分化了共同体的家族联盟，使社群而非家族成为现代国家治理的依托性力量；城市经济以货币为基础，替代了传统社会的人情和地方交易，为国家范围内的交易提供了条件，并使各主体相互依存成为统一的国家性市场网络；城市政治与乡村政治不同，它以稳定的政体，民选的政府和市民的广泛参与，使国家政治发展逐渐向现代化方向迈进；更重要的是，城市之间的网络化联系，使地方、区域与国家相互依存，使现代民族国家成为有机整体。③总而言之，城市成为现代化的平台，城市化成为现代化的内在动力和机制，城市自然而然地成为国家建设和治理的中心化力量，即推动国家治理现代化的战略性空间和要素。

二、人民城市治理：国家治理的城市实践

在现代社会，城市是国家治理的战略空间和要素，城市治理成为

---

① 宋道雷：《国家治理的城市维度》，《求索》，2017年第4期。
② 葛兆光：《有关中国城市的文化史研究》，《探索与争鸣》，2017年第9期。
③ ［美］布莱恩·贝利：《比较城市化——20世纪不同的道路》，顾朝林等译，商务印书馆，2008年版，第188页。

国家治理体系和治理能力现代化的重要组成部分。然而，这并不代表城市及其治理是完美无缺的。正是城市及其治理存在缺憾，使其成为国家治理现代化的重要组成内容和改进部分，并逐步成为推动国家治理现代化的重要因素。我们现在所熟悉的城市、城市生活及其治理形态，并非一开始便如此。城市成为国家治理现代化的战略空间和要素，经历了一个较长的发展历程。长期以来，城市的双重性——"城市意味着进步、现代性和未来，其森然耸现的体状却常常是令人恐惧的危险与未知的象征"①，使其一般被认为是与乡村相异的力量。基于此，理论家往往是在与乡村的对比中得出什么是城市，"城市生活从一开始就被人们拿来与乡村生活相比较，比较的结果是，城市在每一个方面都被视为理想化的乡村的对立面"②。或者说，正因为乡村的存在，才反衬出城市的存在，乡村而非城市才是一个国家的战略承载体。英国贵族和美国上层人士用脚投票，向我们彰示乡村而非城市才是国家精英向往的所在。③进入工业时代后，城市规划学家在对城市进行规划设想时，用了对乡村无比向往的名词"田园城市"，因为"从一开始，工业城市就被讥讽为是需要忍受和适应其肮脏与疏离的地方"④。恩格斯研究的英国工人阶级状况，更是淋漓尽致地为我们展现了一幅城市糟糕的治理状态和城市阶层艰难的生存状况。⑤喧嚣、匿名、陌生、孤独的城市生活，成为人们对原子化个体生活状态的常态化描述，这种描述至今仍深刻烙在当下世人的脑海中。⑥批判而非赞美，是工业时代人们对工业化城市的基本观点。

---

① [澳]德波拉·史蒂文森：《城市与城市文化》，李东航译，北京大学出版社，2015年版，第5页。
② 同上书，第37页。
③ 参见 Charles N. Glaab and A. Theodore Brown, *A History of Urban America* (New York: Macmillan, 1967).
④ [澳]德波拉·史蒂文森：《城市与城市文化》，李东航译，北京大学出版社，2015年版，第5页。
⑤ 参见[德]弗·恩格斯：《英国工人阶级状况》，载《马克思恩格斯全集》（第1卷），人民出版社，1956年版。
⑥ [美]约翰·J. 马休尼斯、文森特·N. 帕里罗：《城市社会学：城市与城市生活（第6版）》，中国人民大学出版社，2016年版，第98页。

到 19 世纪末 20 世纪初,人们对城市的观点才发生转变,这也直接导致城市替代乡村成为承担国家战略任务的空间和要素。在学术界,以霍华德为首的学者开始擘画城市的可居性,在理论上为城市治理与城市生活方式提供论证。①继其而起的芝加哥学派,更是开创了城市研究的主流,从此,城市至少从理论上成为适宜人类居住和生活,并推动国家发展的战略空间。②在媒体界,以斯蒂芬斯为代表的记者推动了轰轰烈烈的"扒粪运动",这加速了美国整治城市腐败的步伐,开启了城市进步时代,为良性化城市治理提供了助推器。③工业化发展带来了技术上改善城市阶层生活及城市治理状况的可能。在技术和治理界,城市供水系统、污水处理系统、电车等公共交通系统,以及职业警力的组建,为城市善治提供了硬件与软件。④城市各主体的共同努力,不仅使城市从危机走向胜利,而且成为我们现代人所熟悉的宜居的生活空间和国家治理所依托的战略空间。⑤

城市虽然是国家治理的战略空间,但是,这并不代表城市所推动的国家治理能够达到善治。城市是推动国家治理现代化的重要力量,这一观点虽然在理念上被人们所认同,但是,现实中的城市及其治理远未达到国家治理现代化的要求。第一,城市发展的南北差距。城市在发达国家与发展中国家都是推动国家治理现代化的战略空间,但是城市发展存在巨大的南北差距。发达国家的城市化已持续上百年的时间,其城市化率已经达到 75%,城市治理水平已经比较成熟。与此相比,发展中国家的城市发展并不成熟,"贫穷以前主要集中在传统农

---

① 参见[英]埃比尼泽·霍华德:《明日的田园城市》,金经元译,商务印书馆,2000 年版。
② 参见[美]R.E. 帕克、E.N. 伯吉斯、R.D. 麦肯齐:《城市社会学——芝加哥学派城市研究》,宋俊岭、郑也夫译,商务印书馆,2012 年版。
③ 参见[美]林肯·斯蒂芬斯:《城市的耻辱》,邢锡范译,中国人民大学出版社,2015 年版。
④ [美]丹尼斯·R. 贾德、托德·斯旺斯特罗姆:《美国的城市政治》,于杰译,上海社会科学院出版社,2017 年版,第 36—40 页。
⑤ 参见[美]爱德华·格莱泽:《城市的胜利:城市如何让我们变得更加富有、智慧、绿色、健康和幸福》,刘润泉译,上海社会科学院出版社,2012 年版。

业社会的乡村中,现在几乎都已经转移到城市之中",城市远未达到国家治理所要求的条件。①第二,城市空间排斥。无论是发达国家还是发展中国家,城市空间与族群或阶层结合,对特定的族群或弱势群体产生隔离,形成空间排斥现象,严重影响城市稳定和常态化治理。②第三,城市贫困。城市贫困不仅是工业化城市,也是后工业化城市的一项顽疾,它与不断分化的城市社会空间以及日益消失的传统工作岗位连接起来,成为城市治理的严重危机。③

城市中所有的问题与人民息息相关。如果城市发展及其治理忽视了人的发展,那么这种城市不仅会面对自身的治理问题,更无法达到推动国家治理现代化的目的。在城市发展与治理过程中,当资本及对物的占有成为最被关注的东西以及其他一切事务开展的前提,城市与人的关系便开始疏离,最终造成资本、空间而非人的城市化。这种状况愈演愈烈,波及具体的城市市民,便会产生家的异化和人的流离失所,④波及具体的城市,便会产生城市的失治和动荡不安。⑤前者会直接动摇国家治理的根本,后者会直接影响国家治理现代化的推进;两者最终导致人的失所,城市的失治和国家的失序。

习近平总书记关于人民城市的重要论述是治疗上述问题的药方,是以人民为中心的中国之治在城市维度的表达。第一,习近平总书记明确提出"人民城市人民建,人民城市为人民"的理论判断。2019年11月2日在上海市杨浦区滨江实地考察时,习近平总书记指出:"人民城市人民建,人民城市为人民。在城市建设中,一定要贯彻以人民

---

① [美]约翰·J. 马休尼斯、文森特·N. 帕里罗:《城市社会学:城市与城市生活(第6版)》,中国人民大学出版社,2016年版,第167页。
② [英]加里·布里奇、索菲·沃森:《城市概论》,陈剑峰、袁胜育等译,漓江出版社,2015年版,第618页。
③ [美]威廉·朱利叶斯·威尔逊:《当工作消失时:城市新穷人的世界》,成伯清、王佳鹏译,上海人民出版社,2016年版,第31页。
④ 参见[美]马修·德斯蒙德:《扫地出门:美国城市的贫穷与暴利》,胡䜣谆、郑焕升译,广西师范大学出版社,2018年版。
⑤ 参见[英]顾汝德(Leo F. Goodstadt):《失治之城:挣扎求存的香港》,李国宝译,天窗出版,2019年版。

为中心的发展思想,合理安排生产、生活、生态空间,努力扩大公共空间,让老百姓有休闲、健身、娱乐的地方,让城市成为老百姓宜业宜居的乐园。"①习近平总书记结合上海杨浦滨江的建设、治理和发展,基于中国城市人口极大发展,以及大多数中国人已经生活、居住和工作在城市,并且将有更多的中国人口持续向城市移居的现实,首次明确阐发人民城市理念,并将其浓缩为"人民城市人民建,人民城市为人民"。

第二,习近平总书记提出的人民城市理念,从本源上强调城市治理和城市发展要坚持人民至上,这是中国之治以人民为中心的理念在城市维度的体现。城市治理的逻辑决定了任何以单一主体和机制为导向的发展,都会造成城市治理的失衡。城市治理应坚持人民至上的理念,这与国家治理所秉持的人民中心理念是一致的。只有在城市发展和国家发展的过程中,让人民有获得感和幸福感,才能避免资本及其对物的占有所导致的城市失序,才能助推国家治理在城市空间有序展开。人民是城市和国家的核心主体,没有人民也就没有城市和国家,人民的生存和发展决定了城市和国家的治理方式和发展形态。从这个意义上讲,人民城市是对资本主导的城市发展和国家治理的反正,是对城市治理和发展的政治性的强调,②是对当下依赖城市发展推动的国家治理现代化的终极目的的重申,具有重要的理论意义与实践意义。

第三,习近平总书记人民城市重要论述的关键,是将城市及其治理与国家治理现代化紧密联系在一起。人民城市及其治理不仅关乎城市治理本身,而且关乎国家治理现代化。习近平总书记将人民城市与国家治理现代化紧密联系起来,强调人民城市是推动国家治理现代化的战略空间和重要因素。2018年11月在上海考察时,习近平总书记指出,"城市治理是国家治理体系和治理能力现代化的重要内容"③。

---

① 张晓松:《习近平:人民城市人民建,人民城市为人民》,新华网,http://www.xinhuanet.com/politics/leaders/2019-11/03/c_1125186430.htm,访问日期:2021年2月15日。
② 刘士林:《人民城市:理论渊源和当代发展》,《南京社会科学》,2020年第8期。
③ 《习近平在上海考察时强调 坚定改革开放再出发信心和决心 加快提升城市能级和核心竞争力》,《人民日报》,2018年11月8日,第1版。

这一论断将城市治理与国家治理现代化结合起来，明确提出城市治理是国家治理现代化的重要组成内容，不能仅局限于城市及其治理本身来看城市治理，而应将城市治理提升到国家治理现代化的高度来看待。2020年3月，习近平总书记在浙江考察时重申这一理论判断，他指出："推进国家治理体系和治理能力现代化，必须抓好城市治理体系和治理能力现代化。"①这一论断明确指出城市治理现代化是国家治理现代化的重要支点和必要条件。在改革开放40周年之际，习近平总书记指出深圳要努力创建社会主义现代化强国的城市范例。这更是将城市的建设、治理和发展与国家命运、民族复兴紧密联系在一起，强调人民城市和优良的城市治理是中国建成社会主义现代化强国的重要组成部分。城市兴则国家兴，城市强则国家强，城市治理体系和治理能力不仅关乎自身，更关乎国家治理体系与治理能力现代化。

第四，人民城市及其治理与国家治理现代化的理念是共通的，即以人民为中心。增进人民福祉、促进人的全面发展是我们党立党为公、执政为民的本质要求。人民城市是共产党人以人民为中心理念在城市空间的集中体现。习近平总书记在浦东开发开放30周年庆祝大会上的讲话中指出："推进城市治理，根本目的是提升人民群众获得感、幸福感、安全感。"②这一论断强调了城市是人民的城市，城市治理的根本目的是满足人民的需求，赢得人民的认可。从根本上说，人民城市是以人民为中心的理念在城市空间的体现和落实，这与中国共产党的初心使命以及国家治理现代化的目标是共通的。"中国共产党人的初心和使命，就是为中国人民谋幸福，为中华民族谋复兴"③，始终坚持人民至上，立党为公，执政为民。国家治理体系和治理能力

---

① 《习近平在浙江考察时强调 统筹推进疫情防控和经济社会发展工作 奋力实现今年经济社会发展目标任务》，《人民日报》，2020年4月2日，第1版。
② 习近平：《在浦东开发开放30周年庆祝大会上的讲话》，人民出版社，2020年版，第11页。
③ 习近平：《决胜全面建成小康社会 夺取新时代中国特色社会主义伟大胜利——在中国共产党第十九次全国代表大会上的报告》，人民出版社，2017年版，第1页。

现代化，从制度方面来讲，就是坚持以人民为中心，不断"健全为人民执政、靠人民执政各项制度"，"巩固党执政的阶级基础，厚植党执政的群众基础，通过完善制度保证人民在国家治理中的主体地位"。① 人民城市及其治理和国家治理现代化，两者并行不悖，是在坚持以人民为中心的基础上，不断以城市为依托和保障，提高人民生活水平，增进人民福祉。人民城市对国家治理现代化至关重要，中国共产党要以人民城市为战略空间推动人民国家的建设，以人民城市治理为动力助推人民国家的治理现代化。

中国正在逐步向城市国家的道路上转型。城市化率的提高既给中国带来了机遇，同时也带来了挑战。中共中央把握住中国向城市国家和城市社会迈进的大趋势，在时隔37年后的2015年，召开第四次中央城市工作会议。习近平总书记在会议上指出："城市工作是一个系统工程。做好城市工作，要顺应城市工作新形势、改革发展新要求、人民群众新期待，坚持以人民为中心的发展思想，坚持人民城市为人民。"②在该中央城市工作会议中，中央首次使用"人民城市"的表述，并且强调"让人民群众在城市生活得更方便、更舒心、更美好"③。这是中国共产党以人民为中心的理念在城市建设、治理和发展方面的集中体现。

习近平总书记关于人民城市重要论述，使"人民城市"理念成为"习近平新时代中国特色社会主义思想在城市建设与治理领域的最新成果，是对马克思主义城市理论与学说中国化的继承与发展"④。人民城市重要理念一改以往对城市及其治理的功能主义定位，从城市的价值属性着眼，厘清城市建设、治理和发展背后的最终目的是依靠人

---

① 《中共中央关于坚持和完善中国特色社会主义制度推进国家治理体系和治理能力现代化若干重大问题的决定》，人民出版社，2019年版，第8页。
② 中共中央党史和文献研究院编：《十八大以来重要文献选编》(下)，中央文献出版社，2018年版，第78页。
③ 同上书，第83页。
④ 李君如：《"人民城市"是上海的城市性质和底色》，上观新闻，https://web.shobserver.com/news/detail?id=306368，访问日期：2020年11月12日。

民为了人民。功能主义的城市界定是从工具主义的视角界定城市,这往往会引起城市发展成果的独占化而非普惠化。人民城市理念认为城市建设、治理和发展,不仅需要从功能上着眼,而且要从价值方面规范,城市功能提升带来的发展成果要具有普惠性。基于此,人民城市从价值属性上强调城市的人民性,指出城市由人民共建,城市由人民共治,城市发展成果由人民共享。从本质上讲,人民城市不同于资本主导的城市或其他类型的城市,人民城市坚持以人民为中心,强调人民是城市物质文明的建设者,人民是城市精神文明的建构者,人民是城市制度文明的建立者;城市为人民所共有、城市为人民所共享、城市为人民所共治。①从本质上讲,人民城市强调城市建设依靠人民,城市治理的参与力量来自人民,城市发展为了人民。总之,人民城市是人民至上理念在城市空间的体现和贯彻,是以人民为中心的国家治理现代化实践在城市维度的体现。

基于此,人民城市治理成为国家治理现代化在城市空间中顺利推进的重要命题。当下中国的人民城市治理,其目标不仅是高速提升的城市化率,而是使高速发展的城市化带来的成果为人民所共享,使普惠型城市治理机制推广到所有社会领域和社会阶层,这是人的城市化和人民城市治理的本质要求。②在全球城市化迅猛推进的当下,国家间的竞争在一定程度上就是城市间的竞争,中国正在"建设二十多个超级城市群,每个城市群都有望成为电子、建筑、能源、金融、电信等其他行业的供应链枢纽。中国在这些行业开展全球化竞争,中国在这些行业价值链中的地位越高,在全球拔河比赛中所向披靡的可能性就越大"③。城市间的竞争决定于城市治理的质量,城市治理的质量

---

① 曹玲娟:《上海举办"上善论坛"首发"上善共识"》,人民网,http://sh.people.com.cn/n2/2020/0907/c134768-34277189.html,访问日期:2020年11月12日。
② 郑永年:《中国如何避免城市化陷阱》,大公网,http://news.takungpao.com/opinion/highlights/2013-08/1809137.html,访问日期:2021年1月20日。
③ [美]帕拉·格康纳:《超级版图:全球供应链、超级城市与新商业文明的崛起》,崔传刚、周大昕译,中信出版社,2016年版,第2页。

决定于其治理是否依靠人民，是否为了人民。归根结底一句话，在城市化率已经超过60%的中国，人民城市治理不仅决定了中国城市自身治理的质量和方向，更决定了国家治理现代化的空间和方向，发挥着至关重要的作用。

第一，人民城市治理始终坚持党的领导。首先，党建引领。党组织是人民城市的政治领导核心，是保证党的路线方针政策得到贯彻和执行的组织化力量。党组织团结凝聚人民群众围绕城市中心工作开展城市治理，引导和组织其他主体有序参与城市治理，确保人民城市建设、治理和发展的正确政治方向，对人民城市的治理发挥引领性作用。其次，组织保障。中国共产党有461万个基层组织，①数量最多，覆盖面最广，是人民城市治理的重要的组织化行为体，它们以市、区、街道和社区四级联动体系，为人民城市治理提供组织保障，将党的组织优势转化为人民城市的治理效能。再次，整合资源。党组织以区域化党建机制与党建联建机制，将散落在城市其他行业、部门、单位中的资源整合起来，为人民城市治理提供资源保障。最后，建构合力。党组织在人民城市治理过程中发挥统揽全局、协调各方的领导核心作用，可以有效防止政府部门条线分割现象，形成治理合力。

第二，人民城市治理始终坚持以人民为中心的价值取向。习近平总书记指出，人民对美好生活的向往，就是我们的奋斗目标。②以人民为中心的价值取向，在城市领域同样适用。首先，城市属于人民。人民是国家的主人，也是城市的主人。从这个意义上我们可以说，人民就是城市，城市就是人民。中国共产党建立政权后，通过手工业和资本主义工商业的社会主义改造，完成了生产资料的人民所有制，从根本上奠定了人民城市的经济基础，使消费城市转型为生产城市，使

---

① 盛若蔚：《中国共产党党员总数超9 000万》，人民日报，2019年7月1日，第4版。
② 习近平：《在党史学习教育动员大会上的讲话》，人民出版社，2021年版，第16页。

人民真正成为城市的主人。①其次，城市治理依靠人民。城市是人民的城市，人民是城市的主人，城市治理自然依靠人民。中国共产党在解放战争后期接管城市之际便明确指出："城市已经属于人民，一切应该以城市由人民自己负责管理的精神为出发点。"②这是城市治理依靠人民的最早表述。在城市化迅速发展的当下，城市治理需要充分发挥人民的主体性，调动人民的积极性，鼓励人民参与城市治理的各个环节，实现城市共治。最后，城市发展为了人民。人民城市的性质决定了它是公平的城市和可持续发展的城市。人民城市与其他性质城市的本质区别是：城市发展成果最终由人民共享。城市是资本主导的，其治理依靠资本，那么，城市发展的成果最终由资本主导进行分配，这种城市发展是不公平的，也是不可持续的。城市是人民的城市，城市治理依靠人民，这决定了城市发展的最终目的是人民，城市发展成果由人民共享。

第三，人民城市治理始终坚持社会主义方向。首先，社会主义是人民城市的意识形态底色。社会主义方向，是人民城市与其他性质的城市，尤其是与资本主义性质的城市不同的关键所在。人民城市属于人民，其建设和治理依靠人民，其发展成果由人民共享，这就决定了人民城市及其治理必须坚持社会主义方向，只有如此，人民城市才能走上善治之路。其次，社会主义保证了城市的人民属性。社会主义与资本主义不同，它将广大劳动人民作为城市治理的主人，将公平正义作为城市发展的价值基础，将人的全面发展作为城市发展的终极目的。这从根本上保证了城市的人民属性，也就是"人民城市人民建，人民城市为人民"。再次，人民城市的发展形态是社会主义现代化城市。人民城市建设、治理和发展的未来形态是社会主义现代化城市，这种形态的人民城市有三种典型类型。一类是以雄安新区为代表的承

---

① 《变消费性城市为生产性城市》，《人民日报》，1949年3月17日，第1版。
② 毛泽东：《再克洛阳后给洛阳前线指挥部的电报》，载《毛泽东选集》（第四卷），人民出版社，1991年版，第1324页。

载非首都功能的,新时代高质量发展的社会主义现代化城市样板;①一类是以深圳为代表的,朝着建设中国特色社会主义先行示范区方向前行的,社会主义现代化强国的城市范例;②一类是以上海为代表的,不断提升治理能力和治理水平的,社会主义现代化国际大都市。③

第四,人民城市治理始终坚持共建共治共享的治理格局。首先,建构多元一体的治理体系。人民城市治理体系和治理能力的提升,必须进一步完善"党委领导、政府负责、民主协商、社会协同、公众参与、法治保障、科技支撑的社会治理体系,建设人人有责、人人尽责、人人享有的社会治理共同体"④。其次,夯实城市基层治理基础。社区是人民城市治理的基层空间,社区治理的质量决定了人民城市大厦地基的稳固程度。人民城市治理需要进一步加强"基层政权治理能力建设,健全党组织领导的自治、法治、德治相结合的基层治理体系",发挥巩固党的执政基础,维护国家政权安全的重要作用。⑤再次,城市常态化治理与应急治理相结合。新冠肺炎疫情的冲击,使城市治理必须坚持常态化治理与应急治理的结合,以制度化的平时和战时双重治理机制保证人民城市的良性运转。

三、向人民城市迈进:镇管社区的治理困境与未来发展

镇管社区的治理的最终努力方向是为人民城市建设提供基层基础。社区治理是一个系统性工程。按照林尚立教授的研究,社区治理

---

① 《中共中央国务院关于支持河北雄安新区全面深化改革和扩大开放的指导意见》,《人民日报》,2019年1月25日,第1版。
② 《中共中央国务院关于支持深圳建设中国特色社会主义先行示范区的意见》,《人民日报》,2019年8月19日,第1版。
③ 《习近平在上海考察时强调 深入学习贯彻党的十九届四中全会精神 提高社会主义现代化国际大都市治理能力和水平》,《人民日报》,2019年11月4日,第1版。
④ 《中共中央关于坚持和完善中国特色社会主义制度推进国家治理体系和治理能力现代化若干重大问题的决定》,人民出版社,2019年版,第28页。
⑤ 《中共中央政治局召开会议》,《人民日报》,2021年1月29日,第1版。

体系像城市治理体系一样,是一个五位一体的结构,它包括五个方面的内容:元治理体系、硬治理体系、软治理体系、熵治理体系与巧治理体系。这五个方面相互影响、相互制约。① 从这五大体系来讲,镇管社区实践探索出了比较成熟的路径,但是这并不意味着镇管社区实践已经臻于完美而不存在问题。具体而言,经过我们的调查研究,镇管社区这一治理实践仍然存在困境。

(一)镇管社区的治理困境

镇管社区实践的治理困境主要表现在以下六个方面。

第一,镇管社区实践中的基层党建存在着"重平台、轻行动""强整合、弱引领"的迹象。党建引领是创新镇管社区实践最为重要的政治取向。党建引领包括两个方面的内容:一是党建平台的构建;二是引领行动的勃发。近年来,镇管社区实践中的基层党建以及党建引领的社区自治与共治,存在着"强整合、弱引领"的迹象。镇管社区实践构建的区域化党建、党群(建)服务中心、两新组织党建关注的是平台建设,其功能是发挥政治引领,促进资源整合。社区党建和基层党建在资源整合方面发挥的功能还是非常显著的,但发挥资源整合功能并不意味着有党建引领的内涵和发挥政治引领的作用。以此,在未来一段时间,上海近郊的镇管社区实践,应该聚焦于对党建引领内涵和做法的探索上来。"党建引领"既包括传统的政治引领、思想引领和组织引领,也包括与新社会结构相适应的知识化引领、专业化引领、公益化引领等。我们应该将传统的引领优势与新型的引领要素结合起来。例如有的社区举办的党员奉献日与亲子活动的结合,就是党建项目与社区项目的巧妙结合。依靠党建平台整合资源,依靠行动和服务引领社会,这是基层党建的应有之义。党建引领应该是"平台构建""行动感召""服务供给"的有机统一。

第二,党建引领的社区治理结构的制度化、规范化需要进一步加

---

① 林尚立:《重构中国城市治理体系:现代城市发展与城市治理对话——复旦大学林尚立教授访谈》,《南京社会科学》,2013年第6期。

强和引导。以社区党组织为核心形成的多方参与的社区治理结构和居民治理结构，是破解镇管社区层面的社区难题和突破社区治理瓶颈的关键。近年来，在镇管社区实践中，社区和居民区层面构建的党建引领的治理结构，已经显示出强劲的治理能力和治理能量，现在的问题是这一治理体系运转的制度化、规范化程度不一，还需要进一步提升。要解决这一问题，需要对其进行统一的强化与引导。例如，以社区党组织为核心的联席会议如何召开、召开频率如何、有哪些代表参与、会议讨论的议题如何收集、会议召开技术如何提升、居民区"三驾马车"交叉任职如何实施等，诸如此类的事项并没有一个统一的规定。社区在处理这些问题的时候，基本上是根据经验和社区党组织主要负责人的个体能力来寻求解决之道。如果我们能够在党建引领的社区治理结构的制度化、规范化上加强统一引导，镇管社区的运行质量和治理质量一定会更上一层楼。

第三，居民区治理对"班长工程"的依赖过于强化，抑制了居委会自治功能的整体发挥。长期以来，镇管社区实践的基层自治，非常注重以社区党组书记或居委主任为中心的"班长工程"。对班长工程的重视，直接导致了居民区和社区领袖队伍的培养在全国处于先进水平，这是好的方面。但是，我们在调研中经常听到这样的描述：一个居民区治理水平的高低基本上取决于社区党组书记和居委会主任的个人能力。很多地方把居民区的治理，押在"班长工程"这块"宝"上。但是，对"班长工程"的依赖，也导致居委会作为一个团体的"团体性治理功能"难以有效发挥。因此，如何克服对"班长工程"的过度依赖，充分发挥党组织、居委会治理团队的整体性治理能量，是镇管社区实践在未来几年内加强基层治理所要解决的一个问题。

第四，社区社会组织和社区自组织发育程度较低，影响了社区协商和治理质量的提升。社区生活的丰富多彩与社区治理水平的有效提升，依赖于社区各种类型的群团组织。依靠趣缘组建起来的各种社区群团组织，是社区生活和基层社会治理最为亮丽的一道风景线。但是，在调研中我们发现，依靠趣缘结合而成的群众团队，大多是"活动型组织"，其功能大多止于"自娱自乐"，而不是"功能型组织"从而发挥以公共利益为导向的社区治理功能。换言之，这些群团组织难以释放出治理能量。如果他们能够在社区冲突调解、社区公共议题收集、社区公共素养培养、社区治理参与、社区居民责任感培育等方面释放出更多的能量，那么，这才标志着它们实现了从"活动型组织"向"功能型组织"的转变与提升。功能型组织在社区中的展现载体就是社区社会组织（community-based organization），或者用既有的官方语言来讲，即社区自组织。如诞生于松江区泗泾镇新凯社区的"心之桥调解室"，就是典型的社区社会组织。这一组织将社区矛盾调解和社区整体治理，以及人的营造结合起来，释放出一箭多雕的治理效应。因此，在未来一段时间，如何推动社区群团组织向社区社会组织和社区自组织方向发展，是镇管社区实践加强基层建设、推动基层民主和基层治理所要解决的一个重要问题。

第五，社区治理和居民自治的专业化、技术化水平较为薄弱。党的十九大报告提出社会治理的专业化要求，在基层体现为社区治理和居民自治是需要专业化知识、技术化手段的。社区议事会如何召开，社区协商如何展开，社区公共议题如何发现并如何进入议事程序、社区矛盾人如何调解、社区应急事项如何处置等，都是需要专业化和技术化作为支撑的。从总体上来看，社区治理和居民自治的专业化程度、技术化程度还处于一个相对比较低的水平。在调研中，我们发现，社区治理主体对专业化知识、技术化手段的需求愿望非常高，他们强烈要求基层政府为其专业化和技术化的辅导与培训提供平台、机会和资源。为社区注入专业化和技术化资源，不仅可以提升一线工作者的治理能力，更为重要的是可以推动公共性的再生产，推动社区公共空间的孕育与扩展。这是全国各大城市提升基层治理质量的重要抓手。人民当家作主的最原初的空间就是社区。在社区中，通过直接参与和多元主体协商而诞生出来的居民公约，就成为规训自身的规则，同样此一规则的产生,同样需要技术的支撑。技术化和专业化支撑下的具有强有力参与能力的居民,这是中国推动城市社区治理的基础所在。社区治理和居民自治的专业化和技术化提升,是未来镇管社区探索的方向之一。

第六,基层治理和居民自治与社区营造、人的营造的对接和贯通程度需要提升。基层治理和居民自治不是一个简单的治理过程,它也是一个营造社区的过程,营造人的过程。目前,镇管社区时间中的基层治理和居民自治,主要集中于公共议题的解决、管理队伍的建设、社区生活的丰富多彩等,但与社区营造、人的营造的对接和贯通程度还是比较低的。通过营造社区而营造人,其最大的能量在于提升居民的公共素养和参与能力,最大限度地降低社会治理的成本,使很多问题不会逾越到社区之外,而实现在地化解决。在调研中,我们发现,很多基层治理者还是缺乏社区营造、人的营造的理念的。缺乏这一理念的直接后果,就是我们在社区中解决的公共议题,无法转化成提升社区文化认同和治理技能累积的资本,难以转化成可持续性的制度和机制。从这个方面来讲,镇管社区的发展已经到了这样一个节点:即必须通过资源投入、议题解决、组织成长和专业化提升,推动社区治理总体性、可持续性的营造,从而达到营造人和建构共同体的终极目的。

(二)镇管社区的未来发展

从上海近郊城市化进程的实践来看,我们可以得出结论。第一,从镇管社区的三个发展阶段和基本管理单元的五种形态来看,社区化的分片管理代表着城乡接合部和快速城市化区域社会治理的走向。上海城乡接合部的快速城市化进程和爆炸性的人口导入进程、外来务工人员的聚集过程,为该区域的社会治理提出了严峻的挑战。经过调研,我们提出,社区化的分片管理代表着该区域社会治理的基本发展方向。也就是说,基于分片管理的中间层的设置,是大型镇探索新型社会治理体系的有效路径。尤其需要提出的是,上海近郊地区绝对不能走"街道化"的道路,只能走"社区化"的道路。

第二，镇管社区实践应该走城乡统筹治理的道路，不能走分类治理、城乡分割治理的道路。目前，上海城市近郊地区的城乡分割、城乡二元化现象还是比较严重的。即便是推行镇管社区的部分镇，走的也是分类治理、城乡分割治理的道路。从长远来看，这一走向会割裂社会，并产生冲突。上海作为中国现代化程度最高的城市，应该首先彻底打破城乡二元化的格局。对于日益扩大的外来务工群体，则通过积分制等制度设计，将其纳入与之身份相匹配的社会保障体系之中。镇管社区中的社区应该超越城乡二元化的新型社区，当然这是任重而道远的。

第三，人口导入型和大居型的城市化道路必然是失败的。从长远来看，镇管社区和基本管理单元的营造难以从根本上消除城乡接合部危及城市社会稳定的消极力量。上海应该立即结束大居型的城市化道路，走新型城区中心构建的道路。在这一点上，关注城市规模扩张与经济增长极的重塑的新区位理论，或许会给我们一些启示。经济地理学中的新区位理论认为收益递增主要是通过集聚实现的。克鲁格曼（Krugman）认为收益递增的主要途径是产业在特殊区位的集聚。新区位理论应用最广泛的就是预测全球化和贸易一体化的区域效应以及探讨城市的未来。随着一体化的推进，如果区域更加地方专业化，那么就迫切需要供给多种不同可能的调节机制，如人口迁移、资本流动、通过税收系统的财政转移，在这种情况下，快速城市化区域就能应付需求震荡。

在未来的发展进程中，上海近郊地区很可能就是既有发展潜力又要面临各种需求震荡的区域，长三角一体化中的青浦区便是例证。随着上海的产业调整，中心城区成为金融业、服务业、信息产业等产业的聚集地，大多数不断升级的制造业逐渐转移到上海近郊地区，上海近郊地区可能会成为支撑上海经济发展的新区位，进而形成新一轮经济发展的增长极。但是，在所有发展中国家，城市发展计划常常要面临如下的困境：日益增长的城市人口需求与基础设施匮乏之间的矛盾。①在上海近郊地区,这一矛盾是显而易见的。如果这一矛盾持续下去,势必会导致近郊地区增长能力的贫困,进而影响到上海未来的经济发展。

镇管社区的一个重要使命就是解决日益增长的城市人口需求与基础设施匮乏之间的矛盾,在强镇扩权的进程中,将来在上海近郊地区形成一系列拥有较大发展能量的"卫星城镇带"。从目前上海行政区划变迁的趋势来看,中心城区的上百个街道处于较为稳定的状态中,而近郊地区的镇的数量处于缩减状态之中,这就说明了近郊地区的城市化进程和经济发展的要求在左右着近郊地区的行政区划。为了避免近郊地区的公共管理出现碎片化的状态,就不应当走街道办事处的道路;随着镇级经济规模、地域规模和人口规模的扩大,为了避免政府层级关系的复杂性,就应该探索"市管镇"的道路,从而形成中心城区"两级政府、三级管理"和近郊地区"两级政府、三级治理"相结合的城市治理形态。②

所以,我们提出,上海城乡接合部的城市化进程应该避免"重建设、缓规划、轻管理、无治理"的人口导入与大居建设,走塑造综合性整体城区的道路。上海的城市化建设应该逐步转变理念,从低级城市化建设到高级城市化建设转变,实现从土地的城市化到人的城市化的转变。城市化的过程中,上海应谨慎推行大居建设策略,因为这会使城乡接合部成为集体行动的多发点。它聚集了低收入者、老人、残疾人与流动人口等人群。这些人员一般属于弱势群体,他们的聚居区域很容易形成弱势挖地;如果不改变这种政策,实现上海城市建设的高级化提升,那么,我们可以预见在一段时间内上海可能形成"郊区快速城市化的城镇包围市区成熟化城区的内外二元分化状况"。所以我们提出,在近郊城市化进程中,不能等问题出来之后再强化基本管

---

① [美]马克·戈特迪纳、[美]雷·哈奇森:《新城市社会学》,黄怡译,上海译文出版社,2011年版,第307—308页。

② 中共上海社会工作委员会、上海社会科学院社会学研究所联合课题组:《深化镇管社区体制机制创新调研报告》,《党政论坛》,2017年第3期。

理单元，而是城市化进程在城乡接合部有战略、有规划、有步骤地塑造综合性整体城区，将人口、产业、公共服务供给等方面统一规划、同步建设，避免"重建设、缓规划、轻管理、无治理"的人口导入与大居建设，让郊区城镇与中心城区成为等量齐观的成熟的城区形态。

第四，如果做实基本管理单元，需要市-区两级层面增加对强镇扩权的政策倾斜，否则会越走越窄。从城市建设的内在规律与城市治理的本质上讲，基本治理单元虽然并没有从根本上解决郊区快速城市化过程中产生的治理困境，但是却可以在能够预见的时间与空间范围内，发挥减轻城市治理疑难问题症状的作用。基于此，要从顶层设计层面将基本管理单元实现由虚向实的转化，需要更高层级的政府，即市-区两级政府向镇级政府赋权赋能，加强其对具有巨大人口规模、高速城市化和许多突出矛盾的镇政府的政策和资源支持，增强其应对新情况新矛盾的能力。这主要指向镇管社区模式。镇管社区模式被喻为"小牛拉大车"，镇级政府由于权责范围、财政实力、人员编制等的限制，无法以自身实力管理、服务与自身平级的"社区"。同时，郊区城市化的急速发展特征与导入人口的复杂性，以及基于这些人员而产生的公共服务需求，也增大了镇管社区的难度。所以，必须增强向强镇扩权方面的政策倾斜，否则做实基本管理单元的思路将越走越窄。

第五，依靠市管区和市管镇并行的超大型城市管理体制，克服城市化进程带来的社会震荡，完善超大型城市的行政管理体系、行政区划体系和社会治理体系。镇管社区不是简单的镇级政府与社区关系的重构，而是要依靠强镇扩权逐步探索与国际化大都市治理相适应的政府间关系模式和行政区划格局。在上海推进镇管社区的过程中，逐步厘清市—区—镇三级政府的关系，通过转移支付建立向近郊地区资源倾斜机制，在"强镇扩权"的发展路径中，形成中心城区的"市-区"架构和近郊地区的"市-镇"架构，在上海外围地区形成诸多富有竞争能力、发展能力和管理能力的市镇，从而奠定"市管区"和"市管镇"并行的大都市行政管理模式。

这样上海超大型城市的治理体系实际上是由两套系统组成的：一是针对中心城区的"两级政府，三级管理"，二是针对近郊地区的"二级政府，三级治理"。"两级政府，三级管理"是在"市—区—街道办事处"这一架构中运行的（如图11-1所示），"二级政府，三级治理"是在"市—镇—中层社区"这一架构中运行的（如图11-2所示）。

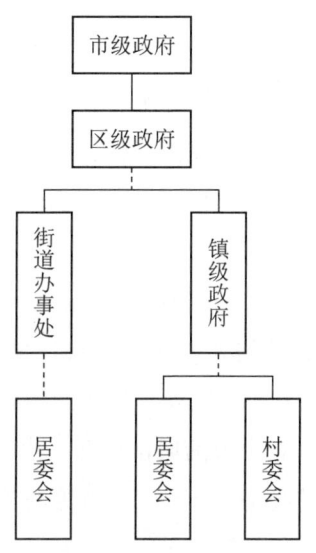

图 11-1 上海目前政府间层级关系示意图

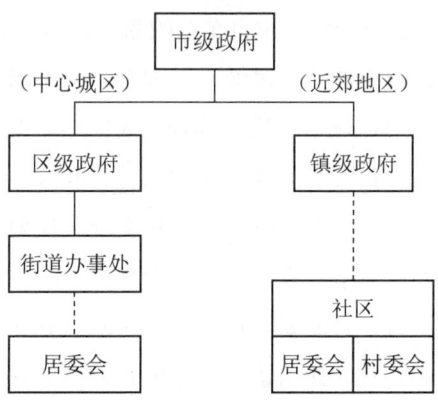

图 11-2 上海未来政府间层级关系示意图

总之，我们需要大思维和大格局以突破镇管社区的思路，借鉴以往计划单列市的做法，通过强镇扩权，使上海近郊的大型镇向"单列镇"方向发展，重塑上海近郊的城市治理体系和社区治理体系。这样才能从城市化发展方面，解决城市化过程中出现的问题。否则镇管社区如果按照当下的形势发展，它的路会越走越窄。也就是说，镇管社区是在镇内做文章，如果不能突破"镇内"的思维，突破"镇管"的思维，那么，无论是镇管社区，还是基本管理单元，只能是头痛医头脚痛医脚的权宜之计，从而无法在城市化进程中抓住城市化的发展规律，解决城市化进程中的问题。即使能够缓解一时一地的问题，也不能保证以后这些问题继续冒出来的时候，还有资源与机制去解决它。

镇管社区的未来发展方向应在镇级层面做文章，进行强镇扩权，甚至是设置单列镇。这就是要在城市发展的基本规律的基础上来解决城市发展中出现的问题。单列镇像20世纪80年代中国的计划单列市一样，它是因应上海这种超大型城市的快速城市化而形成的应对之策。镇管社区所形成的计划单列镇，是让一些在快速城市化过程中形成的大型人口聚居区域在上海的城市规划、城市发展与城市治理中实行单列，享有镇一级的经济、社会、人员等的管理权限，以及提供公共物品的能力，而不仅仅是镇一级行政级别。计划单列镇的收支可以直接与区政府挂钩，这样才能够保证镇管社区在未来能够改变"小牛拉大车"的局面，走向"壮牛拉重车"的新模式。

习近平总书记提出的"人民城市"理念，是中国共产党人坚持以人民为中心的价值观在城市维度的体现。人民城市及其治理承载着国家治理现代化，承接着城市治理的典型示范，联系着人民对美好生活的向往，是新时代国家治理、城市治理和实现人民对美好生活追求的重要推动力量。人民城市一方面需要不断提升自身的治理体系和治理能力现代化水平，另一方面要以自身的治理现代化不断推动国家治理体系和治理能力现代化。如何建设、发展和治理人民城市，在人民城市中实现人民对美好生活追求的目标，并使之成为支撑中国国家治理体系与治理能力现代化的重要力量，这是中国的当务之急。之所以这么说，是因为这是中国历朝历代的先贤志士所未遇到过的命题。中国是具有五千年历史的文明古国，这个古老国家的绝大多数岁月，是在农业文明中度过并取得辉煌的，是在城市文明中逐步向实现中华民族伟大复兴的征途上迈进的。中国共产党领导中国人民在历史上从未遇到过的城市时代背景下展开现代国家建设，引导乡土中国向城市中国转型。如何在城乡统筹的大背景下，在城市中国的结构中推进人民城市建设和治理，推进国家治理体系和治理能力现代化，实现中华民族伟大复兴的目标，这是一项摆在全国人民面前的亟须研究的重要课题。上海的镇管社区实践便是在超大城市近郊城市化进程中，对人民城市理念的落实和不断探索，为人民城市的建设、治理和发展奠定了重要的基层基础。

上海近郊城镇化进程中的镇管社区和社区治理，向我们昭示从单位中国到社区中国，转型中国的国家治理逻辑在基层发生了重要的空间位移。社区开始逐渐替代单位，成为中国国家治理的重要基层单元。在社区中国的国家治理视野下，社区治理与社会治理、城市治理紧密相连；社区治理牢固则社会治理的基层基础得以夯实，那么，城乡治理则牢固，国家治理则牢固。转型中国的社区治理实践是宏观国家治理实践的微观缩影。社区治理是国家治理的基层化落实，社区治理位于国家治理体系的末梢，是国家治理的基石。

镇管社区在上海近郊城市化进程中的治理基石作用，向我们昭示了社区治理的重要意义。社区治理相比于国家治理与社会治理，其治理内涵与外延都比较狭窄。从治理内涵上来讲，社区治理面对的空间是交互重叠的，物理空间、族群空间、生活空间、消费空间、交往空间、文化空间等形态，①都是社区治理的重要内涵，这与国家治理、社会治理同等复杂多元。从治理层级上讲，社会治理是国家治理的一

---

① 张纯：《城市社区形态与再生》，东南大学出版社，2014年版，第61—67页。

个方面，社区治理是社会治理的重要组成部分，[①]然而国家治理与社会治理的重要过程与成果最终的落脚点与归宿都在社区，只有社区治理巩固了，国家治理与社会治理才能稳步提升。

党的十八届三中全会公报提出：实现政府治理和社会自我调节、居民自治良性互动。到十九届五中全会该提法变为：实现政府治理同社会调节、居民自治良性互动，建设人人有责、人人尽责、人人享有的社会治理共同体。这说明中央对城市化进程中的社区治理更加关注。多元治理主体的协同可以在社区中构建包容不同组织、不同力量和不同角色的载体，这显得特别重要。例如由党组织、居委会、社区民警、条线职能部门代表，以及业委会、物业公司甚至社区单位代表参加的协商和决策平台，是把党建引领、政府治理、社区治理和居民自治进行结合和对接的重要载体。

---

① 刘建军:《居民自治指导手册》，格致出版社、上海人民出版社，2016年版，第11页。

参考文献

[1]《中国中小城市发展报告》编纂委员会,中国城市经济学会中小城市经济发展委员会. 中国中小城市发展报告(2010)——中国中小城市绿色发展之路[M]. 北京:社会科学文献出版社,2010.

[2] [澳]德波拉·史蒂文森. 城市与城市文化[M]. 李东航,译. 北京:北京大学出版社,2015.

[3] 陈映芳. 城市中国的逻辑[M]. 北京:生活·读书·新知三联书店,2012.

[4] 邓正来. 国家与社会:中国市民社会研究[M]. 成都:四川人民出版社,1997.

[5] [法]费尔南·布罗代尔. 菲利普二世时代的地中海和地中海世界 第一卷[M]. 唐家龙,曾培耿,等译. 北京:商务印书馆,1996.

[6] [法]亨利·列斐伏尔. 空间与政治[M]. 李春,译. 上海:上海人民出版社,2015.

[7] 冯同庆. 中国工人的命运——改革以来工人的社会行动[M]. 北京:社会科学文献出版社,2002.

[8] 付磊. 转型中的大都市空间结构及其演化——上海城市空间结构演变的研究[M]. 北京:中国建筑工业出版社,2012.

［9］顾汝德（LEO F. GOODSTADT）. 失治之城：挣扎求存的香港［M］. 李国宝, 译. 香港：天窗出版, 2019.

［10］桂家友. 边缘化郊区到现代化城区——以浦东基层社会治理探索为视角［M］. 上海：上海人民出版社, 2016.

［11］桂勇. 邻里空间：城市基层的行动、组织与互动［M］. 上海：上海书店出版社, 2008.

［12］郭圣莉. 城市社会重构与新生国家政权建设：建国初期上海国家政权建设分析［M］. 天津：天津人民出版社, 2006.

［13］韩福国. 我们如何具体操作协商民主——复式协商民主决策程序手册［M］. 上海：复旦大学出版社, 2017.

［14］［加拿大］道格·桑德斯. 落脚城市［M］. 陈信宏, 译. 上海：上海译文出版社, 2012.

［15］［加拿大］简·雅各布斯. 美国大城市的死与生［M］. 金衡山, 译. 南京：译林出版社, 2005.

［16］李易骏. 当代社区工作：计划与发展实务［M］. 台北：双叶书廊有限公司, 2012.

［17］刘建军. 居民自治指导手册［M］. 上海：格致出版社, 2016.

［18］陆学艺. 当代中国社会阶层研究报告［M］. 北京：社会科学文献出版社, 2002.

［19］罗峰, 等. 社会的力量——城市社区治理中的志愿组织［M］. 上海：上海人民出版社, 2016.

［20］毛泽东. 毛泽东选集：第四卷［M］. 北京：人民出版社, 1991.

［21］［美］埃里克·达米安·凯利, ［美］芭芭拉·贝克尔. 社区规划——综合规划导论［M］. 叶齐茂, 吴宇江, 译. 北京：中国建筑工业出版社, 2009.

［22］［美］爱德华·格莱泽. 城市的胜利：城市如何让我们变得更加富有、智慧、绿色、健康和幸福［M］. 刘润泉, 译. 上海：上海社会科学院出版社, 2012.

[23][美]保罗·诺克斯,[美]琳达·马克卡西. 城市化[M]. 顾朝林,汤培源,杨兴柱,等译. 北京:科学出版社,2009.

[24][美]保罗·M. 霍恩伯格,[美]林恩·霍伦·利斯. 都市欧洲的形成 1000—1994 年[M]. 阮岳湘,译. 北京:商务印书馆,2009.

[25][美]布赖恩·贝利. 比较城市化——20 世纪的不同道路[M]. 顾朝林,等译. 北京:商务印书馆,2008.

[26][美]查尔斯·蒂利. 强制、资本和欧洲国家(公元 990—1992 年)[M]. 魏洪钟,译. 上海:上海人民出版社,2007.

[27][美]戴维·波普诺. 社会学(第十一版)[M]. 李强,等译. 北京:中国人民大学出版社,2007.

[28][美]丹尼斯·R. 贾德,[美]托德·斯旺斯特罗姆. 美国的城市政治[M]. 于杰,译. 上海:上海社会科学院出版社,2017.

[29][美]道格拉斯·S. 梅西,[美]兰·奥尔布赖特,[美]瑞贝卡·卡斯诺,等. 攀登劳雷尔山——一个美国郊区围绕保障性住房的抗争及社会流动[M]. 朱迪,张悦怡,译. 北京:社会科学文献出版社,2017.

[30][美]段义孚. 空间与地方:经验的视角[M]. 王志标,译. 北京:中国人民大学出版社,2017.

[31][美]汉克·V. 萨维奇,[美]保罗·康特. 国际市场中的城市:北美和西欧城市发展的政治经济学[M]. 叶林,译. 上海:格致出版社,2013.

[32][美]凯文·林奇. 城市意象[M]. 方益萍,何晓军,译. 北京:华夏出版社,2001.

[33][美]李侃如. 治理中国:从革命到改革[M]. 胡国成,赵梅,译. 北京:中国社会科学出版社,2010.

[34][美]理查德·拉克曼. 不由自主的资产阶级:近代早期欧洲的精英斗争与经济转型[M]. 郦菁,维舟,徐丹,译. 上海:复旦大学出版社,2013.

[35] [美]理查德·T. 勒盖茨，[美]弗雷德里克·斯托特，[美]张庭伟，等. 城市读本（中文版）[M]. 北京：中国建筑工业出版社，2013.

[36] [美]林肯·斯蒂芬斯. 城市的耻辱[M]. 邢锡范，译. 北京：中国人民大学出版社，2015.

[37] [美]刘易斯·芒福德. 城市发展史——起源、演变和前景[M]. 倪文彦，宋俊岭，译. 北京：中国建筑工业出版社，1989.

[38] [美]罗伯特·布鲁格曼. 城市蔓延简史[M]. 吕晓惠，许明修，孙晶，译. 北京：中国电力出版社，2009.

[39] [美]罗伯特·帕特南. 独自打保龄：美国社区的衰落与复兴[M]. 刘波，祝乃娟，张孜异，等译. 北京：北京大学出版社，2011.

[40] [美]马克·阿布瑞汉森. 城市社会学：全球导览[M]. 宋伟轩，陈培阳，李俊亮，译. 北京：科学出版社，2017.

[41] [美]马克·戈特迪纳，[美]雷·哈奇森. 新城市社会学[M]. 黄怡，译. 上海：上海译文出版社，2011.

[42] [美]马修·德斯蒙德. 扫地出门：美国城市的贫穷与暴利[M]. 胡䜣谆，郑焕升，译. 桂林：广西师范大学出版社，2018.

[43] [美]麦高登. 香港重庆大厦：世界中心的边缘地带[M]. 杨玚，译. 上海：华东师范大学出版社，2015.

[44] [美]帕拉格·康纳. 超级版图：全球供应链、超级城市与新商业文明的崛起[M]. 崔传刚，周大昕，译. 北京：中信出版社，2016.

[45] [美]莎伦·佐金. 裸城——原真性城市场所的生与死[M]. 丘兆达，刘蔚，译. 上海：上海人民出版社，2015.

[46] [美]莎伦·佐金，[美]菲利普·卡辛尼兹，[美]陈向明. 全球城市　地方商街：从纽约到上海的日常多样性[M]. 张伊娜，杨紫蕾，译. 上海：同济大学出版社，2016.

[47] [美]施坚雅. 中华帝国晚期的城市[M]. 叶光庭，等译. 北京：中华书局，2000.

[48] [美]威廉·朱利叶斯·威尔逊. 当工作消失时：城市新穷人

的世界[M]. 成伯清, 王佳鹏, 译. 上海: 上海人民出版社, 2016.

[49][美]雪伦·朱津. 权力地景: 从底特律到迪士尼世界[M]. 王志弘, 王玥民, 徐苔玲, 译. 台湾: 群学出版社, 2010.

[50][美]约翰·J. 马休尼斯, [美]文森特·N. 帕里罗. 城市社会学: 城市与城市生活(第 6 版)[M]. 姚伟, 王佳, 等译. 北京: 中国人民大学出版社, 2016.

[51][美]詹姆斯·N. 罗西瑙. 没有政府的治理——世界政治中的秩序与变革[M]. 张胜军, 刘小林, 等译. 南昌: 江西人民出版社, 2001.

[52][美]R.E. 帕克, [美]E.N. 伯吉斯, [美]R.D. 麦肯齐. 城市社会学——芝加哥学派城市研究[M]. 宋俊岭, 郑也夫, 译. 北京: 商务印书馆, 2012.

[53]施芸卿. 再造城民: 旧城改造与都市运动中的国家与个人[M]. 北京: 社会科学文献出版社, 2015.

[54]石发勇. 准公民社区——国家、关系网络与城市基层治理[M]. 北京: 社会科学文献出版社, 2013.

[55]宋道雷. 城市力量: 中国城市化的政治学考察[M]. 上海: 上海人民出版社, 2016.

[56]宋庆华. 沟通与协商: 促进城市社区建设公共参与的六种方法[M]. 北京: 中国社会出版社, 2012.

[57]王丰. 分割与分层: 改革时期中国城市的不平等[M]. 马磊, 译. 杭州: 浙江人民出版社, 2013.

[58]习近平. 在纪念孔子诞辰 2 565 周年国际学术研讨会暨国际儒学联合会第五届会员大会开幕会上的讲话[M]. 北京: 人民出版社, 2014.

[59]习近平. 决胜全面建成小康社会　夺取新时代中国特色社会主义伟大胜利——在中国共产党第十九次全国代表大会上的报告[M]. 北京: 人民出版社, 2017.

[60]习近平. 习近平谈治国理政(第一卷)[M]. 北京: 外文出

版社，2018.

［61］习近平. 在浦东开发开放 30 周年庆祝大会上的讲话［M］. 北京：人民出版社，2020.

［62］习近平. 在党史学习教育动员大会上的讲话［M］. 北京：人民出版社，2021.

［63］谢复生，盛杏湲. 政治学的范围与方法［M］. 台北：五南图书出版股份有限公司，2000.

［64］杨天宏. 口岸开放与社会变革——近代中国自开商埠研究［M］. 北京：中华书局，2002.

［65］［英］埃比尼泽·霍华德. 明日的田园城市［M］. 金经元，译. 北京：商务印书馆，2000.

［66］［英］艾伦·哈丁，［英］泰尔加·布劳克兰德. 城市理论：对 21 世纪权力、城市和城市主义的批判性介绍［M］. 王岩，译. 北京：社会科学文献出版社，2016.

［67］［英］安德鲁·塔隆. 英国城市更新［M］. 杨帆，译. 上海：同济大学出版社，2016.

［68］［英］加里·布里奇，［英］索菲·沃森. 城市概论［M］. 陈剑峰，袁胜育，等译. 桂林：漓江出版社，2015.

［69］［英］罗纳德·哈里·科斯，王宁. 变革中国：市场经济的中国之路［M］. 徐尧，李哲民，译. 北京：中信出版社，2013.

［70］［英］尼尔·史密斯. 新城市前沿：士绅化与恢复失地运动者之城［M］. 李晔国，译. 南京：译林出版社，2018.

［71］［英］诺南·帕迪森. 城市研究手册［M］. 郭爱军，王贻志，等译. 上海：格致出版社，2009.

［72］于海. 上海纪事：社会空间的视角［M］. 上海：同济大学出版社，2019.

［73］张纯. 城市社区形态与再生［M］. 南京：东南大学出版社，2014.

［74］郑永年，莫道明，刘骥. 改革：困境与出路［M］. 上海：东方

出版社，2015.

[75] 中共上海市委党史研究室. 破冰：上海土地批租试点亲历者说[M]. 上海：上海人民出版社，2018.

[76] 中共中央党史和文献研究院. 十八大以来重要文献选编（下）[M]. 北京：中央文献出版社，2018.

[77] 中共中央马克思恩格斯列宁斯大林著作编译局. 马克思恩格斯全集：第1卷[M]. 北京：人民出版社，1956.

[78] 中共中央马克思恩格斯列宁斯大林著作编译局. 马克思恩格斯全集：第3卷[M]. 北京：人民出版社，1960.

[79] 中共中央马克思恩格斯列宁斯大林著作编译局. 马克思恩格斯全集：第19卷[M]. 北京：人民出版社，1963.

[80] 中共中央马克思恩格斯列宁斯大林著作编译局. 马克思恩格斯全集：第21卷[M]. 北京：人民出版社，1965.

[81] 中共中央文献研究室. 习近平关于社会主义文化建设论述摘编[M]. 北京：中央文献出版社，2017.

[82] 中共中央宣传部. 习近平总书记系列重要讲话读本[M]. 北京：人民出版社，2014.

[83] 中国（海南）改革发展研究院. 中国公共服务体制：中央与地方[M]. 北京：中国经济出版社，2006.

[84] 周振华. 全球城市——演化原理与上海2050[M]. 上海：格致出版社，2017.

[85] 邹谠. 二十世纪中国政治——从宏观历史与微观行动角度[M]. 香港：牛津大学出版社，1994.

[86] CHARLES N. GLAAB, A. THEODORE BROWN. A History of Urban America[M]. New York: Macmillan, 1967.

[87] GERARD DELANTY. Community[M]. London: Routledge, 2009.

[88] JONES P, EVANS J. Urban Regeneration in the UK[M].

London: SAGE Publications Ltd, 2009.

[89] KNOX P L. Cities and Design[M]. London: Routledge, 2010.

[90] LANG S. NGOs, Civil Society, and the Public Sphere[M]. Cambridge: Cambridge University Press, 2012.

[91] LAQUIAN A A. The City in Nation-Building: Politics and Administration in Metropolitan Manila[M]. Manila: School of Public Administration, University of the Philippines, 1966.

[92] LE GALÈS P. European Cities: Social Conflicts and Governance[M]. Oxford: Oxford University Press, 2002.

[93] LEFEBVRE H. The Production of Space[M]. NICHOLSON-SMITH D, HARVEY D, trans. Oxford, UK: Blackwell Publishing, 1991.

[94] LORETTA LEES, MARTIN PHILLIPS. Handbook of Gentrification Studies[M]. UK: Edward Elgar Publishing, 2018.

[95] MADANIPOUR A. Whose Public Space?: International Case Studies in Urban Design and Development[M]. London: Routledge, 2010.

[96] MCDONALD J W A, ABDALLA A, ADRIAN-PAUL A, et al. NGOs at the Table: Strategies for Influencing Policy in Areas of Conflict[M]. FITZDUFF M, CHURCH C, ed. Lanham, MD: Rowman & Littlefield Publishers, 2004.

[97] MOSSBERGER K, CLARKE S E, JOHN P. The Oxford Handbook of Urban Politics[M]. Oxford University Press, USA, 2012.

[98] O'BRIEN K J, LI L. Rightful Resistance in Rural China[M]. Cambridge, UK: Cambridge University Press, 2006.

[99] PERRY E J. Challenging the Mandate of Heaven: Social Protest and State Power in China[M]. New York: Routledge, 2002.

[100] PHILLIPS M, LEES L. Handbook of Gentrification Studies[M]. Cheltenham, UK: Edward Elgar Publishing, 2018.

[101] ROBERTSON R. Globalization: Social Theory and Global Culture[M]. London: SAGE Publications Ltd, 2000.

[102] UNITED NATIONS DEPARTMENT OF ECONOMIC AND SOCIAL AFFAIRS. World Urbanization Prospects: The 2011 Revision[M]. New York: United Nations, 2012.

[103] WHYTE M K, PARISH W L. Urban Life in Contemporary China[M]. Chicago, IL: University of Chicago Press, 1985.

[104] ZHANG L. China's Limited Urbanization: Under Socialism and Beyond[M]. New York: Nova Science Pub Inc, 2004.

[105] 中共中央关于坚持和完善中国特色社会主义制度推进国家治理体系和治理能力现代化若干重大问题的决定[M]. 北京：人民出版社，2019.

[106] 李路路. 向城市移民：一个不可逆转的过程[M]//李培林. 农民工——中国进城农民工的经济社会分析. 北京：社会科学文献出版社，2003.

[107] 刘建军. 权力、仪式与差异：人类学视野中的单位政治[M]//重新认识中国：中国社会科学辑刊（2010年冬季卷，总第33期）. 上海：复旦大学出版社，2011.

[108] 罗思东. 城市弱势社区的组织化参与——构架社区权力的路径分析[M]//何艳玲. 变迁中的中国城市治理. 上海：格致出版社，2013.

[109] REN Y. Globalization and Grassroots Practices: Community Development in Contemporary Urban China[M]//Globalization and the Chinese City. Routledge, 2005.

[110] ROBERTSON R. Glocalization: Time-Space and Homogeneity-Heterogeneity[M]. MIKE FEATHERSTONE, SCOTT LASH, ROLAND ROBERTSON, ed.//Global Modernities. London: SAGE Publications Ltd, 1995: 25—44.

[111] STEIN ROKKAN. Cities, States, and Nations: A Dimensional Model for the Study of Contrasts in Development[M]. S. N. EISENSTADT, S. ROKKAN, ed.//Building States and Nations: Methods and Data Resources. Newbury Park, CA: SAGE Publications Ltd, 1973: 73—97.

[112] THOMAS J. COURCHENE. Glocalization, Institutional Evolution, and the Australian Federation[M]. GALLIGAN B, ed.//Federalism and the Economy: International, National and State Issues. Canberra: Federalism Research Centre, Australian National University, 1993.

[113] 鲍静. 建国初期基层工会职能转变研究——以上海申新纺织厂为个案（1949—1956）[D]. 上海：华东师范大学，2010.

[114] 黄伟强. 基层治理空间组织结构创新研究——以上海"镇管社区"为例[D]. 上海：上海交通大学，2018.

[115] 林星. 近代福建城市发展研究（1843—1949 年）——以福州、厦门为中心[D]. 厦门：厦门大学，2004.

[116] 刘臻. 城乡结合部的社区治理模式：上海浦东川沙新镇社区委员会体制研究[D]. 上海：上海交通大学，2009.

[117] 汪慧婷. "镇管社区"：快速城市化进程中的社区管理模式创新[D]. 上海：华东政法大学，2013.

[118] 杨丽萍. 从非单位到单位——上海非单位人群组织化研究（1949—1962）[D]. 上海：华东师范大学，2006.

[119] 殷照玲. 大型国有企业单位制社区空间变迁的个案研究[D]. 上海：华东师范大学，2012.

[120] 张炯. 上海市"镇管社区"模式演变探究及优化思考[D]. 上海：中共上海市委党校，2017.

[121] 朱婧. 城市化进程中社区管理模式探索——以浦东新区三林镇"镇管社区"模式为例[D]. 上海：复旦大学，2009.

[122] 诸华. 城市化进程中城郊"镇管社区"模式研究[D]. 上海：华东理工大学，2013.

[123] 邹晴晴. 城市安置社区公共空间活力评价研究——以苏州为例[D]. 苏州：苏州科技大学，2017.

[124] YE Z. Big Is Modern: The Making of Wuhan as a Mega-City in Early Twentieth Century China, 1889—1957[D]. Minneapolis, MN: University of Minnesota, 2010.

[125] 何志东. 补上社区公共空间治理短板[N]. 解放日报，2016-02-25（6）.

[126] 盛若蔚. 中国共产党党员总数超9 000万[N]. 人民日报，2019-07-01（4）.

[127] 宋道雷，刘建军. 礼治社区：探索中国特色基层治理[N]. 解放日报，2015-09-22（11）.

[128] 习近平. 在第十二届全国人民代表大会第一次会议上的讲话[N]. 人民日报，2013-03-18（1）.

[129] 全球三次城市化浪潮[N]. 人民日报，2011-04-28（23）.

[130] 习近平在上海考察时强调 坚定改革开放再出发信心和决心 加快提升城市能级和核心竞争力[N]. 人民日报，2018-11-08（1）.

[131] 中共中央国务院关于支持河北雄安新区全面深化改革和扩大开放的指导意见[N]. 人民日报，2019-01-25（1）.

[132] 中共中央国务院关于支持深圳建设中国特色社会主义先行示范区的意见[N]. 人民日报，2019-08-19（1）.

[133] 深入学习贯彻党的十九届四中全会精神 提高社会主义现代化国际大都市治理能力和水平[N]. 人民日报，2019-11-04（1）.

[134] 习近平在浙江考察时强调 统筹推进疫情防控和经济社会发展工作 奋力实现今年经济社会发展目标任务[N]. 人民日报，2020-04-02（1）.

[135] 中共中央政治局召开会议[N]. 人民日报，2021-01-29（1）.

[136] [美]阿兰·阿特舒勒. 全球化背景下的美国城市（研究参考第 174 期）[Z/OL]. 中国发展研究基金会, 2013（2013-11-25）[2021-03-01]. http://www.cdrf.org.cn/jjh/pdf/174.pdf.

[137] 边燕杰, 张文宏, 程诚. 求职过程的社会网络模型：检验关系效应假设[J]. 社会, 2012, 32（03）：24—37.

[138] 沈关宝. 发展现代社区的理性选择[J]. 探索与争鸣, 2000（3）：14—17.

[139] 陈彩虹. "全球地方化"：经济全球化的另一种趋势[J]. 中国新时代, 2006（8）：26.

[140] 陈小坚.《新城市议程》：通向未来可持续发展的城市化行动纲领——联合国住房与可持续城市发展大会（人居三）综述[J]. 现代城市研究, 2017（1）：129—132.

[141] 陈映芳. 行动力与制度限制：都市运动中的中产阶层[J]. 社会学研究, 2006（4）：1—20+242.

[142] 陈竹, 叶珉. 什么是真正的公共空间？——西方城市公共空间理论与空间公共性的判定[J]. 国际城市规划, 2009, 24（3）：44—49+53.

[143] 仇保兴. 第三次城市化浪潮中的中国范例——中国快速城市化的特点、问题与对策[J]. 城市规划, 2007（6）：9—15.

[144] 丁骥千. 西方工会的现状和前景[J]. 国外理论动态, 2001（5）：18—19+25.

[145] 葛兆光. 有关中国城市的文化史研究[J]. 探索与争鸣, 2017（9）：25—27.

[146] 桂勇, 黄荣贵. 社区社会资本测量：一项基于经验数据的研究[J]. 社会学研究, 2008（3）：122—142+244—245.

[147] 何一民. 革新与再造：新中国建立初期城市发展与社会转型相关问题纵横论[J]. 福建论坛（人文社会科学版）, 2012（1）：82—92.

[148] 李晗. "镇管社区": 大型居住社区的社会管理模式创新——以上海市宝山区 G 镇为例[J]. 现代经济信息, 2013（24）：61—62.

[149] 李璐颖. 城市化率 50% 的拐点迷局——典型国家快速城市化阶段发展特征的比较研究[J]. 城市规划学刊, 2013（3）：43—49.

[150] 李友梅. 社区治理：公民社会的微观基础[J]. 社会, 2007（2）：159—169+207.

[151] 梁鹤年. 再谈"城市人"——以人为本的城镇化[J]. 城市规划, 2014, 38（9）：64—75.

[152] 林尚立. 重构中国城市治理体系：现代城市发展与城市治理对话——复旦大学林尚立教授访谈[J]. 南京社会科学, 2013（6）：1—7.

[153] 林尚立. 社区：中国政治建设的战略性空间[J]. 毛泽东邓小平理论研究, 2002（2）：58—64.

[154] 刘士林. 人民城市：理论渊源和当代发展[J]. 南京社会科学, 2020（8）：66—72.

[155] 刘涛, 曹广忠. 城市规模的空间聚散与中心城市影响力——基于中国 637 个城市空间自相关的实证[J]. 地理研究, 2012, 31（7）：1317—1327.

[156] 刘春荣. 中国城市社区选举的想象：从功能阐释到过程分析[J]. 社会, 2005（1）：119—143.

[157] 卢汉龙. 单位与社区：中国城市社会生活的组织重建[J]. 社会科学, 1999（2）：52—54+57.

[158] 毛丹. 村落变迁中的单位化——尝试村落研究的一种范式[J]. 浙江社会科学, 2000（4）：134—139.

[159] 潘天舒. 上海城市空间重构过程中的记忆、地方感与"士绅化"实践[J]. 同济大学学报（社会科学版）, 2015, 26（6）：62—69.

[160] 潘修华, 龚颖杰. 社会组织参与城市社区治理探析[J]. 浙

江师范大学学报（社会科学版），2014，39（4）：79—84.

[161] 任远，章志刚. 中国城市社区发展典型实践模式的比较与分析[J]. 社会科学研究，2003（6）：97—100.

[162] 石楠. 人居三[J]. 城市规划，2016，40（11）：1.

[163] 石楠. "人居三"、《新城市议程》及其对我国的启示[J]. 城市规划，2017，41（1）：9—21.

[164] 宋道雷. 国家治理的城市维度[J]. 求索，2017（4）：124—131.

[165] 孙启榕. 全球地方化的论述与实践——从台北社区规划师制度谈起[J]. 世界建筑，2009（5）：27—28.

[166] 孙小逸. 空间的生产与城市的权利：理论、应用及其中国意义[J]. 公共行政评论，2015，8（3）：176—192+205—206.

[167] 汪仕凯. 工人阶级的形成：一个争议话题[J]. 社会学研究，2013，28（3）：207—228+245.

[168] 王汉生，吴莹. 基层社会中"看得见"与"看不见"的国家——发生在一个商品房小区中的几个"故事"[J]. 社会学研究，2011，25（1）：63—95+244.

[169] 王红扬. 人居三、中等发展陷阱的本质与我国后中等发展期规划改革：再论整体主义[J]. 国际城市规划，2017，32（1）：1—25.

[170] 吴缚龙. 超越渐进主义：中国的城市革命与崛起的城市[J]. 城市规划学刊，2008（1）：18—22.

[171] 辛岭，蒋和平. 我国农业现代化发展水平评价指标体系的构建和测算[J]. 农业现代化研究，2010，31（6）：646—650.

[172] 徐勇. "绿色崛起"与"都市突破"——中国城市社区自治与农村村民自治比较[J]. 学习与探索，2002（4）：32—37.

[173] 杨发祥，施丹. 镇管社区：社区管理模式的一种新探索——以上海浦东S镇为例[J]. 福建论坛（人文社会科学版），2012（7）：150—155.

[174] 叶敏, 熊万胜. 镇管社区: 快速城市化区域的镇级体制调适——以上海浦东新区 H 镇的镇管社区建设经验为例[J]. 中国行政管理, 2018（10）: 98—103.

[175] 游正林. 60 年来中国工会的三次大改革[J]. 社会学研究, 2010, 25（4）: 76—105+244.

[176] 于海, 钟晓华, 陈向明. 旧城更新中基于社区脉络的集体创业——以上海田子坊商街为例[J]. 南京社会科学, 2013（8）: 60—68+82.

[177] 于宏源, 赵元佑. "人居三"会议与中国城市治理的未来方向[J]. 上海城市管理, 2016, 25（2）: 4—6.

[178] 俞晓波. 快速城市化进程中的"镇管社区"模式研究——基于浦东的实践[J]. 中国行政管理, 2012（8）: 124—126.

[179] 郁建兴. 社会治理共同体及其建设路径[J]. 公共管理评论, 2019, 1（3）: 59—65.

[180] 詹成付. 贯彻落实党的十九届五中全会部署　提高基层治理水平[J]. 社会治理, 2020（11）: 8—16.

[181] 张波. 镇管社区的内涵、模式与发展趋势[J]. 上海党史与党建, 2013（8）: 48—50.

[182] 张静. 阶级政治与单位政治——城市社会的利益组织化结构和社会参与[J]. 开放时代, 2003（2）: 109—119.

[183] 张静. 义乌外来工为什么愿意使用法律[J]. 江苏行政学院学报, 2010（3）: 74—79.

[184] 张善余. 近年上海市人口分布态势的巨大变化[J]. 人口研究, 1999（5）: 16—24.

[185] 张晓杰. "镇管社区"的治理创新机制[J]. 重庆社会科学, 2013（10）: 36—42.

[186] 赵燕菁. 公共空间里的共享单车[J]. 北京规划建设, 2017（6）: 164.

[187] 中共上海社会工作委员会,上海社会科学院社会学研究所联合课题组. 深化镇管社区体制机制创新调研报告[J]. 党政论坛, 2017(3): 40—42.

[188] 钟奕纯,冯健. 城市迁移人口居住空间分异——对深圳市的实证研究[J]. 地理科学进展, 2017, 36(1): 125—135.

[189] 周健. 镇管社区建设的模式、问题及其对策——基于上海市9个镇的调研[J]. 中南大学学报(社会科学版), 2013, 19(1): 74—80.

[190] 周利敏. "全球地域化"思想及对区域发展的意义[J]. 人文地理, 2011, 26(1): 24—28+9.

[191] 周晓虹. 社会学理论的基本范式及整合的可能性[J]. 社会学研究, 2002(5): 33—45.

[192] 卓健,孙源铎. 社区共治视角下公共空间更新的现实困境与路径[J]. 规划师, 2019, 35(3): 5—10+50.

[193] CHEN F. Between the State and Labour: The Conflict of Chinese Trade Unions' Double Identity in Market Reform[J]. The China Quarterly, 2003(176): 1006—1028.

[194] DERLETH J, KOLDYK D R. The Shequ Experiment: Grassroots Political Reform in Urban China[J]. Journal of Contemporary China, 2004, 13(41): 747—777.

[195] DUMITRESCU L, VINEREAN S. The Glocal Strategy Of Global Brands[J]. Studies in Business and Economics, 2010, 5(3): 147—155.

[196] GOODFELLOW T. Urban Fortunes and Skeleton Cityscapes: Real Estate and Late Urbanization in Kigali and Addis Ababa[J]. International Journal of Urban and Regional Research, 2017, 41(5): 786—803.

[197] GUO Y, ZHANG C, WANG Y P, et al. (De-) Activa-

ting the Growth Machine for Redevelopment: The Case of Liede Urban Village in Guangzhou[J]. Urban Studies, 2018, 55 (7): 1420—1438.

[198] HARPER P. The Party and the Unions in Communist China[J]. The China Quarterly, 1969, 37: 84—119.

[199] MCCABE H, DENG G. "So They'll Have Somewhere to Go": Establishing Non-governmental Organizations (NGOs) for Children with Autism in the People's Republic of China [J]. Voluntas: International Journal of Voluntary and Nonprofit Organizations, 2018, 29 (5): 1019—1032.

[200] MCFARLANE C. The City as Assemblage: Dwelling and Urban Space[J]. Environment and Planning D: Society and Space, 2011, 29 (4): 649—671.

[201] MENON R. Global or Glocal: The Future Course for Strategy[J]. Global Journal of Finance and Management, 2014, 6 (5): 427—432.

[202] PERRY C A. City Planning for Neighborhood Life[J]. Social Forces, 1929, 8 (1): 98—100.

[203] PORTO A, PORTO N, TORTAROLO D. "Glocalization" and Decentralization. The Role of Local Governments in the New International Context[J]. Urban Public Economics Review, 2014 (20): 62—93.

[204] RITZER G. Rethinking Globalization: Glocalization/Grobalization and Something/Nothing [J]. Sociological Theory, 2003, 21 (3): 193—209.

[205] ROUDOMETOF V. Transnationalism, Cosmopolitanism and Glocalization[J]. Current Sociology, 2005, 53 (1): 113—135.

[206] SUN X, HUANG R. Extension of State-Led Growth Coa-

lition and Grassroots Management: A Case Study of Shanghai[J]. Urban Affairs Review, 2016, 52（6）: 917—943.

[207] WONG L, POON B. From Serving Neighbors to Recontrolling Urban Society: The Transformation of China's Community Policy[J]. China Information, 2005, 19（3）: 413—442.

[208] WU F. China's Changing Urban Governance in the Transition Towards a More Market-Oriented Economy[J]. Urban Studies, 2002, 39（7）: 1071—1093.

[209] ZHANG T. Urban Development and a Socialist Pro-Growth Coalition in Shanghai[J]. Urban Affairs Review, 2002, 37（4）: 475—499.

[210] 陈果静. 《中国城市化2.0》报告：到2030年中国城市化率将升至75%[EB/OL]. （2019-10-15）[2021-11-28]. http://www.ce.cn/xwzx/gnsz/gdxw/201910/15/t20191015_33352515.shtml.

[211] 国家统计局. 第七次全国人口普查主要数据情况[EB/OL]. （2021-05-11）[2021-05-11]. http://www.stats.gov.cn/tjsj/zxfb/202105/t20210510_1817176.html.

[212] 梁相斌，孔祥鑫. 规划科学是最大的效益[EB/OL]. （2017-09-27）[2021-12-21]. http://www.xinhuanet.com//politics/2017-09/27/c_1121735098.htm.

[213] 刘建军. 什么是幸福？中国研究院工作坊研讨中国式"有温度"的居民社区建设之路[EB/OL]. （2016-03-08）[2021-03-25]. http://www.guancha.cn/society/2016_03_08_353234.shtml.

[214] 刘建军. 社区的温度[EB/OL]. （2020-01-01）[2021-03-25]. http://www.ccpg.org.cn/bencandy.php?fid=42&id=788.

[215] 刘守英，陆铭. 城市化道路不坚决，导致农民难以取舍[EB/OL]. （2020-11-30）[2020-12-01]. https://mp.weixin.qq.com/s/l3bGh9IgE9yRFZKIPaFeoA.

[216] 潘姜汐熹. 你也变成了一个士绅化审美病毒的携带者吗?|100个生活大问题[EB/OL].（2018-12-02）[2019-07-25］. https：//mp.weixin.qq.com/s/7AKFsm9AJaA-ZiBsHidcBA.

[217] 上海市人民政府. 中共上海市委关于制定上海市国民经济和社会发展第十四个五年规划和二〇三五年远景目标的建议[EB/OL].（2020-12-10）[2020-12-11］. https：//www.shanghai.gov.cn/nw12344/20201210/db7c9310622145908515706f467fd45a.html.

[218] 上海市统计局. 上海市第七次全国人口普查主要数据发布[EB/OL].（2021-05-19）[2021-05-19］. http：//tjj.sh.gov.cn/7rp-pcyw/20210519/1968a0983be04311b607deccf6c2988c.html.

[219] 熊丰. 长三角议事厅 上海新城建设 20 年②谁的新城_澎湃研究所_澎湃新闻-The Paper[EB/OL].（2020-12-10）[2020-12-13］. https：//www.thepaper.cn/newsDetail_forward_10313174.

[220] 许倬云. 二十一世纪，中国人将何去何从？[EB/OL].（2016-10-21）[2019-07-21］. https：//cul.qq.com/a/20161021/018255.htm.

[221] 张晓松. 习近平：人民城市人民建，人民城市为人民[EB/OL].（2019-11-03）[2021-02-15］. http：//www.xinhuanet.com/politics/leaders/2019-11/03/c_1125186430.htm.

[222] 郑永年. 中国如何避免城市化陷阱？[EB/OL].（2013-08-06）[2021-01-20］. http：//news.takungpao.com/opinion/highlights/2013-08/1809137.html.

[223] 周楠. 上海区县街镇行政区划调整，背后遵循怎样的逻辑？[EB/OL].（2017-12-03）[2020-11-28］. https：//shzw.eastday.com/G/20171203/u1a13473676_K27223.html.

后记

　　21世纪是城市的世纪。据联合国经济和社会事务部（United Nations Department of Economic and Social Affairs）预测，到2050年世界平均城市化率达到70%左右，届时绝大部分的发展中国家的居民都将生活在城市，成为城市的一分子，城市生活及其方式将成为主导世界各国人民的主要形式。更不用说发达国家了，它们不仅使80%左右的居民生活在城市成为一种可能，而且将这种可能转变为现实，向我们展现了一种城市世界的现实景象。绝大多数的人生活在城市，这在人类历史上将是第一次，是前所未有的变革。从这个方面我们可以说，改善全球数十亿人的生活的载体和方式，再也没有比城市更为重要的了。

　　毫无疑问，中国人对此感触颇深。就世界突飞猛进的城市化发展进程来讲，中国是其重要的推动者之一。我们上一代和这一代中国人，对城市和城市化最为熟悉和了解。我们不仅见证了中国的城市化进程，而且也是这一进程的具体参与者和推动者。中国的城市化率从改革开放之初的17.9%，跃升至2020年的63%。短短一代人的时间，中国彻底摆脱低城市化（under-urbanization）现象，成为城市化大国，在数字意义上，实现了从乡土中国向城市中国的转型。在这个波澜壮阔的城市化进程中，十几亿中国人所憧憬的"城市，让生活更美好"的愿景在一步一步走向现实，当然这并不意味着城市化对于中国来讲就没有改进的地方。从这个意义上来讲，改善中国十数亿人的生活的方向和方式，再也没有比改善城市运作更好的方法了。随着越来越多的人搬到城市，中国越来越多的挑战和解决方案也将集中在城市。城市已经成为中国发展和治理的重要承载体。

对于我们每个普通人来讲，社区是承载中国突飞猛进的城市化进程的最基层的载体。突飞猛进的城市化进程带来的最直观、最可见、最贴地气的转变，在社区中为一般市民可见、可感、可喜、可叹。从这个方面来讲，社区及其治理成为中国当代最恢宏的城市化进程的画卷的底色。换言之，改善城市治理与达到城市善治的方式，再也没有比改善无数市民所集中居住和生活的社区更为直接的了。由此，城市化进程中的社区及其治理，上承国家治理体系和治理能力现代化，中接城市化的急速进程，下达最平凡市民的居住和生活，成为城市政府、社会、基层工作者和研究者共同关注的对象。2022年3月上海面临的新冠肺炎疫情，更向每一个生活在城市中的人，强调了社区及其治理的重要性。上海"创造"的"切块式""网格化""重点区域""非重点区域"等一系列疫情防控举措，无一不与社区相关，甚至与每位居民所居住的小区、楼栋紧密相连。相信，大多数居民在核酸筛查的过程中，感受到了个体与社区、小区的前所未有的关联性，生活与空间原来是如此的一体，生命与城市原来是如此的紧密。本书虽然研究的是快速城市化进程中社区治理的一个面向，即近郊快速城市化进程中的社区治理，亦即从乡土中国向城市中国转型的最激烈、最具代表性的面向，但是其中许多内容和关注点无一不与最一般意义上的城市社区相关。近郊城市化进程中的社区治理，是整个城市化大进程的一个侧面，或转型最集中的那个侧面。就此来讲，希望本书的研究具有"窥一斑而见全豹"的作用。

本书是对上海哲社课题进一步延伸的研究成果。笔者对发表在

《复旦学报》《行政论坛》《山东大学学报》《上海大学学报》《上海城市规划》《南京社科》等期刊上的研究成果，进行了进一步的拓展和深入研究，在此对负责的编辑老师和期刊致以最诚挚的谢意。感谢刘建军老师。在刘老师的带领下，我对"镇管社区"的研究入门并深化，感谢他对我的学术研究的指导。感谢复旦大学出版社的刘月主任，其间刘主任多次与我交流并关心出版进展，正是刘主任的关心才使本书出版如此顺利。感谢张鑫老师，刘主任知人善任地将本书编辑张鑫老师推荐给我，正是他一丝不苟的学术精神，才使本书避免了许多错漏之处。感谢钱思恩同学，她订正了全书引文的格式，她的细致工作为全书打下了更规范的学术基础。感谢在我的研究过程中为我提供调研便利的街道、社区领导及一线社区工作者，没有他们的帮助，我的研究肯定无法开展。整个过程中为我提供调研平台和向我表达真知灼见的人实在是太多了，在此不一一列明，从这个方面讲，书中的许多观点是在与他们的深度交流中获得的。感谢我的博士生导师林老师。林老师在百忙之中仍然关心我的成长和学术研究，就像一位和蔼可亲的父亲对我嘘寒问暖，给我这个带学生的年轻导师树立了典范。感谢在我的学术成长过程中对我提供帮助的所有人，在你们的支持下，我会更加认真扎实地推进此议题的研究。但囿于自身学识，书中内容和观点肯定存在不足之处，尚有许多方面亟待改进。姑作抛砖之作，就教大方之家。任何的有益建议，我将衷心地欢迎。

宋道雷
2022 年 3 月于复旦

图书在版编目(CIP)数据

城市化进程中的社区治理:上海近郊"镇管社区"的政治学考察/宋道雷著. —上海:复旦大学出版社,2022.8
ISBN 978-7-309-16137-3

Ⅰ.①城… Ⅱ.①宋… Ⅲ.①社区建设-研究-上海 ②社区管理-研究-上海 Ⅳ.①D669.3

中国版本图书馆 CIP 数据核字(2022)第 035983 号

城市化进程中的社区治理:上海近郊"镇管社区"的政治学考察
CHENGSHIHUA JINCHENGZHONG DE SHEQU ZHILI: SHANGHAI JINJIAO "ZHEN GUANSHEQU" DE ZHENGZHIXUE KAOCHA
宋道雷 著
责任编辑/张 鑫

复旦大学出版社有限公司出版发行
上海市国权路 579 号 邮编:200433
网址: fupnet@fudanpress.com   http://www.fudanpress.com
门市零售: 86-21-65102580   团体订购: 86-21-65104505
出版部电话: 86-21-65642845
常熟市华顺印刷有限公司

开本 787×960 1/16 印张 19.75 字数 265 千
2022 年 8 月第 1 版
2022 年 8 月第 1 版第 1 次印刷

ISBN 978-7-309-16137-3/D・1115
定价:78.00 元

如有印装质量问题,请向复旦大学出版社有限公司出版部调换。
版权所有 侵权必究